Socio-économie du travail

2021 – 2, n° 10

Socio-économie du travail

Le « dialogue social » en pratiques et en contextes

Sous la direction de Coralie Perez et Camille Signoretto

PARIS
CLASSIQUES GARNIER
2022

Socio-économie du travail se propose de contribuer aux renouvellements conceptuels et aux débats d'idées qui animent aujourd'hui son champ scientifique. Ce champ est celui du Travail, au sens large du terme, incluant l'Emploi et le Salaire, posture économique traditionnelle, mais également les conditions d'exercice de l'activité de travail et les Relations Professionnelles. *Socio-économie du travail* propose d'alimenter ces débats par un dialogue interdisciplinaire dans la tradition anglo-saxonne des *Industrial Relations*.

La revue est ouverte aux approches institutionnalistes, aux travaux qui favorisent le dialogue entre débats théoriques et travaux empiriques qui caractérisent la démarche d'économie appliquée. C'est dans leur capacité à dialoguer avec les différentes approches théoriques de la socio-économie du travail que les travaux empiriques qu'ils soient composés d'exploitation d'enquêtes de terrain ou de traitements statistiques ou économétriques seront appréciés.

La revue est ouverte à toute soumission spontanée en cohérence avec cette ligne éditoriale. Elle proposera également régulièrement des appels à contributions qui pourront donner lieu à des dossiers ou numéros spéciaux sur des thématiques ou problématiques que le comité de rédaction souhaite encourager. Si le français est la langue de référence, la revue pourra publier des contributions en anglais lorsque les auteurs ne sont pas francophones.

Les auteurs sont invités à présenter leur article selon les règles suivantes :

1. *Socio-économie du travail* ne publie que des textes inédits et souhaite que les articles qui lui sont proposés ne soient pas soumis à plusieurs revues en même temps.
2. Le volume de l'article ne doit pas excéder 70 000 signes (notes et espaces comprises).
3. Titre donné en français. Résumés (900 signes espaces comprises maximum) en français et en anglais
4. Le fichier de la soumission est dans un des formats de fichier suivants : Microsoft Word, RTF. Le texte est à simple interligne, utilise une police de 12 points.
5. Identification et coordonnées de chaque auteur (adresse professionnelle, publiable, et adresse personnelle, non publiable).
6. Notes en bas de page, conformément aux appels de note de la même page, numérotées en continu pour tout l'article.
7. Références bibliographiques à la suite du texte, classées par ordre alphabétique des auteurs et, pour chaque auteur, chronologiquement.

Une notice plus complète sera adressée aux auteurs des articles acceptés.

Les soumissions sont à faire en ligne à l'adresse suivante :
https://classiques-garnier.com/ojs/index.php/set/about/submissions

Socio-économie du Travail contributes to academic debates and conceptual renewals in the field of Labor understood in a broad sense, including Employment and Wages as in the traditional economic framework, but also working conditions and Industrial Relations. *Socio-économie du Travail* intends to feed these debates through an interdisciplinary dialogue following the Anglo-Saxon tradition of Industrial Relations.

The journal is open to institutionalist approaches and to all research in applied economy encouraging the dialogue between theoretical debates and empirical work. Articles will be evaluated depending on their ability to articulate different theoretical socio-economics approaches of Labor and empirical work, whether field surveys or statistical/econometric analyses.

The journal welcomes any submission that fits with this editorial policy. Special issues are also regularly published on specific topics the editorial board wishes to encourage. If French is the reference language, the journal also publishes articles in English when authors do not write French.

All submissions should follow the instructions below :

1. Manuscripts submitted to *Socio-économie du Travail* must be original texts, presented exclusively to the journal.
2. Articles must not exceed 70 000 characters (including footnotes and spaces).
3. Title and abstract (not more than 900 characters, spaces included) must be provided in French and English.
4. Submission file is a Microsoft Word or RTF file. Single spacing and 12 points font are required.
5. Identification and contact details of each author (professional address, publishable, and personal address, not publishable) must be provided.
6. Footnotes must be numbered consecutively (from 1 up) throughout the paper (in the order in which they are given in the text).
7. Bibliographical references must follow the article, arranged in alphabetical order of the authors and for each author in chronological order.

More information will be specified to authors(s) once the article is accepted.

Submissions online :
https://classiques-garnier.com/ojs/index.php/set/about/submissions

ISBN 978-2-406-14085-6
ISSN 2554-9073

SOMMAIRE

ARTICLES

COMPTES RENDUS DE LECTURE

CONTENTS

ARTICLES

BOOKS REVIEW

ARTICLES

LE « DIALOGUE SOCIAL » EN PRATIQUES ET EN CONTEXTES

Introduction du numéro

Coralie Perez
CES-UMR 8174, CNRS,
Université Paris 1 Panthéon Sorbonne

Camille Signoretto
Université Paris Cité,
LADYSS-UMR 7533
LEST ; CEET

Le « dialogue social » est régulièrement mis à l'agenda des politiques publiques, comme le prouvent les nombreuses réformes dans ce domaine intervenues depuis le début des années 2000 en France. Ainsi, une dizaine de lois ou d'ordonnances ont mentionné dans leur titre le terme de « dialogue social[1] », se proposant d'en modifier l'« organisation », de le « moderniser », ou encore de le « rénover ». Les vertus qu'on lui prête ne sont pas anodines : assise d'une possible démocratie sociale dans l'entreprise et au-delà[2], dont l'articulation n'est toutefois pas toujours évidente avec la démocratie politique[3] ; « élément de performance économique » d'après le

1 Recherche sur le site de Légifrance (réalisée en juin 2022) à partir de l'occurrence du terme « dialogue social » : neuf lois et trois ordonnances.

2 La place et le fonctionnement de la démocratie sociale en relation avec la démocratie politique ont ainsi été au centre des discussions du récent projet d'accord national interprofessionnel sur le paritarisme négocié le 14 avril 2022 (et ouvert à la signature jusqu'en juin 2022).

3 *Cf.* Groux *et al.* (2020) pour une discussion de cette articulation. Voir aussi le dossier publié par *Socio-économie du travail* en 2018 sur « La démocratie au travail : usages et

site du ministère du Travail ou encore certains économistes (e.g. Ferracci et Guyot, 2015) ; ou plus récemment, « rôle essentiel dans la gestion des conséquences de la crise du COVID-19 sur le lieu de travail » pour l'OCDE (*cf.* OCDE, 2020). Mais que met-on derrière cette expression ?

Si le « dialogue social » qualifie la volonté de l'État d'associer lesdits partenaires sociaux – représentants des employeurs et des salariés – aux réflexions en amont de la définition des législations qui les concernent[4], l'expression est plus souvent employée pour désigner les dispositifs de négociation entre les employeurs et les représentants des salariés, de consultation de ces derniers, et plus largement leurs échanges, formels ou informels, quel qu'en soit le niveau (national, de branche ou d'entreprise). Mais comme vise à le signaler ici l'emploi des guillemets, le « dialogue social » fait aussi partie des « concepts essentiellement controversés[5] » qui « renvoient à des réalités complexes, sont porteurs de jugements de valeur, ouvrent sur diverses descriptions, font saillance, sont ouverts et vagues, ne peuvent être réglés par l'argumentation (mais sont soutenus par des arguments), et ceux qui les utilisent savent que d'autres qu'eux sont partisans d'une autre interprétation que la leur » (Thuderoz, 2015, p. 65[6]). Ainsi, en faire usage ne serait pas neutre, prêtant notamment le flanc à la critique d'euphémiser, voire de masquer les rapports de force au sein des entreprises. Face à l'imprécision et aux ambiguïtés (ambivalences ?) attachées à la notion, faut-il pour autant, comme le demande Christian Thuderoz, « se débarrasser, et vite, du "dialogue social" » ? Ou, faut-il adopter l'expression plus large de « relations professionnelles[7] »,

---

catégories » (2018-2, n° 4).

4 La Loi du 31 janvier 2007 de modernisation du dialogue social a ainsi rendu obligatoire une phase de concertation avec les organisations syndicales de salariés et d'employeurs, reconnues comme représentatives au niveau national, avant tout projet de réforme dans les domaines du travail, de l'emploi et de la formation professionnelle.

5 En référence à Willy B. Gallie et sa définition, dès 1956, des « essentially contested concepts ».

6 Si C. Thuderoz (2021), comme É. Béthoux (2020), pointent le caractère flou de la notion de « dialogue social », ces deux sociologues des relations professionnelles tracent des pistes différentes. Le premier propose de « densifier » la notion en construisant des « itinéraires de dialogue social » au sein des entreprises, ceci requérant une véritable « ingénierie » pour organiser et déployer ses dispositifs. La seconde défend une « heuristique du concept de "dialogue social" » avec comme ambition programmatique de construire une « "sociologie critique" du dialogue social ».

7 Souvent entendu comme le pendant français du terme *industrial relations* utilisé par les anglo-saxons.

qui « désigne habituellement l'ensemble des pratiques et des règles qui, dans une entreprise, une branche, une région ou l'économie tout entière, structurent les rapports entre les salariés, les employeurs et l'État. » (Lallement, 2018, p. 3) ? L'usage de cette dernière permet en outre d'inclure la question des conflits collectifs en entreprise, que tend à évacuer la première.

I. UN ENVIRONNEMENT INSTITUTIONNEL PROFONDÉMENT MODIFIÉ CES DERNIÈRES ANNÉES

Prenant acte du caractère polysémique et polémique de l'expression et sans prendre position pour l'usage d'un terme plutôt qu'un autre, il nous est apparu nécessaire de revenir, dans ce numéro spécial de *Socio-économie du travail*, sur ce que recouvre *en pratiques* le « dialogue social » selon les contextes (institutionnels, territoriaux, économiques…) dans lesquels il se déploie. Cette actualisation semble d'autant plus nécessaire que l'environnement institutionnel et économique a fortement évolué au cours de la dernière décennie. Si les dernières réformes – loi du 8 août 2016 et ordonnances du 22 septembre 2017 – se situent dans la continuité des précédentes, elles n'en constituent pas moins une rupture pour deux raisons. D'une part, elles accentuent le rôle donné à la négociation collective d'entreprise dans la production de droits et de normes sociales au plus près des salariés et des employeurs. D'autre part, elles modifient en profondeur les instances de représentation élue du personnel en fusionnant les anciennes instances (délégués du personnel – DP, comité d'entreprise – CE, comité d'hygiène, de sécurité et des conditions de travail – CHSCT) en une seule, le comité social et économique (CSE).

Visant à créer la « dynamique d'un dialogue social », et à contribuer à sa « diffusion et [son] efficacité » (France Stratégie, 2021, p. 6-7), les ordonnances Travail ont fait l'objet d'un suivi pendant quatre ans par un comité d'évaluation piloté par France Stratégie. Ce travail d'évaluation, que les auteurs jugent eux-mêmes provisoire et à visée principalement exploratoire, n'est en effet pas simple. Au-delà de la crise sanitaire survenue sur la période, les études et recherches réalisées dans ce cadre, qu'elles soient de nature quantitative ou qualitative, manquent encore de recul pour apprécier les effets généraux de cette réforme[8]. À ce stade, le dernier rapport publié par le comité d'évaluation tire deux conclusions principales. D'une part, il constate « une mise en place largement effective des réformes portées par les ordonnances, en nombre d'instances créées et en pourcentage des entreprises et salariés couverts, en dynamique quantitative de la négociation d'entreprise, en appropriation progressive des nouveaux accords APC (accord de performance collective) et RCC (rupture conventionnelle collective) (…) » (France Stratégie, *op. cit.*, p. 17). D'autre part, il fait état de l'atteinte des objectifs visés « en termes de rationalisation du dialogue social (…), d'adaptabilité et de plasticité de la négociation collective (…), (et) de la possibilité donnée aux entreprises, en particulier les petites, de conclure plus facilement des accords » (p. 14). L'évaluation signale toutefois que la fusion des instances au sein du CSE pourrait être source de difficultés liées à l'effacement de la représentation de proximité des salariés, la faible présence des commissions santé, sécurité et conditions de travail (CSSCT, remplaçant le rôle des CHSCT) en leur sein, ou encore l'élargissement des sujets à traiter en réunions qui peuvent surcharger et rendre plus complexe l'activité des élus.

II. QUELLE ÉVOLUTION RÉCENTE DES PRINCIPAUX INDICATEURS DU « DIALOGUE SOCIAL » EN ENTREPRISE ?

Si l'on s'en tient dans un premier temps aux seuls indicateurs quantitatifs pour rendre compte de l'évolution du « dialogue social » ces dernières années, que peut-on constater concernant la présence des instances représentatives du personnel (IRP) et la négociation collective

8 Suite à un appel à projets de recherche dans le cadre de ce comité d'évaluation, quatre recherches ont par exemple été réalisées et ont donné lieu à des rapports visant à alimenter les travaux du comité d'évaluation. Ces recherches se sont appuyées diversement sur des monographies d'entreprise, sur des analyses juridiques et qualitatives d'accords de groupes d'entreprise ou obtenus par référendum dans des TPE, sur des analyses d'accords de performance collective dans des TPE-PME, ou encore sur la constitution d'un échantillon quantitatif d'accords instaurant un CSE. Les rapports correspondant à ces recherches sont disponibles sur le site de France Stratégie.

dans les entreprises ? Pour construire ces indicateurs et suivre l'état des relations professionnelles et du « dialogue social » en France, deux grandes sources de données sont généralement mobilisées : la première est l'enquête annuelle Acemo[9] sur le dialogue social en entreprise qui interroge les entreprises du secteur privé, et la seconde est l'enquête REPONSE[10] (dont la dernière édition date de 2017) qui permet de croiser les regards en interrogeant représentants de la direction et représentants du personnel des établissements des secteurs privé et semi-public (hors administration et agriculture). Cette dernière donne également lieu, après chaque édition, à des post-enquêtes s'appuyant sur des analyses quantitatives et qualitatives[11] ; certains des articles de ce numéro en sont d'ailleurs tirés (*cf. infra*). Les données présentées ci-dessous s'appuient sur des études réalisées à partir de l'une ou l'autre de ces sources.

II.1. LE DÉPLOIEMENT PROGRESSIF ET INÉGAL DE NOUVELLES INSTANCES DE REPRÉSENTATION DES SALARIÉS

Avant la création des CSE, moins d'un établissement sur deux (parmi ceux de 20 salariés ou plus) était couvert par un délégué syndical (DS) et la présence syndicale était ainsi en baisse depuis 2005[12]. La présence d'un CE ou de DP dans ces établissements avait également diminué entre 2005 et 2017. Seule la présence d'une délégation unique du personnel (DUP) – instance permettant, avant même le CSE, de regrouper DP et CE ou DP, CE et CHSCT – avait augmenté sur cette période, ce qui pouvait préfigurer le besoin de regrouper des instances, tout du moins dans certaines entreprises. En effet, ces chiffres masquent d'importantes disparités selon la taille d'effectifs (au-delà des seules obligations légales en la matière[13]) et les secteurs d'activité.

---

9 Acemo : Activités et conditions d'emploi de la main-d'œuvre

10 REPONSE : Relations professionnelles et négociations d'entreprises

11 Les rapports de recherche issus de ces post-enquêtes sont disponibles sur le site internet de la Dares à l'adresse suivante (consulté le 10 juin 2022) : https://dares.travail-emploi.gouv.fr/enquete-source/relations-professionnelles-et-negociations-dentreprise-2017.

12 La couverture par un délégué syndical est plus large que la simple présence car elle prend en compte l'éventuel niveau entreprise ou unité économique et sociale (UES) dans lequel peut s'insérer un établissement. *Cf.* le site de la Dares pour les données en évolution, et Romans (2018) pour les données sur la dernière édition 2017 de l'enquête REPONSE.

13 Pour rappel, avant 2017, il était obligatoire pour les établissements d'au moins 50 salariés d'avoir un CE et un CHSCT, alors que pour les établissements de 11 à 49 salariés, seule l'organisation d'élections de DP était obligatoire.

Les DUP étaient, par exemple, surtout présentes dans les établissements de 50 à 100 salariés. Du point de vue du secteur d'activité, ce sont traditionnellement les transports, le commerce et l'industrie qui sont le plus dotés d'IRP. Au total, 67 % des établissements de 11 salariés ou plus des secteurs marchand et associatif sont couverts par une IRP en 2017 (Romans, 2018). Après les ordonnances 2017, environ 30 % des entreprises ont mis en place un CSE (dont 4,5 % avec un CSSCT) couvrant 65 % des salariés du secteur privé en 2019, et 11 % sont encore couvertes par des anciennes instances couvrant 13 % des salariés (Geleyn, 2021). La mise en place des CSE n'est donc pas encore effective dans l'ensemble des entreprises de plus de 10 salariés, et en particulier dans les petites entreprises (11 à 49 salariés), ainsi que dans l'hébergement-restauration ou encore dans la construction. La présence syndicale joue également un rôle non négligeable dans le taux de conversion à ces nouvelles instances (Geleyn, *ibid.*) en rendant plus probable le passage au CSE, or on a vu que cette présence était en baisse dans les entreprises ces dernières années. La transformation de la représentation collective des salariés consécutive aux réformes, et l'analyse de la manière concrète dont elle se déploie dans les différents types d'entreprises – distinguées selon leur secteur, taille ou d'autres caractéristiques socio-productives –, traversent ainsi quatre des articles de ce numéro : ceux respectivement de Baptiste Giraud et François Alfandari, de Maé Geymond, de Carine Ollivier et Sandrine Rospabe, et enfin de Corinne Perraudin et Nadine Thévenot.

II.2. UNE NOUVELLE DYNAMIQUE D'ACCORDS ?

L'autre enjeu important des réformes du « dialogue social » depuis plusieurs décennies porte sur le développement de la négociation collective d'entreprise, appréciée généralement à l'aune du nombre de textes signés à ce niveau (Dares et DGT, 2021). Ainsi, l'augmentation du nombre d'accords collectifs d'entreprise conclus a largement été portée par ceux nécessaires à l'instauration d'un CSE, par les nouvelles possibilités d'accords ouvertes par les dispositifs d'APC (accords de performance collective) et de RCC (rupture conventionnelle collective), ainsi que par l'élargissement des possibilités de conclure des accords en l'absence de délégué syndical (en consultant directement les salariés par référendum par exemple[14]). En particulier, dans les entreprises de moins de 50 salariés, principale cible des dernières réformes, le nombre d'accords et d'avenants a particulièrement progressé, par le biais d'accords conclus avec un élu ou un salarié mandaté, ou de textes ratifiés par une majorité de salariés (Dares et DGT, *ibid.*). Toutefois, sont également comptabilisés, dans les textes résultant de la négociation collective, des décisions unilatérales de la part des employeurs qui, elles aussi, ont fortement augmenté jusqu'en 2019. Dans ces négociations collectives, le thème des salaires et primes (ainsi que l'épargne salariale) garde une place primordiale, suivi par le temps de travail, thème croissant de négociation dans les entreprises de moins de 50 salariés. Ainsi, cette activité de négociation collective, perçue à travers les seuls textes signés dans les entreprises, occulte le fait que toutes les négociations formelles n'aboutissent pas à un accord[15], et que le « dialogue social » en entreprise ne se réduit pas au dispositif de la négociation collective[16]. De surcroît, persistent de fortes variabilités dans ces pratiques de négociation entre types d'entreprise, notamment selon la taille d'effectifs, le secteur d'activité ou encore selon l'absence ou la présence de DS (*cf.* par exemple Daniel et Pesenti, 2021). Enfin, le nombre d'accords ne dit rien sur leur contenu, et sur ce que ces pratiques de négociations reflètent des relations entre employeurs et salariés (ou leurs représentants). L'un des enjeux traités dans deux des articles de ce numéro est justement d'étudier finement les conditions et processus qui rendent possible la signature d'un accord (Chloé Biaggi), ou d'analyser ce que l'absence de négociation collective – ou, quand elle a lieu, le niveau auquel elle se déroule – dit des relations sociales dans les entreprises (Delphine Brochard, Clémentine Cottineau, Claude Didry, Camille Dupuy, Denis Giordano et Jules Simha).

---

14 *Cf.* J.-M. Denis et J.-M. Pernod (2019), pour l'usage du référendum en entreprise avant les modifications apportées par les ordonnances 2017.

15 Sans mentionner ici les conflits collectifs – en premier lieu les grèves – qui ont un lien plus complexe qu'il n'y paraît avec la négociation collective (*cf.* Giraud et Pénissat, 2017). Sur l'évolution des grèves, voir les statistiques de la Dares (e.g. Lescurieux, 2022) ; sur l'évolution plus générale de la conflictualité, voir Giraud et Pénissat (*ibid.*)

16 C. Thuderoz propose ainsi de distinguer sept dispositifs de dialogue social : la discussion, l'échange d'informations, la consultation, la concertation, la négociation collective, la gestion paritaire et la codétermination (Thuderoz, 2021, *op. cit.*, p. 397-399).

III. LE « DIALOGUE SOCIAL » AU PRISME DES ARTICLES DE CE NUMÉRO

Par leur diversité disciplinaire et leurs méthodologies – qualitative ; ou qualitative et quantitative – en accord avec la ligne éditoriale historique de *Socio-économie du travail*, les six articles de ce numéro apportent de précieux éléments de compréhension et d'analyse sur la mise en œuvre concrète des dispositifs du « dialogue social » institués par le législateur dans les entreprises[17]. Ils nous éclairent aussi sur la manière dont les contextes organisationnels contribuent à façonner ces pratiques, et sur les difficultés auxquelles peuvent être confrontés sur le terrain les partenaires sociaux (et en premier lieu les représentants des salariés).

Les articles qui composent ce numéro ont en effet en commun de saisir le « dialogue social » principalement dans le contexte de l'entreprise, mais une entreprise dont les contours sont incertains, car affectés par les mouvements de restructuration financière et d'externalisation qui interrogent la capacité même des représentants des salariés à porter la voix de leurs mandants auprès des lieux de décisions et de pouvoir qui les régissent (Geymond ; Biaggi ; Perraudin et Thévenot). Une entreprise – comme niveau souhaité de négociation – insaisissable ensuite, dont les contours peuvent être révélés par l'observation du « dialogue social » en pratique, c'est-à-dire à l'aune des pratiques et surtout des rapports de force entre les acteurs des relations professionnelles, que ce soit dans un cadre institutionnel ou conflictuel (Brochard *et al.*)[18]. Une entreprise située, plus largement, dans un contexte socio-productif spécifique – articulant stratégie de compétitivité, modes d'organisation du travail, de gestion du personnel, et de régulation sociale – qui contribue à définir tout à la fois les pratiques concrètes du « dialogue social » et la nature des enjeux et des conflits qui s'y rattachent (Alfandari et Giraud). Enfin, une entreprise « libérée » par un mode de gouvernance organisant la prise

17 Le « dialogue social » à d'autres niveaux, notamment sectoriel, territorial ou encore européen, n'est donc pas traité dans ce numéro.

18 La revue *Négociations* a d'ailleurs publié en 2021 un dossier intitulé « Entreprises et négociations » coordonné par des co-auteurs de l'article et dont l'introduction revient sur la manière de « Penser les négociations collectives pour penser l'entreprise » (*cf.* Didry C., Dupuy C., Giordano D., Simha J., *Négociations*, n° 35, p. 9-22).

de parole (*voice*) des salariés, et contribuant ainsi à redéfinir les usages du « dialogue social » avec des IRP dont le rôle semble marginalisé (Ollivier et Rospabe). D'une certaine manière, en conduisant à interroger l'objet même « entreprise », le concept de « dialogue social » a bien eu ici la portée heuristique que lui prête Élodie Béthoux, c'est-à-dire « cette capacité à lever la barrière du niveau (...) pour embrasser une problématique en termes d'espaces de régulation plutôt que de niveaux de négociation » (p. 98).

Le fait d'envisager le « dialogue social » principalement à l'aune des relations sociales *dans l'entreprise* est sans doute encouragé par la mobilisation de l'enquête REPONSE dans plusieurs des articles. Celle-ci se donne en effet comme objectif de « décrire le fonctionnement des institutions représentatives du personnel et les pratiques de négociation collective dans les établissements et les entreprises (...) » par l'interrogation de représentants de la direction et du personnel choisis à ce niveau[19]. Ainsi, deux articles de ce numéro sont directement issus de recherches réalisées dans le cadre des post-enquêtes à l'enquête REPONSE de la Dares. D'un point de vue méthodologique, ils tirent ainsi parti de l'opportunité d'articuler une analyse statistique des données de l'enquête avec des explorations qualitatives sous forme de monographies d'entreprise.

Le premier article, de **François Alfandari et Baptiste Giraud**, vise à analyser les contraintes qui pèsent sur les représentants du personnel dans l'exercice du « dialogue social » en entreprise, au-delà de celles habituellement signalées que sont la taille de l'entreprise et la présence d'IRP syndiquées ou non. Pour cela, les auteurs distinguent quatre contextes socio-productifs (préalablement identifiés grâce à l'enquête statistique) : les petites entreprises paternalistes, les PME dynamiques et innovantes, les entreprises néo-tayloriennes des services et les entreprises néo-fordistes en tension. Leur analyse de cas d'entreprises choisis au sein de chacune de ces configurations productives permet de montrer que les pratiques des représentants du personnel ne dépendent qu'en partie de ces contextes ; leur « capital militant » et « la diversité des rapports sociaux de travail auquel s'arrime leur engagement militant » contribuent à définir la capacité des élus du personnel à s'émanciper des rapports de

19 Consulté le 10 juin 2022 à l'adresse suivante : https://www.cnis.fr/enquetes/enquete-relations-professionnelles-et-negociations-dentreprises-reponse-2016-2017/.

domination pour créer des conditions de mobilisation et de négociation plus favorables aux salariés.

Le second, de **Delphine Brochard, Clémentine Cottineau, Claude Didry, Camille Dupuy, Denis Giordano et Jules Simha**, part de l'hypothèse que l'« indétermination *a priori* des niveaux de la négociation d'entreprise et leur articulation, (…) ouvre un espace d'interactions stratégiques entre les représentants patronaux et syndicaux ». Si les résultats des négociations sont souvent présentés comme le fruit de ces rapports de force, les auteurs nous invitent plutôt à analyser la forme prise par ces négociations, quand elles ont lieu, et leur niveau (groupe, entreprise, établissement), comme l'expression de ce rapport de force. Ils mettent ainsi en évidence, grâce à l'enquête statistique, qu'une majorité d'établissements français (66 %) déclarent l'absence de négociation collective durant les trois années précédant l'enquête. L'analyse monographique révèle que cette situation ne reflète pas tant (et toujours) un « effet taille » (faiblesse du dialogue social dans les TPE-PME, *cf. supra*) que « des stratégies d'évitement et d'évidement de la négociation » par des directions auxquelles ne peuvent s'opposer des salariés peu organisés dans des collectifs de travail fragmentés. Indépendante des thèmes négociés, la structuration de la négociation collective s'avère davantage dépendre des rapports de force entre les « acteurs légaux » et les ressources de pouvoir qu'ils peuvent mobiliser.

Ces deux premiers articles ont ainsi instruit en creux les effets de la transformation du capitalisme sur le « dialogue social », en rappelant l'interdépendance croissante entre les organisations productives et la financiarisation de l'économie. En modifiant les frontières des entreprises et en pesant sur la gestion de l'emploi et du travail, ainsi que sur les pratiques de « dialogue social », ces effets sont encore plus au cœur des deux articles suivants, bien que traités de manière différente.

Dans le secteur de l'industrie pharmaceutique continument traversé de mouvements de restructuration financière, **Maé Geymond** montre que le pouvoir de négociation des représentants des salariés est systématiquement affaibli. Les modifications des frontières des entreprises (*via* des fusions-acquisitions, des restructurations, l'externalisation de certaines activités ou fonctions) influencent à la fois le lieu où se tiennent les relations professionnelles et le contenu de celles-ci. Elles contribuent à fragmenter les intérêts des salariés et à les mettre en concurrence (entre sites par exemple), en l'absence d'instance de représentation centralisée. Adossée à un matériau qualitatif riche et finement analysé, l'autrice fait ainsi apparaître que ces mouvements seraient stratégiques pour des directions parvenant ainsi à « domestiquer la conflictualité au travail ». Finalement, ces « mouvements stratégiques dégradent le travail et les conditions dans lequel il s'effectue, sans que les IRP soient en mesure de contrebalancer ces détériorations ».

Centrée sur un épisode particulier de négociation au sein d'une entreprise de taille moyenne, filiale d'un groupe étranger, l'article de **Chloé Biaggi** s'attache à comprendre comment un accord perçu comme défavorable aux salariés a pu être signé. Cette étude ethnographique par observation participante permet ainsi « d'ouvrir la boîte noire de la négociation collective » et de mettre au jour la dynamique des interactions qui conduisent à un accord d'entreprise – ici qui réduit les avantages sociaux des salariés. Division syndicale, position respective des délégués syndicaux dans l'entreprise, impréparation et non coordination de ces derniers, contribuent à expliquer l'aboutissement de la négociation défavorable aux salariés. Mais l'autrice met aussi en évidence la menace sur l'emploi agitée par la direction, le directeur général arguant de « la nécessité d'améliorer le taux de marge opérationnelle pour atteindre les niveaux de performance attendus par le groupe ».

Avec l'article de **Carine Ollivier et Sandrine Rospabe**, nous quittons l'univers de l'entreprise à gouvernance actionnariale pour faire une incursion dans une entreprise « libérée » : une coopérative de commerce alimentaire biologique qui a adopté, en 2015, les préceptes de l'holacratie. Ce mode d'organisation repose sur une redistribution des pouvoirs subordonnant les salariés à une constitution propre à la structure, et instituant des lieux et modes de décision non hiérarchiques. Cette gouvernance plus démocratique des relations de travail invite à questionner la place et le rôle des IRP dans ce contexte. Ne sont-elles pas redondantes avec un mode d'organisation qui prétend prendre en charge l'expression des tensions liées au travail et leur traitement collectif ? Les autrices montrent au contraire que le collectif ainsi formé et organisé peut marginaliser des salariés qui n'auraient pas les propriétés sociales leur permettant de prendre la parole et de participer aux décisions. Plus qu'une « mise en conformité juridique », le maintien d'un CSE et d'IRP serait ainsi nécessaire pour que soient prises en charge des « tensions » qui risqueraient d'être dépolitisées et individualisées sinon.

Parmi ces tensions, celles tenant aux conditions de travail sont au cœur du dernier article, celui de **Corinne Perraudin et Nadine Thévenot**. Alors que les donneurs d'ordre tendent à externaliser le travail pénible et dangereux (y compris au sein d'un même groupe d'entreprises), quelles capacités d'action ont les représentants du personnel des entreprises sous-traitantes pour peser sur la définition de politiques de prévention des risques ? Les autrices montrent que, plus exposés aux risques physiques, les travailleurs des preneurs d'ordre sont aussi moins bien protégés : à caractéristiques similaires, les établissements preneurs d'ordre disposent moins souvent d'un CHSCT ou d'un délégué syndical que les donneurs d'ordre. Au-delà de l'analyse statistique, leur étude du cas d'une entreprise du secteur aéronautique, sous-traitante de rang 1, permet de comprendre l'interdépendance des processus de production et le report des risques au long de la chaîne de sous-traitance. Si les représentants syndicaux de l'entreprise sont conscients des risques reportés sur leurs collègues, « chacun fait sa cuisine dans son coin » et « aucune instance de représentation collective n'a été créée pour structurer un dialogue social à une échelle inter-entreprises ».

Enfin, les comptes rendus de quatre récents ouvrages viennent compléter ces articles. Le premier, rédigé par Jacques Freyssinet, synthétise une partie d'un volumineux ouvrage collectif dirigé par Frédéric Géa et Anne Stévenot portant sur *Le dialogue social. L'avènement d'un modèle ?* Il permet ainsi de revenir utilement sur la notion de « dialogue social » qui est peu discutée en tant que telle dans les articles composant ce recueil. Le second, écrit par Agathe Foudi, présente l'ouvrage de Sophie Béroud et Martin Thibault intitulé *En luttes ! Les possibles d'un syndicalisme de contestation*. Dans un contexte d'affaiblissement général du syndicalisme, les auteurs se demandent quel(s) espace(s) et quelles stratégies pour un pôle de contestation sociale susceptible de mobiliser au-delà des frontières des entreprises ? Le troisième compte-rendu, réalisé par Jean-Michel Denis, discute l'ouvrage de Paul Santelmann, *Travail et ambition sociale. Plaidoyer pour une refondation du syndicalisme*, qui part lui aussi du constat d'un « assèchement syndical » pour proposer une analyse de ses causes et des défis à venir. Enfin, le quatrième compte-rendu, rédigé par Maroua Sbyea, résume l'ouvrage de François-Xavier Devetter et Julie Valentin *Deux millions de travailleurs et des poussières. L'avenir des emplois du nettoyage dans une société juste.* Si les relations professionnelles ne forment pas le cœur de l'ouvrage, les mobilisations sociales récentes dans le secteur du nettoyage rappellent les enjeux de la représentation collective dans les secteurs où le travail est morcelé (spatialement, temporellement) et largement sous-traité, pour contribuer à l'amélioration des conditions d'emploi et de travail.

Loin d'épuiser la richesse des analyses que permet cette entrée par le « dialogue social », les articles de ce numéro montrent la pertinence et donc la nécessité à le saisir – dans la diversité de ses pratiques – « en contextes », c'est-à-dire en lien avec les configurations socio-productives, les modes de gouvernance et les spécificités sectorielles.

RÉFÉRENCES BIBLIOGRAPHIQUES

Béthoux É., 2020, *Le dialogue social. Sociologie d'un concept controversé*, Habilitation à diriger les recherches, ENS Paris-Saclay, 23 octobre.

Daniel C., Pesenti M., 2021, « La négociation collective d'entreprise en 2018. Le taux d'aboutissement retrouve son niveau de 2016 », *Dares Résultats*, n° 08.

Dares, Direction générale du Travail, 2021, *La Négociation collective en 2020*, édition 2021.

Denis J.-M., Pernod J.-M., 2019, « Le référendum d'entreprise : la démocratie sociale contre les syndicats ? », *Socio-économie du travail*, 2018-2, n° 4, p. 55-80.

Ferracci M., Guyot F., 2015, *Dialogue social et performance économique*, Presses de Sciences Po, collection Sécuriser l'emploi, Paris, 120 p.

France Stratégie, 2021, *Rapport 2021 du comité d'évaluation des ordonnances travail*, décembre, 266 p.

Geleyn D., 2021, « Les instances de représentation des salariés en 2019. Le Comité social et économique devient majoritaire, notamment dans les grandes entreprises », *Dares Résultats*, n° 79, décembre.

Giraud B., Pénissat E., 2017, « La dynamique des grèves et des conflits du travail en France. Le point de vue sociologique », *in* Crouzatier, Kada (dir.), *Grève et droit public : 70 ans de reconnaissance*, Toulouse : Presses de l'Université Toulouse 1 Capitole, p. 95-111.

Groux G., Robert R., Foucault M. (dir.), 2020, *Le social et le politique*, CNRS Éditions, Paris, 264 p.

Lallement M., 2018, *Sociologie des relations professionnelles*, Repères, La Découverte, 128 p.

Lescurieux M., 2022, « Les grèves en 2020. Recul des arrêts de travail dans un contexte de crise sanitaire », *Dares Focus*, n° 20, mai.

OCDE, 2020, *Social dialogue, skills and Covid-19*, The Global Deal For Decent Work And Inlusive Growth Flagship Report, 202 p.

Romans F., 2018, « Les relations professionnelles en 2017 : un panorama contrasté du dialogue social dans les établissements ? », *Dares Analyses*, n° 015, avril.

Thuderoz C., 2015, *Petit traité du compromis. L'art de la concession.* Paris : PUF.

Thuderoz C., 2021, « Se débarrasser, et vite, du "dialogue social" ? », *Droit et société*, 2021/2, n° 108, p. 385-404.

LA VARIÉTÉ DU RÔLE DES REPRÉSENTANTS DU PERSONNEL AU REGARD DES CONTEXTES SOCIO-PRODUCTIFS

Baptiste GIRAUD
Aix-Marseille Université, LEST

François ALFANDARI
Université Lyon 2, TRIANGLE

Mot d'ordre politique et managérial, la promotion du « dialogue social[1] » en entreprise se déploie dans un contexte puissamment contraint pour les représentants du personnel (RP), sous les effets conjugués de l'affaiblissement de l'ancrage militant des syndicats et des transformations de l'économie (financiarisation, désindustrialisation, déconcentration du système productif, restructurations). Ainsi, dans les petits établissements, la présence syndicale est rare et les négociations collectives aussi peu fréquentes que les conflits collectifs (Dumoulin, 2019). Les relations de travail y sont en effet encastrées dans des formes de néo-paternalisme (Lamanthe, 2011), reposant sur des logiques de domination et d'arrangement personnalisés articulées au maintien d'attitudes patronales très hostiles aux syndicats (Gantois, 2014). Dans ces conditions, les institutions représentatives du personnel (IRP) sont moins souvent mises en place que dans les grands établissements. Quand elles existent, les IRP sont majoritairement portées par des élus non syndiqués (Bréda, 2016),

1 Nous mettons volontairement des guillemets au terme de « dialogue social » dans la mesure où cette catégorie est chargée de sens différents par les acteurs qui y font référence (État, organisations patronales, organisations syndicales, journalistes, etc.), sa définition constituant un enjeu de lutte permanent.

qui se distinguent des RP syndiqués par leur plus faible propension à s'engager dans leur mandat (Pak et Pignoni, 2014). Par contraste, les RP syndiqués, très majoritaires dans les grands établissements, sont bien davantage formés à faire usage de leurs droits par leur organisation et aux savoir-faire militants utiles pour tenir activement leur rôle de porte-parole (Ethuin et Yon, 2014). Du fait de leur socialisation militante et de l'accès aux ressources que l'intégration dans un syndicat rend possible (soutien des permanents de l'organisation, dispositifs de formation, échanges entre militants, etc.), ces RP sont ainsi mieux armés pour s'accommoder des contraintes techniques de leur mandat, l'inscrire dans un travail de mobilisation de leurs collègues de travail et entrer en négociation avec leur direction. Leurs pratiques de représentants sont, cependant, loin d'être homogènes, en raison d'abord des relations très variables, et souvent ténues, qu'ils entretiennent avec leur organisation d'appartenance (Dufour et Hege, 2008). L'action de ces RP est par ailleurs diversement contrainte par les contextes professionnels de leur engagement et par l'essor d'un capitalisme financiarisé et de nouvelles règles de la négociation collective qui ont fortement réduit les marges de manœuvre dont disposent les représentants syndicaux dans l'espace des négociations[2]. Ces dernières années, une succession de réformes portant sur la rénovation du « dialogue social » a eu pour objectif de subordonner davantage les usages de la négociation d'entreprise à la recherche de la compétitivité économique. Cette dynamique s'est couplée à de nouveaux modèles d'organisation du travail rigides, imposant aux salariés un contrôle hiérarchique renforcé (Pélisse, 2019). En dépit de l'institutionnalisation croissante de dispositifs de « dialogue social » et de négociation en entreprise, la capacité des RP à influencer les décisions patronales apparaît ainsi, pour l'ensemble de ces raisons, fragilisée.

Dans ce cadre économique et institutionnel en mutation, cet article aspire à contribuer à l'analyse de la diversité des pratiques concrètes que recouvre la notion très polysémique de « dialogue social » (Yon, 2018 ; Béthoux, 2020) et des rôles endossés par les RP dans la construction des compromis salariaux. Nous nous appuyons pour cela sur une enquête collective consacrée à l'analyse des liens entre les pratiques de « dialogue

2 On pense notamment aux possibilités nouvelles que donnent les ordonnances « Travail » (2017) pour déroger par accord d'entreprise aux conventions collectives de branche ou négocier des accords dits de compétitivité.

social » en entreprise et les contextes socio-productifs dans lesquels elles s'inscrivent. À partir de l'exploitation des données statistiques de la dernière édition de l'enquête REPONSE (2017), la première phase de cette recherche a permis de distinguer quatre modèles socio-productifs (encadré 1), définis comme une « configuration qui arrive à associer de manière cohérente les stratégies de compétitivité (concurrence sur le marché), les modes d'organisation et de gestion du travail et un mode de régulation sociale (contre le "risque" de voir se constituer des résistances au travail) » (Amossé et Coutrot, 2008). Dans le même temps, l'analyse statistique fait ressortir que ces modèles socio-productifs sont associés à des configurations de relations entre directions et RP qui se distinguent aussi bien du point de vue de leurs formes plus ou moins instituées, de leur caractère plus ou moins conflictuel que des motifs de négociation et de conflits déclarés.

1. Approche statistique des liens entre modèles socio-productifs et configurations des relations professionnelles

Le volet statistique de notre enquête repose sur une analyse factorielle multiple (AFM) à partir des données du questionnaire « Représentant de la Direction » de l'enquête REPONSE pour l'ensemble des établissements de 11 salariés et plus. Il s'agit plus précisément d'étudier les liens entre quatre dimensions particulières – i) le mode d'organisation du travail, ii) la politique de GRH, iii) la structure des relations sociales décrivant les pratiques de « dialogue social » à l'œuvre ainsi que le type d'acteurs présents et la nature du climat social, et enfin iv) le contexte socio-économique dans lequel s'insère les établissements – et de faire apparaître leur articulation particulière comme constitutif d'un modèle socio-productif[3]. À partir des six axes retenus de cette AFM, une classification ascendante hiérarchique est réalisée pour aboutir à une répartition des établissements en plusieurs classes. En suivant les indices habituellement utilisés dans ce type d'analyse (saut sur le dendrogramme, perte d'inertie relative) et de la manière dont ces classes peuvent être interprétées, nous en choisissons 4 dont les principales caractéristiques sont les suivantes :

– les « petites entreprises paternalistes » (modèle 1), 47,5 % des établissements et 24 % des salariés. Établissements indépendants de structure capitalistique familiale, positionnés sur des marchés locaux, comptant moins de 50 salariés, majoritairement ouvriers ou employés. Une organisation du travail de type contrôle direct par la hiérarchie. Absence d'IRP, de négociation collective ou de conflit déclaré.

3 Pour plus de précisions sur la nature des variables actives retenues dans l'analyse, voir le chapitre 2 du rapport (Giraud, Signoretto, 2021).

– les « petites et moyennes entreprises (PME) dynamiques et innovantes » (modèle 2), 16,5 % des établissements et 23,5 % des salariés. Positionnées sur des marchés nationaux ou mondiaux, elles ont une activité plutôt en croissance, avec une stratégie plus souvent basée sur l'innovation et la qualité de leur produit. Une main-d'œuvre très qualifiée, une organisation du travail caractéristique du « modèle apprenant » associant forte autonomie des salariés et dispositifs de participation, et une individualisation des politiques RH plus formalisées que dans le premier modèle. Des IRP présentes dans 70 % des établissements mais peu de délégués syndicaux, des négociations plus fréquentes que dans les autres classes (sur l'organisation du travail, l'épargne salariale) peu de conflits collectifs, mais des démissions plus fréquentes.

– « Les entreprises néo-tayloriennes de service » (modèle 3), 29 % des salariés, 25 % des établissements avec une surreprésentation du secteur sanitaire et social. Une main-d'œuvre d'employés, techniciens et agents de maîtrise, une organisation du travail caractéristique de situations de travail en autonomie contrôlée. Des directions à l'autonomie de décision elle-même limitée car plus souvent filiales d'un groupe d'entreprises ou situées sur des marchés réglementés par les pouvoirs publics. Des IRP syndiquées, des négociations fréquentes mais un « dialogue social » tendu avec des conflits plus fréquents sur les conditions de travail et le climat social.

– Les entreprises « néo-fordistes en tension » (modèle 4), 23,5 % des salariés, 11 % des établissements, plutôt de grande taille, surreprésentées dans l'industrie et les transports. Plus souvent situées sur des marchés internationaux et européens, propriété de groupes cotés avec une organisation du travail tournée vers l'innovation (normes ISO, dispositifs participatifs), des changements organisationnels fréquents, des effectifs en déclin et un contrôle toujours important de l'activité. Le « dialogue social » y est fortement institutionnalisé, avec une forte présence syndicale. Thèmes de négociation diversifiés, mais avec une surreprésentation particulièrement forte des thèmes liés aux salaires, à l'égalité professionnelle et à l'emploi notamment. Les conflits collectifs y sont plus fréquents que dans les autres modèles, notamment sur les thèmes des salaires et des changements organisationnels.

L'un des principaux intérêts de cette analyse statistique est de donner à voir que la dynamique des échanges entre directions et RP s'intègre dans des rapports sociaux de domination, de négociation et de résistance au travail qui ne se différencient pas uniquement en fonction d'un clivage entre RP non syndiqués et syndiqués, ou de la taille et des secteurs des entreprises (Béroud *et al.*, 2008). L'entrée par les modèles socio-productifs permet ainsi de mieux appréhender la variété des profils de RP, des enjeux et des pratiques du « dialogue social » que l'on peut observer au sein d'entreprises industrielles ou de services de même taille. Elle invite à penser cette diversité en lien avec la pluralité des régimes de domination au travail et des modalités de construction des compromis productifs qui les caractérisent, selon leur type de marché, le profil de leur main-d'œuvre et ses modes d'encadrement (modèle d'organisation du travail et style de management). Ce faisant, cette approche ouvre une voie heuristique pour saisir la façon dont la variété des profils des RP et des configurations (économiques, organisationnelles, institutionnelles) de leur engagement agissent sur leur manière différente d'investir leur rôle et sur les ressources (militantes, professionnelles, économiques) inégales dont ils disposent pour le tenir.

Pour montrer l'intérêt d'une approche par les modèles socio-productifs qui permette de saisir les modalités contrastées de fonctionnement des IRP, nous prendrons ici appui sur le deuxième volet de notre enquête collective constituée de dix monographies (encadré 2). À partir de la mise en perspective de ces cas d'étude, nous reviendrons pour cela, dans un premier temps, sur les établissements dans lesquels l'institutionnalisation de la pratique de la négociation collective est plus limitée, les conflits collectifs rares et les RP non syndiqués. Le plus souvent de taille petite ou intermédiaire, ces établissements sont cependant inscrits dans des contextes socio-productifs très différents, qui ne sont pas sans effet sur la nature des compromis sociaux qui s'y construisent mais aussi sur le profil de ces RP, leur rapport à la direction et la manière dont ils investissent leur mandat. Dans un deuxième temps, nous nous intéresserons aux configurations dans lesquelles les dispositifs de représentation du personnel sont portés par des élus syndiqués. En même temps qu'ils donnent à voir la manière dont les relations de travail et le rôle des RP sont diversement mis sous tension, ces cas d'étude mettent cependant aussi en évidence que la faculté de ces RP à négocier des compromis varie en fonction de leur profil militant et des conjonctures économiques dans lesquelles se déploie leur action.

2. Dispositif de l'enquête par monographies d'établissements

Le volet qualitatif de notre enquête repose sur dix monographies d'établissements correspondant à ces modèles socio-productifs. Dans le prolongement de l'analyse statistique, elles ont d'abord pour intérêt de saisir ce qui lui échappe : les modalités d'appropriation concrètes des IRP par les directions et les RP, les pratiques de « dialogue social » informelles (Tall, 2020) qui se jouent en dehors des IRP, mais aussi les formes plus souterraines de conflictualité et d'arrangements à l'œuvre dans les relations de travail (Borisova et Rey, 2014). Dans le même temps, ces enquêtes monographiques permettent de ne pas rester prisonnier d'une approche univoque et mécanique des relations entre modèles socio-productifs et « dialogue social ». Les établissements étudiés donnent ainsi à voir la diversité et le caractère évolutif des configurations d'échanges entre directions et RP que recouvrent les modèles socio-productifs idéaux-typiques mis à jour par l'analyse statistique. Ils permettent aussi de mieux mettre en évidence que les pratiques des RP ne dépendent pas uniquement des contextes productifs dans lesquelles elles s'inscrivent, mais aussi de leur capital militant et de leurs caractéristiques sociales, qui interfèrent puissamment sur leur capacité à entrer en conflit et en négociation avec leur direction.

Deux grands principes ont présidé à la sélection des établissements. D'abord, n'étudier que des établissements dotés d'IRP (y compris dans le modèle 1) afin de pouvoir mieux repérer la diversité des usages qui sont faits de ces dispositifs. Ensuite, choisir pour chacun de ces modèles, des établissements relevant de secteurs d'activité différents. C'est en effet l'un des principaux intérêts d'une entrée par les modèles socio-productifs que de nous inciter à penser ensemble des configurations de relations professionnelles qu'une analyse sectorielle nous conduirait au contraire à étudier séparément et à opposer. La sélection des terrains d'enquête ne s'est toutefois pas opérée dans la volonté de se doter de cas d'étude qui seraient nécessairement représentatifs de chacun des modèles statistiques. En choisissant d'étudier des établissements dotés de RP, nos cas d'étude tirés du modèle 1 n'en sont par exemple pas représentatifs au sens statistique, puisque la majorité de ces établissements est dépourvue de RP. De même, concernant le modèle 3, nous avons privilégié l'étude d'établissements du secteur sanitaire et social, surreprésentés dans cette classe d'établissements, mais qui ne s'y réduit évidemment pas. Cette stratégie de recherche implique donc que ces cas d'étude ne peuvent pas être considérés comme représentatifs de la variété des contextes économiques et organisationnels que recouvre ce troisième modèle statistique. En revanche, elle nous donne la possibilité de repérer comment varie, dans un même contexte socio-productif, la capacité des RP à entrer en négociation et en conflit avec leur direction en fonction de leur profil militant ou social. Plus largement, plusieurs de nos cas d'étude peuvent être considérés comme des « cas limites » par rapport au modèle auquel ils sont associés (au regard de l'évolution de la stratégie économique de la direction, de la représentation du personnel, du type de marché, etc.). Ils n'en demeurent pas moins emblématiques (Hamidi, 2012), précisément, des effets structurants de ces modèles sur la configuration des relations professionnelles, mais aussi de leur porosité et de leur caractère mouvant dans le temps. En procédant par une comparaison entre un nombre de cas raisonnés et significatifs, sélectionnés à l'appui des enseignements de l'enquête statistique, on se donne ainsi tout à la fois les moyens de rendre compte de certaines régularités qu'elle permet d'observer (Weber, 1995) dans la manière dont s'articulent modèles socio-productifs et relations professionnelles, mais aussi de proposer une analyse plus dynamique des liens entre les pratiques du « dialogue social » et les spécificités des contextes dans lesquelles elles s'ancrent (Passeron et Revel, 2005). Dans chacun de ces établissements, des entretiens (entre 5 et 12) ont été réalisés avec les représentants du personnel, les responsables hiérarchiques en charge de la gestion des relations sociales (RH, membres de l'encadrement) et parfois des salariés (dans le modèle 1). Dans le cadre contraint de cet article, nous ne mobilisons que 9 monographies présentées dans le tableau en annexe.

I. DES CONFIGURATIONS PLURIELLES DE FONCTIONNEMENT DES IRP NON SYNDIQUÉES

Dans l'enquête statistique, les modèles des « petites entreprises paternalistes » et des « PME dynamiques et innovantes » se distinguent des deux autres par le caractère *a priori* plus apaisé de leurs relations professionnelles : le climat social est le plus souvent jugé calme et les relations entre les RP et les représentants des directions (RD) consensuelles, ce que semble corroborer l'absence de conflits collectifs déclarés dans ces deux types d'établissements (à plus de 90 %). Les négociations collectives sont également moins fréquentes, même si leur intensité varie. En effet, alors que 44 % des établissements appartenant au modèle des « PME dynamiques et innovantes » n'ont pas connu de négociation durant les trois années précédant l'enquête, 94 % des « petites entreprises paternalistes » sont dans cette situation. Ces RP semblent ainsi jouer un rôle secondaire, et même marginal dans le cas des « petites entreprises paternalistes », dans la régulation des relations de travail. On peut l'expliquer par la surreprésentation, dans ces deux modèles, de petites PME ou d'entreprises de taille intermédiaire, caractérisées par des formes de domination patronale très personnalisées, articulées au maintien d'une grande hostilité au syndicalisme. Ces IRP s'inscrivent cependant dans des contextes socio-productifs de nature très différente, qui ne sont pas sans effet sur leur mode d'institutionnalisation et de fonctionnement. Pour reprendre la typologie de J-D Reynaud (1988), les « petites entreprises paternalistes » reposent sur un mode de régulation par le contrôle d'une main-d'œuvre peu qualifiée, tandis que les « PME dynamiques et innovantes » privilégient un mode de régulation beaucoup plus autonome d'une main-d'œuvre qualifiée. Dans ces conditions, c'est autant la structuration des rapports sociaux de travail qui diffère, que le profil des élus du personnel, la configuration de leurs rapports aux directions et des usages des IRP qu'elle rend possible. Dans les « petites entreprises paternalistes », les directions sélectionnent directement, pour endosser le rôle de RP, des salariés de confiance qu'elles contrôlent. Plus diplômés et autonomes dans leur travail, davantage socialisés à l'engagement militant, les élus des « PME dynamiques et innovantes » disposent de plus de marges de manœuvre et de ressources pour s'investir dans leur mandat, même s'ils partagent une même difficulté à s'imposer comme des interlocuteurs pleinement légitimes et autonomes de leur direction.

I.1. QUAND LES RP SERVENT DE RELAIS DES DIRECTIONS

Près de la moitié des établissements couverts par le champ de l'enquête REPONSE appartiennent au modèle 1 des « petites entreprises paternalistes ». L'activité de ces établissements, de taille généralement petite, repose sur un contrôle simple et régulier du travail (Mintzberg, 1982) directement exercé par l'employeur, secondé au mieux par un seul niveau d'encadrement intermédiaire. Dans ces univers professionnels, composés pour l'essentiel d'ouvriers et d'employés peu ou pas qualifiés cantonnés à des tâches répétitives et standardisées, la mise au travail des salariés s'opère ainsi par le maintien de relations hiérarchiques très personnalisées. Elles reposent sur la combinaison de formes de domination rapprochées (Gros, 2016), articulées à des systèmes d'arrangements et de contreparties qui s'établissent entre l'employeur et les salariés sur l'organisation du temps de travail (remplacement, planning, etc.), les rémunérations ou les possibilités de mobilité professionnelle offertes aux salariés jugés les plus dévoués (Lomba, 2010). Le maintien de ce modèle de gestion très paternaliste contribue ce faisant, du point de vue des directions, à la disqualification des IRP comme dispositif légitime de médiation des intérêts des salariés.

L'établissement LOGISTIC en constitue un exemple emblématique. Dans cet entrepôt d'une vingtaine de salariés chargés de la préparation et de la livraison des commandes de fruits et légumes pour un des leaders de la grande distribution, le directeur revendique le caractère « plus humain » du style de management qu'il incarne par rapport aux grandes entreprises. Il dit « aller voir les gars » au travail, ne pas hésiter à s'atteler directement à la tâche en cas de besoin et être constamment disponible pour les salariés souhaitant lui faire part de difficultés. Ainsi, selon lui, le « dialogue social se fait en direct ». Autre élément caractéristique de ce rapport salarial paternaliste (Lamanthe, *op. cit.*), le directeur dit offrir à ses salariés un ensemble d'avantages sociaux et de protections en échange de leur engagement dans le travail (salaires plus élevés que le seuil conventionnel, treizième mois, heures supplémentaires systématiquement payées), ce qui fidélise durablement une partie de la main-d'œuvre. Toutefois, face à la pression croissante sur les prix imposée par l'unique donneur d'ordre, les effectifs stables de l'entrepôt ont été réduits et l'activité s'est intensifiée, ce qui accroît la pénibilité du travail des salariés et fait de la répartition de la charge de travail un motif de tension récurrent entre salariés. Au moment de l'enquête, c'est le maintien du treizième mois qui apparaît menacé.

Le second établissement correspondant à ce premier modèle socio-productif donne également à voir les tensions que peut rencontrer la reproduction de ce style de management néo-paternaliste. PRENDRE SOIN est une SARL dans le secteur de l'aide à domicile fondée par ses deux dirigeants actuels, dans la continuité de leur engagement au sein d'une association d'aide aux malades atteints d'une maladie dégénérative[4]. En lien avec leur engagement associatif, ces deux entrepreneurs valorisent la dimension humaniste de leur activité de chef d'entreprise et revendiquent entretenir un rapport bienveillant à leurs salariées :

> C'est qu'on est très proche de nos employées, elles peuvent me joindre jour et nuit. Hier j'avais deux intervenantes qui ont passé l'après-midi avec moi. Alors c'est sûr que ça prend du temps, mais elles ont quelqu'un au bout.

Cette proximité supposée avec les salariées justifie à leurs yeux de tenir à l'écart de leur entreprise des syndicats – associés à la seule image de la CGT –, qu'ils jugent « revendicateur[s] et pas constructif[s] » et, de ce

4 Comme nous le verrons dans la seconde partie de l'article, les entreprises du secteur sanitaire et social sont surreprésentées dans le modèle 3 des entreprises néo-tayloriennes des services. La présence de PRENDRE SOIN parmi les établissements du modèle 1 identifiés par l'analyse statistique s'explique par le fait que, au moment de l'enquête, cet établissement se différencie de ceux du secteur sanitaire et social du modèle 3, en ce que l'organisation du travail et la gestion du personnel reposent sur des dispositifs d'encadrement beaucoup moins formalisés (pas d'entretien individuel, de groupe de parole ou de toute autre forme de management participatif caractéristique du modèle 3). Même si nous avons pu observer que la croissance des effectifs de l'établissement s'accompagne d'une bureaucratisation, encore très inachevée, de son modèle d'organisation, cet établissement reste ainsi d'abord marqué par la très forte personnalisation de son mode de direction et des modes de gestion de la relation salariale.

fait, incompatibles avec « l'esprit familial » que ces dirigeants prétendent entretenir dans l'entreprise. Cette opposition frontale aux syndicats se comprend d'autant mieux au regard des risques que ces dirigeants peuvent percevoir à leur arrivée dans un contexte où ils font déjà face à des tensions et des résistances diffuses parmi leurs employées. Elles se traduisent notamment par un *turnover* et un absentéisme important, qui incitent l'encadrement intermédiaire à combiner des formes de management par les affects (Schütz, 2012) avec le recours à des sanctions à l'encontre des salariées jugées récalcitrantes. Dans le même temps, la croissance exponentielle de l'entreprise, qui a abouti au doublement des effectifs en trois ans (de 140 à 300 employées) rend d'autant plus difficile le maintien de relations personnalisées entre les employeurs et leurs salariées.

Dans ces établissements, la mise en place des IRP est alors d'abord vécue par les directions comme une contrainte légale qu'il s'agit de respecter formellement. Elle s'opère sous le contrôle étroit des directions, qui, dans les deux cas étudiés, interviennent directement dans le processus de sélection des RP, pour favoriser « l'élection » de salariés de confiance. Dans LOGISTIC, c'est ainsi l'un des chefs d'équipe qui exerce le mandat de délégué du personnel (DP) après avoir été sollicité directement par le directeur en même temps qu'il obtenait sa promotion hiérarchique. Cette stratégie de cooptation a pu être d'autant plus facilement mise en œuvre que les salariés de l'entrepôt ont été échaudés par l'expérience d'un précédent DP, syndiqué chez FO. Tout en l'accusant de s'être servi de son mandat pour « se planquer », ils lui reprochent d'avoir exacerbé les tensions avec le directeur. Du point de vue même des salariés, l'action syndicale apparaît donc d'abord comme une menace pour la préservation du système d'arrangements internes à l'entrepôt, plutôt que comme un recours utile à la défense de leurs intérêts. À PRENDRE SOIN, les conditions sont également réunies pour permettre à la direction de contrôler le processus de désignation des RP. En plus de l'absence de syndicat, le collectif de travail, composé d'une main-d'œuvre féminine déqualifiée, souvent immigrée, est en effet très atomisé et volatile. La direction a eu dès lors le champ libre pour faire désigner, dans le cadre d'une élection qui n'a mobilisé qu'une infime minorité des employées, deux salariées de son choix : une assistante RH qui a désormais quitté l'entreprise et une salariée, auxiliaire de vie, l'une des plus anciennes de l'entreprise, que le directeur loue pour sa fidélité et son dévouement professionnel exemplaire.

En raison de cette mainmise patronale sur leur mode de fonctionnement, ces IRP ne sont quasiment jamais réunies et sont d'abord investies par les directions comme un dispositif managérial de domestication des conflits et de mise au travail des salariés. Comme le concède le directeur de PRENDRE SOIN, « quelque part, on en retire toujours quelque chose. D'une obligation, on en fait quelque chose de positif ». De fait, s'ils sont très peu actifs dans leur mandat, ces RP ont aussi en commun d'entretenir avec leur direction une relation de confiance et de dépendance, qui les incite à prendre leurs distances avec les critiques et les résistances au travail qu'opposent une partie de leurs collègues, et à vouloir les canaliser plutôt qu'à les relayer. Considérant que « quand on est dans une entreprise qui perd de l'argent, on va pas foutre le bordel », le RP de LOGISTIC explique par exemple que sa seule motivation à être DP est d'éviter que le mandat soit occupé par un collègue qui pourrait être davantage porté à « envenimer » la situation. Ne disposant d'aucune connaissance juridique sur son rôle de DP, la déléguée de PRENDRE SOIN apparaît quant à elle bien moins disposée à se faire le relai des plaintes de ses collègues, qu'à se faire auprès d'elles la porte-parole du directeur, dont elle se réapproprie totalement le discours pour justifier ses choix de gestion :

> Elles se confient beaucoup vos collègues ?
> Ça dépend lesquelles (sourire). Y'en a qui viennent d'autres associations, elles font plus d'heures, mais elles trouvent que le salaire est un peu bas (sourire), qu'il y a pas de 13e mois, y'en a qui trouvent qui sont bien comme ça. Y'en a qui se disent : on est mal payé. Mais par rapport à Philippe (le directeur), on est tellement bien entouré, c'est tellement un bon patron, que je préfère rester là et être moins payé. (…)
> Qu'est-ce que vous faites par rapport à celles qui se plaignent du salaire ?
> Alors je fais pas grand-chose, la vérité. Je leur montre plus le côté positif que ça, parce que ça n'a jamais changé, on a toujours été payé comme ça. En fait on est payé comme ça parce que Philippe il sur-facture pas les personnes. Et des personnes (bénéficiaires) qui ont pas d'argent, ils font un mois pour économiser, et ils appellent personne. Pendant un mois ils sont – excusez-moi du terme – dans la merde (…) c'est pour ça que Philippe il peut pas nous payer plus que ce qu'il perçoit. Donc j'essaye de leur expliquer ça, la plupart du temps j'essaye de leur expliquer, c'est tout ce que je peux dire.

Dans cette configuration de relations professionnelles, l'organisation de négociations collectives demeure évidemment exceptionnelle. Lorsqu'elle se produit, elle s'apparente d'abord à une forme de décision patronale unilatérale, ratifiée par des RP bien peu disposés à en discuter le contenu, d'autant plus au regard de leurs faibles ressources sociales, scolaires ou militantes. La seule négociation initiée par la direction de PRENDRE SOIN l'illustre parfaitement. Tirant profit des nouvelles possibilités offertes depuis la loi « Travail » (2016) de négocier par accord d'entreprise des taux de majoration des heures complémentaires inférieurs aux seuils conventionnels, la direction a fait signer à la RP un accord pour abaisser ce taux au minimum légal (10 %) pendant les 6 premiers mois des nouvelles embauchées, dans l'intention d'en faire un levier pour limiter le *turnover* des aides à domicile. La DP se laisse rapidement convaincre par sa direction de parapher l'accord sans qu'il n'ait été l'occasion de la moindre négociation :

> au début, j'étais pas trop d'accord, mais après je me suis dit que Philippe avait raison, parce que c'est vrai que c'est un problème toutes ces filles qui partent. (…) De toutes façons, il (le directeur) sait ce qu'il y a à faire.

Si ces premières entreprises « familiales » sont donc loin de correspondre à l'image idéalisée d'univers professionnels déhiérarchisés et pacifiés qui leur est souvent associée, les tensions souterraines qui les traversent échappent en revanche très largement à la médiation des RP, même lorsqu'ils sont formellement présents. Contraintes par le rapport d'extrême dépendance que les RP de ces établissements entretiennent avec leur direction, ces IRP fonctionnent effectivement moins comme des espaces de remontée des doléances des salariés et de négociation qu'ils ne constituent un nouvel instrument de la politique économique et managériale des directions de ces PME. En ce sens, la mise en œuvre et les usages des IRP participent, dans ces entreprises, d'un processus de rationalisation et de formalisation juridique des modalités de la domination patronale, caractéristique d'une forme de « néo-paternalisme » (Lamanthe, *op. cit.*).

I.2. UNE AUTONOMISATION DES RP NON SYNDIQUÉS QUI RESTE LIMITÉE

Dans le monde des « PME dynamiques et innovantes », les IRP sont aussi majoritairement non syndiquées. Elles se constituent et fonctionnent cependant selon des modalités sensiblement différentes par rapport à la première configuration, comme le laissent entrevoir les cas des trois établissements de ce modèle. Ancrés dans des secteurs différents, ils appartiennent, comme les deux premiers établissements, à des entreprises dont la structure capitalistique est de type familial. De taille petite ou intermédiaire, ils se caractérisent eux aussi par une forte personnalisation du pouvoir patronal et une individualisation des relations de travail. En revanche, les IRP s'intègrent dans des univers professionnels dominés par une main-d'œuvre beaucoup plus qualifiée et dans des méthodes d'organisation du travail plus innovantes, caractéristiques du modèle apprenant (Amossé et Coutrot, *op. cit.*). Elles consistent à articuler le recours à des dispositifs plus formalisés de participation salariale et d'individualisation de la rémunération (entretiens d'évaluations, primes d'intéressement ou de participation, etc.) avec une autonomie beaucoup plus grande accordée aux salariés dans l'exercice de leur activité, donnant lieu davantage à une forme de contrôle à distance du travail réalisé.

En cohérence avec ce modèle d'organisation du travail, le fonctionnement des IRP apparaît d'abord décorrélé de la volonté des directions d'en faire un outil de contrôle des salariés. De fait, elles n'interviennent pas directement dans le processus électoral de désignation des RP, qui procède de candidatures volontaires et autonomes de la direction. Le profil social de ces élus est par ailleurs très différent des RP des précédents établissements, à l'image des caractéristiques des salariés que ces modèles d'établissement regroupent. Ils sont en effet nettement mieux dotés en ressources sociales, scolaires, mais aussi militantes, plusieurs d'entre eux ayant par ailleurs des engagements associatifs ou politiques, en tant que militant ou élu local affilié à des partis situés à droite de l'échiquier politique[5]. Ces élus sont de ce fait davantage disposés à investir de façon plus active et autonome leur mandat de RP, dans la continuité des appétences et des savoir-faire militants qu'ils déploient déjà dans d'autres sphères d'engagement. Sans surprise, plusieurs de ces élus se montrent d'abord très engagés dans la gestion des œuvres sociales et culturelles du comité d'entreprise (CE). Activité consensuelle, elle est perçue conjointement par les directions et les élus comme le moyen de

5 Le profil social de ces élus multi-engagés est de ce point de vue totalement cohérent avec la sociologie des militants associatifs et partisans comme des élus locaux qui se recrutent prioritairement dans les catégories socio-professionnelles les mieux dotées en capital scolaire, culturel et économique (Prouteau, 2018 ; Koebel, 2006).

fidéliser des salariés qualifiés, de renforcer leur adhésion à l'entreprise et de consolider la cohésion des collectifs de travail. Certains des RP rencontrés investissent d'abord leur mandat d'élu comme l'opportunité de développer des activités de loisir ou de gestion qui font écho à des centres d'intérêt personnels, tout en exprimant un profond désintérêt pour les autres dimensions du rôle d'élu. C'est par exemple le cas de cet élu du CABINET ARTHUR, bureau d'étude dans le domaine de l'environnement de près de 300 salariés[6], en charge de la gestion du club vidéo de l'entreprise et de plusieurs appartements dont le CE est propriétaire :

> Moi ça me gave parce qu'on passe des fois trois heures à discuter de CHSCT alors que pff, voilà bon ben voilà ça peut être intéressant mais euh on arrive pas à s'occuper des œuvres ça et tout correctement avec une demi-journée de réunion par mois, c'est pas possible.

Dans ces établissements, comme le suggère d'ailleurs le témoignage de cet élu, les activités des IRP, régulièrement réunies, débordent cependant le périmètre des activités sociales et culturelles. Les RP y disposent en effet davantage des ressources nécessaires pour mettre en débat les décisions de la direction et faire remonter certaines revendications des personnels – même parmi les élus qui se montrent réfractaires aux syndicats. Le cas de FISIO, spécialisé dans la vente d'appareils de kinésithérapie aux particuliers, qui a compté une centaine de VRP[7], est de ce point de vue exemplaire. Dans cette société qui pousse à l'extrême la logique d'individualisation des salaires, puisque la rémunération des VRP est exclusivement déterminée par les commissions qu'ils retirent sur les ventes réalisées, le directeur apparaît bien peu disposé à s'investir dans le fonctionnement des IRP. De fait, leur mise en place s'est d'abord opérée à l'initiative des élus eux-mêmes. Même s'ils en méconnaissent à l'origine les règles de fonctionnement, plusieurs d'entre eux disposent, grâce à leur engagement d'élu local ou à leur entourage familial (le premier secrétaire du CE est marié à une avocate), d'une familiarité avec le droit qui leur permet de les apprivoiser assez rapidement et d'en imposer le respect à

6 Pour la plupart des ingénieurs faisant de la maîtrise d'œuvre pour des projets d'aménagement auprès des collectivités territoriales.

7 Il s'agit de voyageurs représentants placiers, plus connus sous l'appellation de représentants de commerce.

leur directeur. En raison de leurs activités professionnelles pour les uns, de leur propre expérience de chef d'entreprise pour un autre ou d'élue locale pour une dernière, ces RP partagent par ailleurs un ensemble d'appétences et de compétences à se saisir des procédures d'information et de consultation sur les stratégies de l'entreprise. Ces réunions sont même l'occasion pour eux d'engager avec le directeur des discussions informelles sur la politique de rémunération des VRP pour négocier des revalorisations de leur prime. Ils l'obtiennent parfois, même si le directeur privilégie le principe d'une décision unilatérale plutôt que la signature d'un accord collectif. Comme l'explique la responsable du personnel de l'entreprise, l'investissement des élus dans leur mandat a ainsi permis d'en faire « une instance où on pouvait s'exprimer plus librement, et on pouvait aborder des questions qu'on n'abordait pas auparavant. (...) Les salariés ont eu le sentiment d'avoir une instance de dialogue ».

De façon comparable, à AGROEQUIP, établissement de production d'engins agricoles[8], les ordres du jour du CE et du CHSCT témoignent de l'engagement des élus, notamment sur la problématique de la sécurité au travail. Ces enjeux sont plus particulièrement portés par l'actuelle secrétaire du comité social et économique (CSE), titulaire d'un bac sciences médico-sociales, et qui a connu plusieurs expériences professionnelles dans ce secteur avant d'être victime d'un accident du travail et de se reconvertir dans un poste technico-commercial chez AGROEQUIP. Elle explique ainsi son engagement dans ce qui était, au moment de l'enquête, le CHSCT, par l'intérêt que sa trajectoire personnelle l'a portée à accorder aux enjeux de santé au travail. En outre, ces RP ont pris l'initiative de suivre une formation pour élus du personnel organisée par la Chambre de commerce et d'industrie (CCI) de leur territoire. Elle a été l'occasion pour eux de découvrir l'étendue de leurs droits, et les a incités à reprendre davantage le contrôle du fonctionnement du CSE pour rappeler la direction à l'ensemble de ses obligations en matière d'information et de consultation des RP : « Pour moi (avant les formations), je m'étais dit : oui, bah le rôle du CSE c'est d'ouvrir la parole. Mais non, il y a aussi de faire appliquer les lois. » (secrétaire du CSE)

Ce processus de formalisation juridique des échanges entre RP et directions n'en rencontre pas moins des limites importantes, étroitement

8 Établissement d'une centaine de salariés, en majorité des ouvriers soudeurs très qualifiés, rares sur le marché de l'emploi local.

liées aux caractéristiques des contextes socio-productifs de ces établissements. Chez FISIO, au moment de l'enquête, alors que l'activité de l'entreprise est en chute libre et entraîne le départ d'une grande partie des VRP, les relations entre les RP et la direction se sont beaucoup tendues. Les élus du personnel lui reprochent d'avoir raté le « tournant » du numérique et de s'être enfermé dans une stratégie mortifère pour l'entreprise. Aucune discussion n'est toutefois engagée à ce sujet au sein du CE qui, au contraire, se dévitalise. De fait, à l'instar de beaucoup de leurs collègues, plusieurs élus ont préféré négocier des ruptures conventionnelles de contrat très lucratives. Dès lors, les deux élus encore en poste se sentent impuissants à faire autre chose qu'à accompagner les collègues qui le souhaitent dans la négociation de leur rupture conventionnelle. En outre, en dépit du regard (très) critique qu'ils portent sur leur directeur, ces deux élus ne se montrent guère disposés à endosser une posture plus contestataire, qui entre en dissonance avec leur socialisation politique à droite, et qu'ils jugent tout aussi vaine qu'en contradiction avec ce qu'ils sont.

À AGROEQUIP, la direction résiste pour sa part à une trop grande formalisation juridique des échanges avec les RP. Quand ils demandent à faire valoir certains de leurs droits (définir l'ordre du jour, respecter les délais de transmission des documents…), la DRH les menace, par exemple, de revenir sur les arrangements qu'elle tolère dans l'organisation du travail des ouvriers de la production. De même, quand la secrétaire du CSE tente de mettre en débat la pression exercée par la hiérarchie pour inciter les ouvriers à accepter des heures supplémentaires, elle se fait immédiatement rappeler à l'ordre par son directeur : « il (le directeur) a tout de suite mis sa main de côté comme ça genre "tu la boucles", et du coup je me suis dit "bon, ben c'est pas le sujet du jour", et je ne suis pas intervenue ». Le durcissement des réactions de la direction renforce en retour la tendance de ces élus – alors qu'ils disent se sentir isolés et manquer de formation – à se tenir à distance des syndicats – que certains ont pourtant fréquentés –, de crainte que l'adhésion à l'un d'entre eux vienne accentuer les tensions avec la direction et les exposer à des risques de représailles. En définitive, dans cette entreprise, dans les conflits qui les opposent à leur hiérarchie sur les sujets liés à l'organisation du temps de travail et aux conditions de travail, les ouvriers de production, détenteurs de savoir-faire professionnels rares sur le marché local du travail, s'appuient beaucoup plus sur le pouvoir de résistance et de négociation que leur procure leur qualification professionnelle, que sur l'action des élus, pour préserver leur autonomie dans le travail ou obtenir des indemnités compensatoires.

Cohérent avec les résultats de l'enquête statistique (encadré 1), le fonctionnement contrasté des IRP non syndiquées que l'on peut observer dans ces cinq entreprises « familiales » est ainsi d'abord révélateur des différences qui séparent la manière dont se structurent les rapports de pouvoir et de négociation dans des établissements aux caractéristiques socio-économiques très dissemblables. Dans les « petites entreprises paternalistes », le fonctionnement des IRP est corseté par la force des rapports de domination sociale et des mécanismes de contrôle hiérarchique auxquels ils sont intégrés. Par contraste, la configuration des rapports sociaux et le style managérial des « PME dynamiques et innovantes » participe à rendre compatible les pratiques des directions visant à intégrer les IRP dans la panoplie de leurs outils de management avec la présence de salariés plus disposés, par leurs propriétés sociales et militantes, à maîtriser les compétences techniques et juridiques nécessaires pour s'emparer de façon plus active de leur rôle de représentant. Leur capacité à s'émanciper d'une conception strictement managériale des usages des IRP pour s'imposer comme des intermédiaires légitimes dans la régulation des relations de travail se heurte toutefois à la force des logiques d'individualisation de la relation salariale qui contribuent à limiter le recours aux IRP par les salariés, même en situation de conflit. De même, la pratique très personnalisée du pouvoir patronal œuvre à maintenir les IRP en marge des discussions sur les salaires comme sur les conditions de travail. De la même manière que les salariés de ces établissements ne jouissent dans leur travail que d'une forme d'autonomie sous contrôle à distance (Coutrot, 1999), l'autonomie d'action des RP non syndiqués de ces trois établissements reste ainsi elle-même très contrainte par les limites de leurs ressources collectives et révélatrice des formes de « contrainte douce » (Courpasson, 2000), qui continuent de s'appliquer dans ces organisations « innovantes ».

II. LES CONDITIONS AMBIVALENTES DE L'ACTIVITÉ DES RP SYNDIQUÉS

Par contraste avec leurs homologues non syndiqués, on sait que les RP syndiqués sont globalement davantage incités et mieux formés par leur organisation à investir activement leur mandat d'élu (Pak et Pignoni, 2014). Plus souvent observée dans des entreprises de grandes tailles dotées de services RH professionnalisés, la présence de RP syndiqués est de ce fait logiquement corrélée à une plus grande fréquence des négociations et des mobilisations collectives des salariés (Béroud *et al.*, *op. cit.*). Dans la typologie statistique des modèles socio-productifs, ces configurations de « dialogue social » sont associées au modèle des entreprises « néo-fordistes en tension » et à celui des entreprises « néo-tayloriennes de services ». Dans ces contextes organisationnels, les RP ont en commun d'affronter des restructurations permanentes, liées aux stratégies actionnariales ou aux politiques de rationalisation budgétaire de l'État. Leur capacité d'agir prend cependant appui sur des ressources inégales en même temps qu'elle s'intègre dans des configurations différentes de rapports sociaux de travail et de relations professionnelles. L'analyse statistique fait d'ailleurs ressortir des différences entre ces deux modèles, tant du point de vue des thèmes de négociation et de conflits déclarés que de leurs formes (encadré 1). Les enquêtes monographiques permettent précisément de mieux saisir la manière dont les contextes socio-économiques des entreprises structurent différemment les conditions de l'action des RP syndiqués et les logiques de compromis qu'ils sont en mesure de négocier. Elles permettent de ne pas en rester à une vision figée et univoque des effets de ces modèles statistiques, en donnant aussi à voir que, en leur sein, la capacité des RP syndiqués à agir sur les décisions patronales varie en fonction de la configuration institutionnelle des IRP, des modalités de leur ancrage militant ou des caractéristiques des marchés des entreprises.

II.1. DES RP SYNDIQUÉS CONFRONTÉS À DES CONTRAINTES VARIÉES

Parmi les quatre établissements relevant de ces deux autres modèles que nous avons étudiés (*cf.* tableau en annexe), trois illustrent particulièrement bien les contradictions de nombreux RP syndiqués. Alors qu'une part conséquente de leur activité est occupée à participer à des échanges réguliers avec leur direction, la capacité des RP à négocier les politiques d'organisation de la production et de rémunération des salariés apparaît des plus réduites dans un contexte de restructurations. En effet, ce dernier participe tout à la fois à mettre sous pression les conditions de travail et de rémunération des salariés et à réduire les marges de manœuvre des acteurs locaux du « dialogue social ». Cette situation est très manifeste d'abord dans les établissements du secteur sanitaire et social, surreprésentés dans le modèle « néo-taylorien des services ». Dans ces établissements, caractérisés par des situations de travail en autonomie contrôlée (Dayan *et al.*, 2008), ces contraintes sont en premier lieu liées aux normes de qualité que les pouvoirs publics imposent de respecter dans l'organisation du travail. Dans le même temps, les politiques de réduction des dépenses publiques font peser une forte pression sur les politiques salariales de ces établissements, très dépendants des financements publics. Cette situation encourage la mise en œuvre de politiques managériales de rationalisation de l'organisation du travail et de compression des coûts (Mas *et al.*, 2011, Puissant, 2012), génératrices de fortes tensions entre les RP et les directions – qui ressortent, avec les conflits liés aux conditions de travail et au climat des relations de travail, comme un trait distinctif de cette catégorie d'établissements dans l'analyse statistique (encadré 1). Ces tensions ont trait à la question salariale dans des établissements confrontés à des pénuries de main-d'œuvre. Mais elles ont aussi pour trame les résistances qu'opposent les salariés au renforcement des contraintes bureaucratiques et hiérarchiques pour défendre leur autonomie et leur ethos professionnel. Chez AIDOM, association d'aides à domicile d'une centaine de salariées, les critiques des RP se focalisent sur l'introduction d'un dispositif de contrôle à distance du temps de travail des aides à domicile qui tend considérablement les relations avec l'encadrement intermédiaire comme cela a pu être déjà observé dans d'autres établissements de ce secteur (Avril, 2009). Chez ESM, établissement psychiatrique de 1 200 salariés, la nouvelle organisation des soins (réduction du nombre de lits, injonction corolaire à diminuer les temps d'hospitalisation, renforcement des protocoles) est quant à elle vécue comme un vecteur de déshumanisation du travail et de perte de sens de l'activité des agents.

Or, sur ces différents points de tension, la capacité des RP et des RD à trouver des terrains de compromis par le jeu des IRP et de la négociation à l'échelle des établissements est très contrainte. En plus d'être soumis aux règles imposées par les pouvoirs publics, ces deux établissements ont été intégrés dans des structures élargies, dans le cadre de politiques de fusion directement encouragées par les pouvoirs publics (Puissant, *op. cit.*). De ce fait, les directions locales de ces établissements ont perdu une grande partie de l'autonomie de gestion dont elles bénéficiaient auparavant. Tenues par les injonctions de leur direction centrale, elles ont dès lors plus de difficultés à faire de la négociation avec les représentants syndicaux locaux un levier de production de compromis et de régulation des conflits. Confronté à la difficulté de recruter des personnels qualifiés, le directeur de l'ESM tire certes parfois profit d'exercices budgétaires « favorables » pour octroyer des primes épisodiques (prime pour l'ordre infirmier, « prime chaussure », etc.) négociées avec les représentants syndicaux locaux. Ces pratiques d'ajustement négocié des politiques salariales de l'association restent cependant limitées. Le directeur de l'ESM s'oppose par exemple au refus de la direction centrale de l'association lorsqu'il envisage, après l'avoir négociée avec les représentants syndicaux, une augmentation salariale des aides médico-psychologiques, une catégorie peu nombreuse. Alors que cette décision engage un coût peu élevé au regard du budget global de l'établissement, la direction centrale de l'association rejette cet accord au motif qu'elle ne souhaite pas voir les autres établissements de l'association, de plus petite taille et moins dotés financièrement, s'engager dans des procédures similaires de revalorisation salariale au-delà du seuil conventionnel. Au sein d'AIDOM, les négociations salariales sont tout autant contraintes par les limites des dotations budgétaires du Conseil départemental et par la pression qu'exerce la fédération employeur de laquelle dépend l'association pour dissuader le directeur d'AIDOM d'aller-au-delà du seuil de la convention collective :

> On (les RP) me dit « vous pouvez toujours faire mieux que la convention collective », oui sur le plan strictement du droit, je peux faire mieux que la convention collective sauf que derrière, moi, les financeurs si je leur dis que je suis en difficulté, ils vont pas me suivre. (rires) Si demain je dis au Conseil départemental, « tiens, moi j'augmente la valeur du point dans mon association », ils vont me dire « oui, hein, mais nous, on vous payera à la valeur du point auquel il est reconnu » donc il y aura pas la compensation.

De même, l'introduction du système de télégestion centralisé du temps de travail des aides à domicile, âprement contesté par les représentantes du personnel, a été exigée par le Département. Les élues du personnel (CFDT) reconnaissent volontiers que le directeur a les « pieds et poings liés financièrement » et qu'il ne « décide de rien ». Dans ces conditions, et alors même que le constat de la détérioration des conditions de travail et d'emploi dans ces secteurs (Puissant, *op. cit.*) est en partie partagé par les directions de ces établissements, c'est donc d'abord par la négociation d'arrangements locaux avec l'encadrement de proximité sur les modalités d'organisation du travail des salariés (horaires, plannings) et par la mise en place de dispositifs managériaux participatifs (groupes d'expression, réunions d'équipes, formations collectives) que les directions de ces établissements s'emploient, comme on l'observe dans ces deux établissements ou dans le cas de PRENDRE SOIN évoqué précédemment, à apaiser les tensions. Quant aux enjeux salariaux, l'action des militantes syndicales consiste pour l'essentiel à relayer les appels à la mobilisation directement impulsés par leur fédération à l'occasion des négociations collectives de branche qui conservent, sur ces marchés réglementés, un rôle beaucoup plus central que dans d'autres configurations socio-productives (Garabige, 2017)[9].

Dans les établissements du modèle « néo-fordiste en tension », les négociations d'entreprise, et singulièrement les négociations salariales, occupent une place assurément plus centrale dans la dynamique des échanges entre RP et RD. Incarnant autrefois le modèle du compromis fordiste – des hausses de salaires en échange des gains de productivité –, les conditions de l'action syndicale et les dynamiques de la négociation collective dans ces grandes entreprises se sont cependant radicalement transformées sous l'effet de leur intégration dans un capitalisme financiarisé et internationalisé. Le plus souvent insérées sur des marchés européens et mondiaux, ces entreprises vivent d'abord au rythme de processus de restructurations continues (introduction du *lean management*, réduction des effectifs), sous la contrainte d'une forte pression actionnariale à la recherche d'une rentabilité à court terme, tandis que les possibilités de négociations à l'échelle locale sont désormais puissamment limitées par la centralisation des politiques de gestion et des

9 Le mode de structuration des relations professionnelles dans le secteur sanitaire et social aide de ce point de vue à comprendre que les questions salariales ne ressortent pas dans l'analyse statistique comme un enjeu de conflit collectif saillant à l'échelle des établissements néo-tayloriens de services, alors qu'elles constituent un motif de plainte récurrent.

dispositifs de négociation collective au niveau des sièges centraux des groupes (Giraud et Ponge, 2016).

Le cas de GRANDIST, établissement de l'un des leaders français et européens de la grande distribution, en offre un exemple éloquent. Autrefois réputé pour offrir des conditions de travail et de salaires très favorables à ses salariés par rapport à ses concurrents, les réorganisations initiées depuis l'entrée en bourse du groupe dans les années 1990 ont largement remis en cause ce modèle social (Benquet, 2013). Au moment de notre enquête, une importante restructuration est précisément engagée dans l'objectif notamment de renforcer la polyvalence des employés. Cette nouvelle organisation du travail s'accompagne de la suppression de 5 000 emplois au travers de 2 000 départs non remplacés et d'une rupture conventionnelle collective de 3 000 salariés. Dessaisis de cette négociation pilotée au siège central de GRANDIST France, les représentants syndicaux locaux voient leur rôle se limiter, *via* les consultations du CSE d'établissement, à prendre position de manière consultative sur l'accord négocié et à en contrôler les modalités d'application, en vérifiant notamment que les éventuels départs volontaires de salariés ne se font pas sous la pression de l'encadrement ou de la direction : « tout ce qui est des projets nationaux, c'est vu en haut après ça descend. Après, nous, on va suivre ce qui a été fait au national. ». Cette division du travail syndical est d'ailleurs mal vécue par certains RP locaux qui en dépit des efforts qu'ils fournissent pour s'approprier les enjeux d'une telle restructuration s'interrogent sur leur utilité (« en fait on sert à quoi ? »).

La fixation des horaires d'ouverture les jours spéciaux (heure de fermeture du samedi soir et ouverture du dimanche) est la seule question à être directement négociée tous les trois ans dans le cadre du CSE d'établissement. Pourtant, même sur cette question, leurs marges de manœuvre restent étroites, en raison de la pression qu'exerce sur eux une partie des salariés, à l'image de nombreux autres établissements de la grande distribution (Grimaud, 2018). Alors que plusieurs syndicats s'étaient par exemple déclarés favorables à la fermeture de leur magasin le dimanche lors du confinement, une pétition lancée par des salariés non encartés s'y oppose afin de continuer à profiter de la majoration salariale induite, et contraint ces RP à renoncer à leur intention. En définitive, la capacité de ces RP à négocier l'organisation du travail est tout aussi contrainte par la centralisation des processus des négociations que par la manière dont cet enjeu divise, dans ces univers professionnels, beaucoup plus que dans les précédents, des collectifs de travail de plus en plus hétérogènes et met en tension les syndicalistes dans leurs rapports à leurs collègues de travail. Dès lors, l'action de ces RP consiste bien moins à négocier les règles qu'à s'efforcer de les faire respecter – « on est là aussi pour contrôler que tout se passe bien dans la légalité » – et à protéger les salariés contre les risques d'un style de management jugé plus répressif.

Les négociations salariales annuelles reposent sur des modalités de division du travail syndical comparables puisqu'elles sont aussi centralisées et pilotées par les directions centrales des syndicats. De ce fait, les RP locaux ont d'abord pour mission de faire remonter auprès d'elles leurs avis et celui des collègues qu'ils ont consultés. Pour autant, les questions salariales demeurent le principal enjeu autour duquel ces syndicalistes réussissent à mobiliser les salariés, parfois massivement. Au moment de notre enquête, une majorité des employés de l'établissement a ainsi participé au débrayage organisé nationalement pour protester contre l'annonce de la suppression d'une prime salariale. Exceptionnelle par son ampleur, cette mobilisation, qui a permis aux salariés d'obtenir satisfaction, n'en démontre pas moins que l'enjeu de la rémunération reste le plus facilement fédérateur, et que les négociations salariales restent, pour cette raison, et à la différence de la précédente configuration d'entreprise, le principal terrain sur lequel les RP sont en capacité de négocier les conditions d'un compromis salarial dégradé.

II.2. LES SYNDICATS NE SERVENT-ILS PLUS À RIEN ?

Ces enquêtes monographiques éclairent ainsi la pluralité des contraintes structurelles qui façonnent, selon des modalités différentes, la logique des compromis sociaux que ces représentants sont en mesure de négocier dans ces organisations. Dans le même temps cependant, elles donnent aussi à voir que les modèles socio-productifs identifiés par l'analyse statistique recouvrent des configurations d'établissements hétérogènes et que les RP ne subissent pas de manière identique les contraintes extérieures qui s'imposent à eux. L'entrée par l'analyse des contextes socio-productifs permet ainsi de ne pas s'en tenir au seul constat des difficultés contemporaines qu'affronte le syndicalisme, mais aussi de faire ressortir les conditions (type de marché, profil de la main-d'œuvre, capital militant des RP) qui soutiennent la capacité des représentants syndicaux à se maintenir comme des intermédiaires difficiles à contourner par les directions et, parfois, à infléchir leurs décisions.

Si la mobilisation des salariés de GRANDIST pour s'opposer à la suppression de leur prime offre une première illustration de la capacité de résistance collective aux effets de la financiarisation du capitalisme, le cas d'INDUS éclaire à ce titre plus encore les configurations dans lesquelles les syndicalistes restent en capacité d'obtenir des compromis salariaux avantageux en dépit des logiques actionnariales qui les gouvernent. Cette entreprise cotée du secteur de l'industrie technologique de pointe (1 200 salariés), en très forte croissance, se distingue tout à la fois de GRANDIST par sa position dominante sur un marché moins concurrentiel, par la composition de sa main-d'œuvre très qualifiée (cadres, ingénieurs et ouvriers à parts égales), et par une organisation du travail qui laisse une autonomie beaucoup plus grande aux salariés. Il s'agit par ailleurs d'une entreprise mono-établissement. La présence syndicale (CGT, CFE-CGC, FO, CFDT) y est importante, et repose sur des militants aguerris, présents dans les différents secteurs de l'entreprise. Premier syndicat, la CGT compte à elle seule plus de cent syndiqués, tandis que les élections professionnelles mobilisent près de 80 % des salariés. Dans cette configuration, les négociations salariales constituent un enjeu de mobilisation et de discussion d'autant plus central que la rémunération constitue un levier majeur de la politique managériale de fidélisation de ces salariés qualifiés. Couplées à l'organisation régulière de débrayages, les négociations salariales donnent ainsi lieu, chaque année, à des revalorisations substantielles. Mieux, après le dévoilement en 2017 d'un plan d'actions gratuites réservées au *Top management*, les syndicats réussissent à faire participer à un débrayage une grande partie des cadres, aux côtés des techniciens et ouvriers qualifiés. Alors que les cadres se maintiennent habituellement en retrait des actions initiées par les syndicats, ce rapport de force inédit renforce l'isolement de la direction qui consent au final à élargir ce plan d'actions gratuites à l'ensemble des salariés. Cet épisode atteste ainsi pleinement de l'inscription des politiques managériales de cet établissement dans les logiques du capitalisme financier. Mais il met aussi en lumière que ces politiques n'agissent pas nécessairement comme un obstacle à la mobilisation des salariés. Dans certaines configurations, elles peuvent au contraire fonctionner comme un vecteur de sa dynamisation et ouvrir la voie à un renouvellement du compromis salarial, articulées à une reconfiguration des formes d'actions et de revendications syndicales (Chambost, 2013).

De façon comparable, les représentants syndicaux de ESM agissent également dans une configuration professionnelle et militante bien plus favorable que celle de leurs homologues d'AIDOM. Comme à INDUS, l'ancrage militant des trois organisations présentes demeure important (220 adhérents revendiqués), la participation aux élections professionnelles élevée (70 %) et le niveau de qualification des salariés relativement important, en raison de la place essentielle qu'occupent des professions diplômées dans le travail du soin (médecins psychiatres, psychologues, infirmiers). Cette forte présence syndicale a pour effet d'inciter la direction à maintenir des relations de coopération avec les RP. Non seulement parce que les syndicats conservent un pouvoir de mobilisation que la direction peut juger utile de canaliser par le jeu de la négociation. Mais aussi, parce que ces représentants syndicaux sont détenteurs d'une expertise professionnelle qui les légitime plus facilement aux yeux de la DRH dans leur rôle d'intermédiaire utile à consulter dans le cadre de projets de changements organisationnels. C'est ce que suggère notamment la DRH de l'ESM quand elle explique privilégier, au sujet d'un projet de réorganisation du temps de travail d'une partie du personnel, la recherche d'un accord avec les RP :

> Je vais pas passer par une décision unilatérale parce que c'est des sujets tellement complexes que si on fait pas ça euh de manière concertée et qu'on porte pas avec les représentants du personnel, c'est voué à l'échec. Après bon c'est un peu le discours dans la négociation quand on leur dit « si vous signez pas l'accord, on va passer par une décision unilatérale », c'est ce qu'on leur dit. Mais bon en même temps euh ils savent que je vais pas le faire (rires). (...) Modifier l'horaire de 600 salariés dans l'institution sans que ce soit concerté avec les OS, ça paraît pas très réaliste.

La pénurie de personnels qualifiés renforce, dans le même temps, l'attention que la direction porte aux demandes de ces salariés « en capacité de réfléchir plus vite que nous (la direction) » (DRH ESM). Elle conduit même la DRH de l'ESM à proposer aux RP un accord d'attractivité pour les infirmiers qui prévoit une prime exceptionnelle au moment du recrutement. L'accord est finalement rejeté par les élus du personnel au nom de l'inégalité avec les infirmiers déjà en poste.

Indépendamment cependant des caractéristiques professionnelles des salariés, les modes inégaux de socialisation militante des RP produisent des effets différenciés sur la capacité inégale des RP, élus dans des établissements de travail comparables, à tenir leur rôle. La comparaison qu'il est possible de faire entre les RP des deux associations d'aides à domicile présentes dans notre corpus d'enquête, en constitue l'exemple le plus éloquent. Dans un secteur où l'implantation des organisations syndicales reste fragile et très inégale, le contraste est en effet saisissant entre la relation de dépendance et de soumission extrême de la RP non syndiquée de PRENDRE SOIN vis-à-vis de sa direction, et la capacité des élues (CFDT) d'AIDOM à s'imposer comme des interlocutrices beaucoup plus autonomes, aptes à agir comme un véritable contre-pouvoir, grâce aux savoirs techniques (juridiques, économiques) et aux savoir-faire militants qu'elles ont acquis à la faveur de leur insertion dans les réseaux militants du syndicat départemental de la CFDT du secteur de la santé. En plus d'avoir assisté à de nombreuses formations organisées par leur syndicat, elles participent régulièrement aux mobilisations qu'il initie à l'occasion des négociations de branche ou territoriales de leur secteur. Témoin de cette intégration militante, la secrétaire de la section syndicale (depuis 2015) est par la suite entrée à la Commission exécutive, puis au bureau du syndicat départemental des établissements de santé et devient responsable du maintien à domicile. Si les relations entre ces RP et leur directeur restent encastrées dans des rapports de domination sociale et de genre évidents, ces élues disposent néanmoins d'un capital militant qui leur permet d'en contenir les effets, du fait de leur acculturation au fonctionnement des IRP et aux techniques de la lutte syndicale et des soutiens qu'elles sont en mesure d'activer auprès de leur fédération pour obtenir des conseils (juridiques, militants) en cas de conflit avec leur directeur[10]. À défaut d'être en situation de véritablement négocier les politiques managériales, ces représentantes du personnel contribuent

10 Dans l'univers militant de la CGT, les Unions locales constituent, avec les fédérations professionnelles, un autre espace d'acculturation militante des représentants de l'organisation. L'intégration dans ces espaces militants n'implique pas nécessairement, loin s'en faut, une homogénéisation des pratiques des militants d'entreprise, qui restent très autonomes dans la gestion de leur mandat (Giraud, 2014). Mais elle favorise incontestablement l'apprentissage de techniques militantes et de savoirs experts qui renforcent la capacité des militants à tenir leur rôle de RP de façon plus autonome face aux directions, en particulier dans des secteurs de faible tradition syndicale.

en revanche, par leur action, à la légalisation des relations de travail et à contenir la pression managériale qui s'exerce sur les salariés :

> On est une grosse équipe, on fait peur. On n'est que des femmes, mais on ose dire, on ose faire des choses. C'est d'ailleurs ce qui nous est reproché au niveau de notre conseil d'administration, c'est qu'on fait peur. (RP CFDT)

À la différence des établissements du secteur sanitaire et social dotés d'un ancrage militant plus ancien et d'une main-d'œuvre qualifiée plus stable, le développement de ce syndicat n'en demeure pas moins fragile et symptomatique des difficultés rencontrées par les syndicats pour se déployer dans des collectifs de travail éclatés et composés d'une main-d'œuvre féminisée précaire (Béroud, 2013). À l'occasion des élections professionnelles précédant l'enquête, le directeur réussit à faire émerger une liste non syndiquée et à faire élire plusieurs de ses candidats, limitant ainsi l'accès des militantes de la CFDT aux heures de délégation auxquelles donne droit l'exercice de mandats d'élus. Les stratégies du directeur consistent donc moins, comme on l'observe chez ESM, à chercher à intégrer ces élues syndiquées dans des dynamiques de négociation qu'à les contourner dans leur rôle de représentante.

CONCLUSION

Une approche « par le bas » des modalités de fonctionnement des dispositifs de représentation du personnel situés dans les établissements donne ainsi d'abord à voir la manière dont la volonté politique affichée de faire de l'entreprise l'espace privilégié du « dialogue social » s'opère dans des contextes organisationnels et économiques qui contraignent fortement la capacité des représentants locaux du personnel à obtenir, à cette échelle, des contreparties en échange des efforts de productivité exigés des salariés. De ce point de vue, la décentralisation des dispositifs de la négociation collective, qui accompagne la mise en œuvre de réformes néo-libérales de l'État (Baccaro et Howell, 2017) apparaît, dans bien des situations, comme un vecteur d'affaiblissement de la capacité des RP à faire des IRP un outil au service de la négociation de politiques de progrès social. Elle tend au contraire à renforcer les contraintes qu'ils subissent à agir dans un rôle d'accompagnement de politiques d'entreprise soumises au « despotisme du marché » (Burawoy, 1983) ou aux logiques budgétaires de réduction de la dépense publique.

La transformation des contextes et des règles du « dialogue social » en entreprise n'empêche cependant pas le maintien d'une pluralité de modes de fonctionnement des IRP, révélatrice des opportunités différentes que les directions perçoivent à se saisir des dispositifs institutionnels du « dialogue social » (Béthoux et Mias, 2021) comme de la diversité du rapport des RP à leur rôle et de leur capacité à entrer en négociation et en conflit avec leur employeur. Replacer ces usages sociaux différenciés des dispositifs des IRP dans la variété de leur contexte socio-économique offre alors des clés de compréhension originales et heuristiques de la pluralité des configurations de pratiques de « dialogue social » dans les établissements. Cette approche permet en particulier de ne pas en rester au seul constat déjà bien établi que le degré d'institutionnalisation des échanges entre RP et RD, comme l'intensité des négociations et des conflits collectifs, varient substantiellement en fonction de la taille des entreprises et de la présence de RP syndiqués ou non syndiqués. Dans ces différents sous-ensembles, en effet, les conditions de formation des RP, leurs modes d'instrumentation par les directions, leur capacité à agir sur les décisions patronales comme la nature des enjeux de négociation et de conflit autour desquels s'organise le « dialogue social » ne sont pas homogènes. La variété des régimes de domination au travail qui caractérisent les relations de travail dans les entreprises, au même titre que leur taille ou leur secteur d'activité, agit également comme un vecteur de différenciation dans la dynamique des relations professionnelles et des compromis sociaux qui s'y négocient. Penser les liens entre modèles socio-productifs et relations professionnelles n'implique pas pour autant de considérer que les dynamiques des négociations ou des conflits seraient exclusivement et mécaniquement déterminées par leurs contextes économiques et organisationnels. De fait, la capacité des RP à s'émanciper des rapports de domination dans lesquels ils sont pris, à créer les conditions de négociations et de mobilisations plus favorables à la prise en compte des intérêts des salariés, est aussi très dépendante des formes plurielles de socialisation des RP à l'action militante que ces univers professionnels recouvrent. Il s'agit donc bien de suggérer l'intérêt de croiser les questionnements des théories régulationistes sur les modalités de construction du rapport salarial avec ceux de la sociologie du syndicalisme pour rendre compte des relations dynamiques entre styles de domination patronale et pratiques de la représentation du personnel.

On se donne alors les moyens de saisir aussi bien les différents obstacles que rencontrent les syndicats dans leur capacité à se déployer dans les différentes fractions du salariat et à infléchir les politiques patronales là où ils sont présents, que la variété des conditions de l'action des représentants syndicaux et des ressources dont ils disposent pour tenir leur rôle de contre-pouvoir. Dans le même temps, cette approche ouvre des perspectives de recherche stimulantes pour mettre en relation la grande variété des pratiques des représentants syndicaux, indépendamment de leur affiliation organisationnelle, avec la diversité des rapports sociaux de travail auquel s'arrime leur engagement militant.

RÉFÉRENCES BIBLIOGRAPHIQUES

Amossé, T. et Coutrot T., 2008, « L'évolution des modèles socio-productifs en France depuis 15 ans : le néo-taylorisme n'est pas mort », *in* Amossé, T. Bloch-London C., Wolff L. (dir.), *Les relations sociales en entreprise*, La Découverte, p. 423-451.

Avril C., 2009, « Une mobilisation collective dans l'aide à domicile à la lumière des pratiques et des relations de travail », *Politix*, n° 86 (2), p. 97-118.

Baccaro L. et Howell C., 2017, *Trajectories of Neoliberal Transformation : European Industrial Relations Since the 1970s*, Cambridge University Press.

Benquet M., 2013, *Encaisser ! Enquête en immersion dans la grande distribution*, La Découverte.

Béroud S., 2013, « Une campagne de syndicalisation au féminin », *Travail, genre et sociétés*, n° 30 (2), p. 111-28.

Béroud S., Denis J-M., Desage G., Giraud B., Pélisse J., 2008, *La lutte continue ? Les conflits du travail dans la France contemporaine*, Éditions du Croquant.

Béthoux E. et Mias A., 2021, « How does State-led decentralization affect workplace employment relations ? The French case in a comparative perspective », *European Journal of Industrial Relations*, vol. 27, n° 1, p. 5-21.

Béthoux É., 2020, *Le dialogue social. Sociologie d'un concept controversé*, Habilitation à diriger les recherches, ENS Paris-Saclay, 23 octobre.

Borisova K. et Rey F., 2014, « Conflits et régulations sociales dans les PME françaises », *Idées Économiques et Sociales*, n° 178, p. 19-26.

Bréda T., 2016, *Les représentants du personnel*, Presses de Science Po.

Burawoy M., 1983, « Between the Labor Process and the State : the Changing face of Factory Regimes Under Advanced Capitalism », *American Sociological Review*, vol. 48, p. 587-605.

Chambost I., 2013, « De la finance au travail. Sur les traces des dispositifs de financiarisation », *Nouvelle Revue du Travail* [en ligne], n° 3.

Courpasson D., 2000, *L'action contrainte. Organisations libérales et domination*, PUF.

Coutrot T., 1999, *Critique de l'organisation du travail*, La Découverte.

Dayan J-L., Desage G., Perraudin C., Valeyre A., 2008, « La pluralité des modèles d'organisation du travail, source de différenciation des relations de travail », *in* Amossé, T. Bloch-London C., Wolff L. (dir.), *Les relations sociales en entreprise*, La Découverte, p. 334-352.

Dufour C., Hege, A., 2008, « Comités d'entreprise et syndicats, quelles relations ? », *La Revue de l'IRES*, n° 59, p. 3-40.

Dumoulin C., 2019, « Quand les syndicats s'invitent dans les petites entreprises. Les relations sociales dans les établissements de 11 à 49 salariés », *Nouvelle Revue du Travail* [en ligne], n° 15.

Ethuin N. et Yon K., 2014, *La fabrique du sens syndical. La formation des représentants des salariés en France (1945-2010)*, Éditions du Croquant.

Gantois M., 2014, « La "démocratie d'entreprise" en actes. Ce que l'observation d'une négociation révèle des relations professionnelles "ordinaires" dans une PME », *Politiques de communication*, 1, n° 2, p. 79-112.

Garabige A., 2017, « Agir dans un secteur peu propice à l'action syndicale. Le cas de l'aide à domicile en France », *Terrains & travaux*, 1, n° 30, p. 101-120.

Giraud B., 2014, « Le difficile apprentissage de la grève dans le secteur du commerce », *Critique Internationale*, n° 64, p. 47-62.

Giraud B., Ponge R., 2016, « Des négociations entravées : les ressorts ambivalents de l'institutionnalisation de la négociation collective en entreprise », *Nouvelle Revue du Travail*, n° 9, p. 51-67.

Giraud B., Signoretto C. (coordinateurs), Alfandari F., Béroud S., Berthonneau C., Biaggi C., Haute T. et Sanson D., 2021, *Reconfigurations des usages et des pratiques du « dialogue social » en entreprise dans un contexte de changement socio-productif et institutionnel*, Rapport d'études de la Dares n° 12, septembre, 313 p.

Grimaud P., 2018, « L'extension du travail dominical dans le commerce », *Travail et Emploi*, 155-156, p. 141-164.

Gros J., 2016, « Relations d'emploi et domination personnalisée. Comment la gestion de la main-d'œuvre dans une PME s'appuie sur des rapports de classe », *Genèses*, n° 105, p. 97-119.

Hamidi C., 2012, « De quoi un cas est-il un cas ? Penser les cas limites », *Politix*, n° 100, p. 85-98.

Koebel M., 2006, *Le pouvoir local ou la démocratie improbable*, Bellecombe en Bauge, Éditions du Croquant.

Lamanthe A., 2011, *Les métamorphoses du paternalisme. Histoire, dynamiques et actualité*, CNRS Éditions.

Lomba C., 2010, « Les petites mains dans les entreprises : gestion informelle et fractures ouvrières », *Sociologie du Travail*, 52, 4, p. 503-520.

Mas B., Pierru F., Smolski N., Torrielli R., (dir.) 2011, *L'hôpital en réanimation*, Éditions du Croquant.

Mintzberg H., 1982, *Structure et dynamique des organisations*, Éditions d'Organisation.

Pak M. et Pignoni M-.T., 2014, « Les représentants du personnel : quelles ressources pour quelle action ? », *DARES Analyses*, n° 084.

Passeron J-C. et Revel J., (dir.), 2005, *Penser par cas*, Éditions de l'EHESS.

Pélisse J., 2019, « Une grève froide inversée ? Éléments sur les mutations des relations professionnelles dans l'entreprise en France », *Négociations*, n° 31, p. 61-81.

Prouteau L., 2018, *Bénévolat et bénévoles en France en 2017. État des lieux et tendance*, Rapport de recherche.

Puissant E., 2012, « Le travail et l'organisation du travail dans les associations d'aide à domicile, entre industrialisation et résistances », *in* Petrella, F. (dir.), *Aide à domicile et services à la personne. Les associations dans la tourmente*, PUR, p. 101-115.

Reynaud J-D., 1988, « Les régulations dans les organisations : régulation de contrôle et régulation autonome », *Revue Française de sociologie*, vol. 29, n° 1, p. 5-18.

Schütz G., 2012, « Mobiliser par l'affect : contraintes et ressources de l'encadrement intermédiaire de prestations de services peu qualifiées », *Sociologie du travail*, vol. 54, n° 1, p. 70-91.

Tall A., 2020, « Le dialogue social dans les très petites entreprises en 2018 », *Dares Résultats*, n° 30.

Weber F., 1995, « L'ethnographie armée par les statistiques », *Enquête*, [en ligne].

Yon K., 2018, « De quoi la démocratie sociale est-elle le nom ? Luttes idéologiques dans les relations professionnelles, *Socio-économie du travail*, vol. 2, n° 4, p. 27-54.

ANNEXE

Tableau de présentation synthétique des caractéristiques des modèles socio-productifs et de la configuration des modalités de la représentation du personnel dans les études de cas monographiques

Monographie	**Modèle socio-productif d'appartenance**	**Variables actives utilisées dans l'AFM dans la dimension « structure des relations sociales »**	**Type de RP**
LOGISTIC	« Petites entreprises paternalistes »	*Caractéristiques communes* : – Pas de négociation collective engagée au cours des 3 dernières années – Échanges ou discussions avec des représentants de salariés ou des groupes de salariés sur au moins un thème – Pas de conflit quelle que soit la forme	– Présence de DP – RP élu(s) non syndiqué(s) – Pas de DS
PRENDRE SOIN		*Différences selon la monographie* : LOGISTIC : – Pas de problème d'absentéisme très important ou assez important. PRENDRE SOIN : – Problème d'absentéisme très important ou assez important.	– Présence d'une DUP – RP élu(s) non syndiqué(s) – Pas de DS – CSE mis en place après l'enquête, composé uniquement d'élus toujours non syndiqués

CABINET D'ETUDES ARTHUR	« PME dynamiques et innovantes »	*Caractéristiques communes* : – Négociation collective engagée au cours des 3 dernières années – Échanges ou discussions avec des représentants de salariés ou des groupes de salariés sur au moins un thème – Pas de conflit quelle que soit la forme – Pas de problème d'absentéisme très important ou assez important.	– Présence de DP, d'un CE et d'un CHSCT – RP élu(s) non syndiqué(s) – Pas de DS
FISIO			– Présence de DP et d'un CE – Il ne reste qu'un seul RP élu non syndiqué au moment de l'enquête – Pas de DS
AGROEQUIP			– Présence d'une DUP élargie – RP élu(s) non syndiqué(s) – Pas de DS
AIDOM	« Néo-tayloriennes de service »	*Caractéristiques communes* : – Négociation collective engagée au cours des 3 dernières années – Échanges ou discussions avec des représentants de salariés ou des groupes de salariés sur au moins un thème *Différences selon la monographie* : AIDOM et ESM : – Conflit(s) avec arrêt de travail AIDOM : – Pas de problème d'absentéisme très important ou assez important. ESM : – Problème d'absentéisme très important ou assez important.	– Présence d'une DUP et d'un CHSCT – RP élus syndiqués (CFDT) – Présence de DS (CFDT)
BAINS			– Présence d'une DUP – RP élues syndiquées (CFTC) – Pas de DS
ESM			– Présence de DP, d'un CE, d'un CHSCT – RP élus syndiqués (CFDT, CFE-CGC, FO) – Présence de DS (CFDT, CFE-CGC, FO)

INDUS	« Néo-fordistes en tension »	*Caractéristiques communes* : – Négociation collective engagée au cours des 3 dernières années – Échanges ou discussions avec des représentants de salariés ou des groupes de salariés sur au moins un thème – Problème d'absentéisme très important ou assez important. *Différences selon la monographie* : INDUS : – Conflit(s) avec arrêt de travail GRANDIST : – Pas de conflit quelle que soit la forme	– Présence de DP, d'un CE et d'un CHSCT – RP élus syndiqués (CFDT, CFE-CGC, CGT, FO) – Présence de DS (CFDT, CFE-CGC, CGT, FO)
GRANDIST			– Présence de DP, d'un CE et d'un CHSCT – RP élus syndiqués (CFDT, CFE-CGC, CGT, FO,) – Présence de DS (CFDT, CFE-CGC, CGT, FO)

Note : L'enquête s'est achevée alors que les négociations sur la mise en place du CSE étaient encore en cours dans la plupart des établissements étudiés.

LA NÉGOCIATION D'« ENTREPRISE » EN PRATIQUES

Pluralité des configurations et stratégies des acteurs

Delphine BROCHARD
CES-UMR 8174, Université Paris 1

Clémentine COTTINEAU
CNRS, TU-Delft

Claude DIDRY
CMH, ENS, CNRS

Camille DUPUY
DySoLab, IRIHS, Université de Rouen Normandie, CEET

Denis GIORDANO
OCE Research Center – EMLYON et CMH

Jules SIMHA
CERLIS, Université Paris Cité, CEET

La négociation d'entreprise a fait l'objet d'une reconnaissance juridique croissante, en France, depuis la loi du 11 février 1950 sur les conventions de branche prévoyant un aménagement de ces conventions au niveau des établissements. Si la loi reconnaît dès 1971 la négociation d'entreprise, celle-ci se déploie par les lois Auroux de 1982 qui introduisent une obligation de négociation annuelle en conférant aux employeurs la responsabilité de l'organiser. S'inscrivant dans la suite de cette promotion de la négociation d'entreprise, les réformes de 2016 (loi Travail[1]) et 2017 (ordonnances Macron[2]) ont été un cran plus loin en renouvellement l'ordonnancement entre législation, conventions de branche et conventions d'entreprise. La thèse légitimant l'aboutissement contemporain de ce programme est que la complexification et l'hétérogénéité croissante du « monde du travail » rendent de plus en plus difficile une régulation générale par la loi. Comme l'explique l'un de ses promoteurs, J.-D. Combrexelle (2016), un rééquilibrage s'imposerait donc en faveur du droit conventionnel issu de la négociation collective, et au sein de celui-ci « le champ de l'accord d'entreprise doit nettement s'accroître. Lui seul permet de répondre aux besoins de spécificité, de diversité et d'adaptation qu'expriment tant les entreprises que leurs salariés » (*ibid.*, p. 61). L'ambition affichée est celle d'une « régulation de proximité », permettant « la prise en compte des différents intérêts existant au sein de l'entreprise et la construction de compromis entre ces intérêts » (Jobert *et al.*, 2017, p. 79).

À rebours de cette intention déclarée, de nombreuses voix se sont élevées pour dénoncer les dangers des réformes récentes, dans un contexte où les négociations d'entreprise « apparaissent de plus en plus instrumentalisées par les directions dans des objectifs managériaux » (Pélisse, 2019, p. 70). La décentralisation de la négociation collective participerait ainsi d'un mouvement d'extension du pouvoir discrétionnaire des employeurs sur la détermination des salaires, la gestion du personnel et l'organisation du travail qui n'aurait pour limite que la capacité des organisations de salariés à établir, à l'intérieur de l'entreprise, un contrepouvoir (Baccaro et Howell, 2017). L'observation d'une centralisation du processus de négociation au sommet des groupes, où se décide la stratégie de l'entreprise, n'aurait de ce point de vue rien d'un « effet paradoxal du développement de la négociation d'entreprise » (Tixier,

1 Loi nº 2016-1088 du 8 août 2016 relative au travail, à la modernisation du dialogue social et à la sécurisation des parcours professionnels.

2 Ordonnances nº 2017-1385/1386/1388 du 22 septembre 2017 relatives à la réforme du code du travail.

2019, p. 117), mais pourrait s'interpréter comme une entrave à la capacité d'organisation et de mobilisation des syndicats.

L'objectif de cet article est de contribuer à ce débat en partant de l'observation des pratiques des acteurs de l'entreprise, de leurs interactions et du sens qu'ils leurs confèrent. Il part du constat qu'il existe une profonde ambiguïté dans ce que les réformes promeuvent comme la « négociation d'entreprise », laquelle est définie avant tout en négatif de la régulation par la loi ou la branche. Le caractère flottant du périmètre de cette négociation ressort nettement dans la loi Travail qui assimile les accords de groupe aux conventions d'entreprise, tout comme la loi de ratification des ordonnances Macron (2018) qui stipule que « sauf disposition contraire, les termes "convention d'entreprise" désignent toute convention ou accord conclu soit au niveau du groupe, soit au niveau de l'entreprise, soit au niveau de l'établissement[3] ». La norme juridique laisse ainsi aux négociateurs la liberté de choisir le niveau de négociation le plus approprié et cette liberté rend possible, à rebours du discours de promotion de la proximité, la prévalence de la norme produite centralement sur la norme locale (Peskine, 2021). Notre hypothèse est que cette indétermination *a priori* des niveaux de la négociation d'entreprise et leur articulation, qui contraste avec le caractère fortement prescrit du contenu de cette négociation, ouvre un espace d'interactions stratégiques entre les représentants patronaux et syndicaux. Dès lors ce n'est plus seulement le résultat de la négociation qui peut être analysé comme le fruit de leurs rapports de forces, mais la forme même que prennent (ou pas) ces négociations, qui peut être appréhendée comme le produit de l'effort persistant de chacune des parties pour renforcer son propre pouvoir et réduire celui de l'autre partie (Zagelmeyer, 2005). Cette perspective ne vise pas à nier l'incidence du contexte socio-productif (Amossé et Coutrot, 2008 ; Giraud et Signoretto, 2021) et des liens de dépendance économique et financière (Thévenot *et al.*, 2021), ni celle du contexte légal et institutionnel et de ses modes d'appropriation (Béthoux et Mias, 2021) sur la structure de la négociation collective. Il s'agit plutôt de compléter ces perspectives en mettant en évidence les marges de manœuvre dont disposent les acteurs dans la structuration dynamique des formes de la négociation et d'éclairer les stratégies qu'ils déploient.

3 Article L. 2232-11 du Code du travail.

Pour ce faire, l'article s'appuie sur des résultats issus d'une recherche collective (Didry et Giordano, 2021), menée dans le cadre de post-enquêtes à l'édition 2017 de l'enquête « Relations professionnelles et négociations d'entreprise » (REPONSE). Deux types de résultats sont exploités. Tout d'abord, une analyse statistique des données de REPONSE, appariée à des données administratives issues du « fichier localisé des rémunérations et de l'emploi salarié » (FLORES, 2017), nous permet de préciser comment se structure l'espace de la négociation collective au sein des entreprises et sa plus ou moins grande proximité avec les lieux de travail. Cette analyse nous conduit à distinguer quatre types de configuration dans lesquelles la présence des acteurs potentiels de la négociation apparaît comme une condition nécessaire mais non suffisante ; et nous montrons que la configuration la plus fréquente ne correspond pas à une régulation de proximité. Ensuite, mobilisant des études de cas d'entreprise, nous mettons en évidence comment, derrière ces configurations, se jouent des rapports de forces entre les acteurs et comment leurs stratégies respectives conduisent à dessiner ces espaces de négociation. Appréhendées à travers ce prisme de l'interaction stratégique des représentants patronaux et syndicaux, la négociation d'entreprise apparaît recouvrir une diversité de pratiques qui ne correspondent ni nécessairement à une régulation de proximité ni nécessairement à une mainmise de l'employeur.

I. UNE TYPOLOGIE DES ESPACES DE LA NÉGOCIATION COLLECTIVE

L'enquête REPONSE offre une vision représentative de la diversité des pratiques de négociation collective dans les établissements d'au moins 11 salariés. L'édition 2017 interroge les représentants de la direction de 4 364 établissements sur la tenue de négociations collectives au cours des trois années précédentes (2014-2016), sur leurs thématiques, sur les acteurs impliqués et les moyens mobilisés. Dans plus de la moitié des établissements, les réponses obtenues peuvent être confrontées à celles d'un représentant des salariés (2 891 établissements). Afin de repérer des configurations typiques de négociation, une classification ascendante hiérarchique (CAH) a été menée sur la base d'une analyse des correspondances multiples (ACM) sur le volet « représentants de la direction » de l'enquête, qui contient le plus d'observations. Ces résultats ont ensuite été confrontés à ceux obtenus sur le volet « représentants des salariés » de l'enquête[4].

Pour les établissements rattachés à une entreprise multi-établissements ou à une unité économique et sociale (UES), les répondants précisent le niveau auquel ont été engagées les négociations (établissement, entreprise, UES) pour chacun des thèmes négociés, ainsi que celui auquel sont présents les acteurs RH et les instances représentatives du personnel (syndicales et élues). Pour caractériser la proximité ou l'éloignement des négociations et des acteurs par rapport au lieu de travail (l'établissement), les variables de niveau relatives aux thèmes négociés et aux partenaires de la négociation ont été regroupées en deux catégories : les pratiques et acteurs présents à l'échelle de l'établissement (que ces établissements soient indépendants ou pas) ont été qualifiés de « locaux », et ceux qui sont présents à un autre niveau (entreprise ou UES), de « centraux ».

Ces différents traitements ont permis d'établir une typologie en quatre classes dont les caractéristiques ont été précisées grâce à un ensemble de variables illustratives issues de REPONSE mais également de la base FLORES. Des indications ont ainsi pu être obtenues sur l'étendue de l'espace géographique couvert par les entreprises multi-établissements et plus spécifiquement sur la dispersion géographique des établissements relevant d'une même entreprise (encadré 1).

1. Données et méthodologie

L'ACM a été conduite sur trois blocs de variables regroupant 73 modalités actives. Le premier bloc repère le niveau auquel les 11 thématiques de négociations proposées dans le questionnaire se sont (ou pas) déroulées : salaires, primes et autres indemnisations ; temps de travail ; qualifications, classifications, carrières ; emploi ; conditions de travail ; changements technologiques ou organisationnels ; formation ; droit d'expression, représentation des salariés, droit syndical ; égalité professionnelle ;

4 L'ensemble de ces traitements statistiques a été réalisé par Marion Plault, que nous remercions chaleureusement, dans le cadre de l'appel à projets de recherche financés par la DARES sur les post-enquêtes REPONSE.

épargne salariale ; protection sociale complémentaire. Le deuxième bloc précise les acteurs potentiels de la négociation. Il distingue, du côté des salariés, les instances syndicales (délégué syndical, représentant de section syndicale, salarié mandaté par une organisation syndicale) et les instances élues (délégué du personnel, CHSCT, comité d'entreprise) selon leur niveau. Du côté de la direction, il repère la forme sous laquelle est assurée la fonction RH (service dédié ou non) et à quel niveau. Un troisième bloc de variables détermine les moyens techniques de la négociation et plus précisément l'existence d'une base de données économiques et sociales (BDES) et l'intervention d'experts (issus de la branche, issus de la Chambre de commerce et d'artisanat, d'experts privés ou de l'inspection du travail ou de la DIRECCTE).

À ces variables actives, viennent s'ajouter des variables illustratives. Ces variables sont, d'une part, issues de l'enquête REPONSE et portent sur la taille de l'entreprise, la présence d'organisation(s) syndicale(s), l'âge et le secteur d'activité. Elles sont, d'autre part, issues de la base FLORES (2017), produite par l'INSEE, qui renseigne sur la commune d'implantation de tous les établissements employeurs (hors Mayotte et hors établissements civils et militaires du secteur de la défense) et sur leur identifiant d'entreprise SIREN, notamment. L'appariement des deux bases permet de construire un indicateur de dispersion géographique de l'entreprise dont dépend un établissement REPONSE. Les données FLORES ne renseignant que la commune des établissements, on ne peut mesurer la distance exacte entre les établissements, mais seulement les distances de commune à commune, en choisissant un point spécifique pour représenter chaque commune (ici le centroïde, *i.e.* le centre géographique de la commune). L'indicateur retenu pour mesurer la dispersion géographique de l'entreprise est celui de la distance moyenne pondérée entre les centroïdes des communes des établissements et le barycentre de l'entreprise, le poids des communes dans la définition du centre de l'entreprise étant pondéré par le nombre d'établissements présents dans chaque commune. Cet indicateur correspond au rayon de giration des centroïdes des communes dans lesquelles sont localisés tous les établissements de l'entreprise dont dépend l'établissement analysé. Par exemple, si tous les établissements étaient situés uniformément sur un cercle, le rayon de giration correspond à la moitié du rayon de ce cercle. Pour faciliter l'interprétation, cette distance a été discrétisée en quatre classes (0-10 km ; 10-50 km ; 50-150 km ; plus de 150 km).

Les modalités actives présentant des effectifs faibles (inférieurs à 5 %) ont été regroupées afin de ne pas déformer abusivement le plan factoriel. L'ACM a été réalisée sur des données non pondérées. Les trois premiers axes qui émergent représentent respectivement 19 %, 13 % et 11 % de l'inertie totale du jeu de données. À elles seules, les deux premières dimensions rendent compte de près d'un tiers (31,9 %) de la variabilité totale du nuage des individus-établissements. Les trois dimensions sont retenues pour la classification.

I.1. NÉGOCIER OU PAS

L'analyse factorielle des correspondances entre les thèmes, niveaux, moyens et acteurs de la négociation, fait apparaître une première ligne de démarcation entre les établissements, opposant ceux qui négocient tous thèmes confondus à ceux qui ne négocient pas. Le premier axe positionne ainsi du côté des coordonnées négatives, les établissements dans lesquels les représentants de la direction n'ont déclaré aucune négociation dans les trois années qui précèdent l'enquête, aucun service dédié aux RH et aucune instance représentative du personnel syndicale et élue, au niveau local ou central. À l'opposé, du côté des coordonnées positives, se trouvent les établissements couverts par des négociations collectives sur toutes les thématiques, au niveau local ou central, et dotés d'acteurs et d'outils de négociation variés. Cette première ligne de démarcation conduit à séparer une première classe d'établissements du reste de l'échantillon.

Très homogène, cette première classe correspond aux établissements pour lesquels le représentant de la direction a déclaré l'absence de négociation collective durant les trois années précédant l'enquête. Cette configuration est la plus fréquente. Elle concerne 66 % des établissements et 39 % des salariés. L'absence de négociations y est associée à l'absence plus fréquente d'acteurs et d'outils de la négociation relativement aux autres classes (*cf.* TAB. 1). La plupart de ces établissements ne sont dotés ni d'instances élues ni d'instances syndicales pour représenter le personnel. Ils n'ont pas non plus de service RH formalisé. La plupart n'ont pas non plus mis en place de BDES. Ces caractéristiques distinctives sont cohérentes avec la taille de ces établissements. Près de 90 % comptent moins de 50 salariés et les deux tiers sont des entreprises mono-établissement (contre 50 % en moyenne dans l'ensemble des établissements). Seuls un quart de ces établissements relèvent d'entreprises de plus de 50 salariés. Pour autant, la présence d'acteurs potentiels de la négociation n'est pas beaucoup plus fréquente à ce niveau.

TAB. 1 – Caractéristiques des établissements en fonction de leur classe d'appartenance.

		Classe 1	Classe 2	Classe 3	Classe 4
Effectifs		66 %	10 %	6 %	19 %
Instances syndicales	Présence d'un délégué syndical dans l'établissement*	8 %	63 %	48 %	52 %
	Présence d'un délégué syndical dans l'entreprise ou dans l'UES	11 %	20 %	85 %	94 %
	Présence d'instances élues au niveau de l'établissement uniquement	33 %	86 %	42 %	44 %
	Présence d'instances élues au niveau supérieur à celui de l'établissement**	15 %	26 %	72 %	66 %
Service de ressources humaines	Formel, au niveau de l'établissement	34 %	76 %	57 %	49 %
	Informel, au niveau l'établissement	29 %	8 %	s	0 %
	Formel, à un autre niveau	19 %	6 %	38 %	48 %
	Pas de service RH	19 %	10 %	5 %	3 %
Autres acteurs des négociations	Acteurs de la branche***	0 %	13 %	14 %	11 %
	Experts externes	1 %	26 %	23 %	26 %
	Experts internes à l'entreprise	1 %	23 %	38 %	38 %
	Inspection du travail ou DIRECCTE	0 %	9 %	18 %	12 %
Type d'établissement	Mono-établissement	64 %	76 %	0 %	0 %
	Multi-établissement	36 %	24 %	100 %	100 %
Taille de l'établissement	Moins de 20 salariés	48 %	14 %	25 %	25 %
	Entre 20 et 49 salariés	41 %	32 %	38 %	32 %
	Entre 50 et 99 salariés	9 %	26 %	19 %	21 %
	100 salariés et plus	3 %	28 %	19 %	23 %
Taille de l'entreprise	Moins de 50 salariés	76 %	39 %	6 %	3 %
	Entre 50 et 299 salariés	16 %	47 %	28 %	22 %
	300 salariés et plus	9 %	14 %	65 %	75 %
Au moins une organisation syndicale présente dans l'établissement		7 %	59 %	44 %	50 %
Nombre moyen de thématiques négociées		0,08	5,58	7,21	7,45

* Ou d'un représentant de section syndicale ou d'un salarié mandaté par une organisation syndicale dans les 3 dernières années pour mener une négociation collective.

** Y compris comité de groupe, comité central d'entreprise, comité de groupe européen.
*** Chambre de commerce et d'industrie (CCI), Chambre des métiers et de l'Artisanat (CMA), organisation d'employeurs, experts de la branche.
Source : Dares, enquête Relations professionnelles et négociations d'entreprise (REPONSE) 2017, volet « Représentants de la direction » ; données pondérées.
Champ : établissements de 11 salariés ou plus des secteurs marchand et associatif (hors agriculture), France métropolitaine.
Lecture : dans 8 % des établissements qui appartiennent à la classe 1 les représentants de la direction déclarent la présence d'au moins un délégué syndical ou assimilé.
Note : « s » signifie que l'effectif est soumis au secret statistique primaire ou secondaire.

I.2. NÉGOCIER LOCALEMENT OU CENTRALEMENT

Les deuxième et troisième axes de l'ACM conduisent à démarquer les établissements suivant le niveau auquel se déroulent les négociations. Le deuxième axe oppose plus précisément les établissements au sein desquels les négociations collectives ont lieu au niveau local associées à la présence de délégués syndicaux locaux, aux autres établissements. Le troisième axe oppose pour sa part les établissements qui négocient à la fois au niveau de l'établissement et au niveau de l'entreprise (ou de l'UES), et ce quelle que soit la thématique, à ceux qui ont mené des négociations uniquement au niveau local ou uniquement au niveau central. Au total, ils conduisent à subdiviser les établissements couverts par une négociation en trois nouvelles classes (*cf.* FIG. 1).

La deuxième classe d'établissement qui émerge de la classification comprend les établissements qui engagent des négociations collectives presque exclusivement à ce niveau, avec une moyenne de 6 thématiques négociées au cours des trois années observées. Elle regroupe 10 % des établissements et 18 % des salariés relevant du champ de l'enquête. Comparativement à la classe 1, les acteurs potentiels de la négociation y sont fréquemment présents et l'ancrage local de ces acteurs distingue cette classe des deux autres classes avec négociations. Les trois-quarts des établissements de la classe 2 possèdent en effet un service formel de ressources humaines en leur sein et dans 58 % d'entre eux est implantée au moins une organisation syndicale. Les délégués syndicaux sont plus présents au niveau de l'établissement qu'à celui de l'entreprise ou de l'UES (respectivement dans 63 et 20 % des cas). De la même façon, les instances élues sont plus souvent implantées au niveau local (86 %) qu'au niveau supérieur (26 %). De fait, il s'agit dans 76 % des cas d'entreprises mono-établissement et dans 47 % des cas d'entreprises employant entre

50 et 300 salariés (contre 25 % sur l'ensemble des établissements). Si les outils de la négociation sont un peu moins développés que dans les autres classes avec négociations, près d'un tiers des établissements de cette classe ont néanmoins mis en place une BDES.

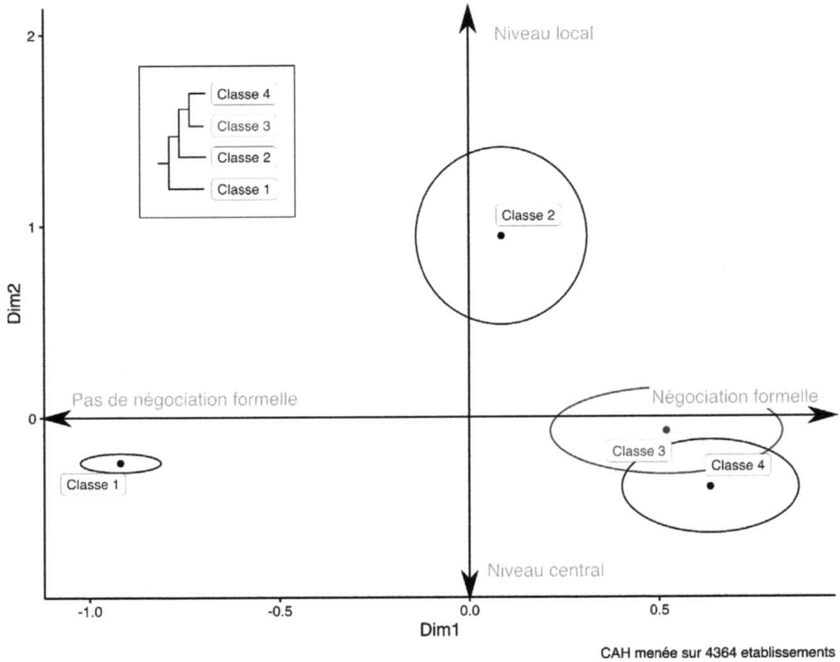

FIG. 1 – Projection des classes de la CAH sur le premier plan factoriel de l'ACM. NB. Le centre des ellipses correspond aux coordonnées moyennes des individus dans chaque classe, tandis que les rayons des ellipses correspondent à leur écart-type.

Les deux dernières classes sont composées exclusivement de grandes entreprises multi-établissements qui se distinguent par le niveau auquel sont menées les négociations. La classe 3 regroupe les établissements où les négociations collectives sont engagées à la fois au niveau de l'établissement et au niveau de l'entreprise (ou de l'UES) et ceci quelle que soit la thématique. Il s'agit donc d'une configuration articulant de façon structurelle deux niveaux de négociation et non d'une partition en fonction des thèmes négociés. Elle rassemble 6 % des établissements et 9 % des salariés. Les acteurs potentiels de la négociation sont présents à l'échelle locale et centrale. En outre, 57 % des établissements disposent d'un service formalisé de ressources humaines en leur sein, 38 % en disposent hors de l'établissement. Ces parts sont respectivement de 42 % et 24 % dans l'ensemble des établissements relevant du champ de l'enquête. Des délégués syndicaux sont présents au niveau de l'entreprise ou de l'UES (dans 85 % des établissements) ainsi que dans près de la moitié des établissements (48 %). Il en est de même pour les différentes instances élues (resp. 72 % et 42 %). L'activité de négociation y est importante avec 7 thématiques en moyenne négociées dans les trois ans qui précèdent l'enquête, tout comme les outils mobilisés pour la négociation.

Si dans la classe 3, 65 % des établissements appartiennent à des entreprises de plus de 300 salariés, c'est le cas de 75 % des établissements de la classe 4 (contre 54 % dans l'ensemble de la population). Au sein de cette dernière classe, les représentants de la direction ont déclaré la tenue de négociations uniquement au niveau central de l'entreprise et le nombre de thématiques moyen est équivalent à celui de la classe 3. Cette configuration est la plus fréquente parmi les établissements qui ont mené des négociations : elle concerne 19 % des établissements et 34 % des salariés. Comparativement à la classe précédente, la fonction RH est organisée moins fréquemment à l'échelle locale et plus fréquemment à un niveau supérieur. La présence d'un délégué syndical est également presque systématique au niveau de l'entreprise ou de l'UES (94 %) mais moins fréquente au niveau de l'établissement (52 %). Les instances élues sont également plus souvent présentes au niveau de l'entreprise qu'à celui de l'établissement. Il n'en demeure pas moins que dans près de la moitié des établissements, les acteurs potentiels de la négociation sont bien présents à l'échelle locale, ainsi que les outils de la négociation, sans que cela se traduise par la mise en œuvre de négociations.

I.3. UNE RÉGULATION DE PROXIMITÉ ?

Au-delà de la reproduction de résultats classiques et attendus comme le caractère discriminant de la taille des organisations sur leur propension à négocier et la présence déterminante de délégués syndicaux, cette classification met en évidence une diversité de configurations au sein des organisations qui engagent des négociations collectives. Elle montre que la « négociation d'entreprise » peut recouvrir une négociation collective locale (classe 2), une négociation locale et centrale (classe 3) ou une négociation exclusivement centrale (classe 4). Si la négociation locale correspond par construction à une négociation de proximité (sur le lieu de travail), il n'en va pas de même de la négociation centrale. Un indicateur de dispersion géographique, déterminé à partir de l'appariement avec la base FLORES, montre que la configuration de négociations exclusivement centrales, qui est la plus fréquente en termes de négociations collectives, rassemble les entreprises qui connaissent la plus forte dispersion géographique (*cf.* TAB. 2). La capacité de ces entreprises à produire une régulation au plus près du lieu de travail et de ses problématiques spécifiques apparaît, de ce point de vue, loin d'être garantie. Au contraire, il semble que le caractère dispersé de ces entreprises favorise le regroupement des négociations au niveau central.

TAB. 2 – Distribution des configurations de négociation par dispersion géographique de l'entreprise.

<table>
<tr><th colspan="2">Dispersion de l'entreprise</th><th>Pas de négociation (classe 1)</th><th>Négociations locales (classe 2)</th><th>Double niveau (classe 3)</th><th>Négociations centrales (classe 4)</th></tr>
<tr><td rowspan="4">Entreprises multi-établissements</td><td>0-10km</td><td>25 %</td><td>30 %</td><td>10 %</td><td>8 %</td></tr>
<tr><td>10-50km</td><td>22 %</td><td>13 %</td><td>16 %</td><td>14 %</td></tr>
<tr><td>50-150km</td><td>17 %</td><td>13 %</td><td>20 %</td><td>13 %</td></tr>
<tr><td>Plus de 150km</td><td>36 %</td><td>43 %</td><td>54 %</td><td>66 %</td></tr>
</table>

Champ : ensemble des entreprises multi-établissements issues de l'enquête REPONSE présentes en France métropolitaine (soit 2 502 entreprises).

Lecture : 66 % des établissements relevant d'une configuration de « négociations centrales » (classe 4) appartiennent à des entreprises très dispersées géographiquement (la distance moyenne pondérée entre le barycentre de l'entreprise et les centroïdes des municipalités de ses établissements dépasse 150 km)

L'analyse statistique montre également que la structuration de la négociation collective est indépendante des thèmes négociés : aucune classe ne se distingue par la nature des thèmes négociés. Que ces thèmes soient en prise directe avec l'organisation concrète du travail (conditions de travail, temps de travail, changements technologiques ou organisationnels, etc.) ou bien qu'ils relèvent de considérations moins directement productives et plus transversales (protection sociale complémentaire, épargne salariale, droit syndical, etc.), cela ne paraît pas influencer la configuration de la négociation. Le niveau auquel sont menées les négociations n'apparaît donc pas lié au contenu négocié (et donc à l'existence d'un niveau pertinent pour le traiter). En d'autres termes, il semble que ce ne soit pas le contenu de la négociation qui en détermine la forme pertinente. Le niveau de la négociation se révèle bien plutôt lié à la présence de négociateurs et au déploiement de moyens pour négocier. Cette présence apparaît cependant comme une condition nécessaire mais non suffisante, comme le montre la classe 4.

La confrontation de ces résultats, obtenus sur la base des déclarations des représentants de la direction, avec ceux émanant des représentants du personnel, au sein d'un sous-échantillon d'établissements, offre un dernier enseignement. Cette exploitation secondaire (non reproduite ici mais consultable sur demande) révèle en effet que les représentants des salariés déclarent plus souvent l'existence de négociations uniquement au niveau local (c'est-à-dire à leur niveau) ou à un double niveau (local et central). Ces divergences de perceptions des deux catégories d'acteurs de la négociation ne modifient pas les résultats de l'ACM et la typologie présentée précédemment, elles conduisent seulement à faire varier la taille relative des classes. Elles n'en sont pas moins dignes d'interprétation et on peut considérer, comme le fait D. Furjot (1996), que loin de se limiter à une asymétrie d'information, elles offrent « une vision plus complexe, donc plus conforme à la réalité des rapports sociaux, par la mise au jour de logiques d'action ou de modes de représentation spécifiques à certains sous-groupes d'acteurs » et que « les discordances sont les plus fortes là où les enjeux sont les plus importants » (*ibid.*, p. 89-92). De ce point de vue, on peut considérer ces divergences sur les lieux et les niveaux de la négociation comme le signe d'une tension, d'une lutte de pouvoir entre les acteurs, et c'est cette tension que nous proposons de mettre à jour dans le reste de l'article.

II. LA NÉGOCIATION EN PRATIQUES

Afin d'éclairer les marges de manœuvre dont disposent les acteurs pour structurer la négociation et les stratégies qu'ils déploient, nous mobilisons quatre cas d'entreprise. Ces cas donnent à voir des contextes socio-productifs, économiques, financiers et institutionnels très différents. Il s'agit de comprendre comment, au sein de ces contextes, le jeu des acteurs conditionne l'existence même des espaces de négociation et leur ancrage à différents niveaux organisationnels. Notons en préambule que les enquêtes de terrain, basées sur des entretiens semi-directifs auprès des représentants de la direction et des salariés, ont révélé des configurations plus complexes que celles émanant de l'enquête REPONSE sur la base du diptyque établissement/entreprise. Les stratégies d'entreprise et les négociations sont apparues en effet largement surdéterminées par un niveau « groupe », poussant les représentants des directions à assimiler, dans leur réponse au questionnaire, négociation d'entreprise et négociation de groupe, même lorsque les premières relevaient d'une entité juridiquement autonome. Ce brouillage des catégories (entraînant une divergence dans près d'un cas sur deux entre les configurations issues de REPONSE et celles issues des entretiens) est pour nous significatif du flou qui entoure le terme juridique de « négociation d'entreprise » aux yeux mêmes des acteurs de la négociation. Il légitime notre stratégie de recherche consistant, pour mieux préciser le contenu de cette catégorie, à partir de l'observation des pratiques des acteurs de l'entreprise, de leurs interactions et du sens qu'ils leurs confèrent[5]. Mais il constitue aussi une difficulté : chaque cas apparaît moins exemplaire d'une classe que révélateur de dimensions qui échappent à la classification.

---

5 Les entretiens menés visaient tout d'abord à préciser les éléments de contexte économique, social, institutionnel et organisationnel dans lequel se déployait ou pas la négociation collective. Les interviewés étaient ensuite interrogés sur l'organisation générale des négociations collectives et, enfin, invités à décrire précisément la négociation qui leur apparaissait la plus marquante sur la période récente. La démarche consistait ainsi à ne pas partir des principes de la négociation collective posés par le droit, mais à « plutôt regarder les pratiques de la négociation, les facteurs qui pèsent sur elle et comment se fait l'accord… » (Jobert *et al.*, *op. cit.*, p. 94).

II.1. NÉGOCIER OU PAS

L'analyse statistique a montré que la présence d'acteurs était une condition nécessaire à l'ouverture d'espaces de négociation : l'absence de négociateurs distingue la classe 1 des autres classes. Le premier cas d'entreprise que nous évoquons correspond à cette configuration d'absence de négociation. Mais à la différence de ce que faisait apparaître la classification, l'enquête de terrain révèle que cette absence ne s'explique pas par un simple effet de taille : elle est le fruit d'une stratégie d'évitement et d'évidement de la négociation par la tête de groupe en l'absence de contrepouvoir exercé par des salariés fragmentés.

ULTRA est un supermarché qui emploie 17 salariés à temps plein, sous le statut d'une SASU (Société par Actions Simplifiée à associé Unique). Les éléments tirés de l'enquête REPONSE brossent un portrait « classique » d'une entreprise indépendante de petite taille, marquée par l'absence de toute implantation syndicale et de négociation collective. Toutefois, l'enquête de terrain révèle que ce supermarché de quartier, affilié à une franchise nationale, loin d'être indépendant, est contrôlé par un groupe familial (NEWPROFIT) détenant, dans la métropole où il est implanté, sept autres supermarchés et grands magasins sous trois enseignes franchisées différentes et réunissant un effectif total de plus de 300 salariés en équivalent temps plein, pour un chiffre d'affaires d'un peu plus d'un million d'euros. Le groupe dicte les règles en matière d'organisation du travail et de gestion du personnel (contrat de travail, évolutions de carrière, rémunération…) en s'appuyant sur la Convention collective nationale des grands magasins et des magasins populaires à laquelle est affiliée la franchise. Il impose également des décisions stratégiques, comme des changements d'enseigne récurrents occasionnant une transformation de l'activité de l'établissement. L'exemple est ainsi donné d'une suppression des rayons boucherie, poissonnerie et pâtisserie, entraînant une réduction importante des effectifs lors du dernier changement d'enseigne. Le directeur d'établissement demeure cantonné à la gestion courante, comme en atteste l'imposition par le groupe d'objectifs journaliers et d'une visite hebdomadaire :

> Dans le magasin, tout le monde est au courant de la fixation des objectifs journaliers de CA (chiffre d'affaires) établis par le groupe. (…) Après si on

> n'arrive pas à les respecter pour plusieurs fois il y a une discussion sur la pertinence des politiques de notre directeur. (Représentant de la direction)

Derrière l'absence déclarée de négociation collective, se cache ainsi un contrôle total par un groupe. Lors des interviews de salariés et du représentant de la direction, c'est le défaut de représentation du personnel et d'implantation syndicale qui est mis en avant pour expliquer l'absence de négociation. Tous évoquent des appels répétés à candidature restés sans suite. Au sein de l'établissement, les arrangements informels dominent entre salariés et management intermédiaire, pour permettre une certaine flexibilité du temps de travail à la demande des salariés, ainsi que pour l'organisation d'un roulement concernant les congés. Le personnel souligne une « atmosphère familiale » encouragée par un directeur à la gestion paternaliste :

> Ici on est tous pareil, bon, on n'a pas tous le même salaire. (…) Mais on a une très très bonne relation, et je veux que ça reste comme ça. Donc, je pense que à cause de ça, ou grâce à ça, ils considèrent qu'il y a pas besoin d'avoir un représentant du personnel. S'ils ont un souci, ils tapent à ma porte, ils m'expliquent leur problème, et puis voilà, et puis on le résout. (Représentant de la direction)

Chez ULTRA, la seule référence à un accord collectif évoquée concerne la convention collective de branche qui fournit la grille de classification des emplois. Toutefois, cette référence à la branche reste assez lointaine de l'établissement, dans la mesure où elle est mobilisée unilatéralement par la direction du groupe pour déterminer les salaires et envisager leurs évolutions annuelles dans le cadre de demandes individuelles des salariés. Le groupe met en effet en avant sa volonté de rendre possibles des mobilités ascendantes pour certains salariés. Les promotions, donnant lieu à progression dans la grille de classification, sont du ressort exclusif de la responsable des relations sociales du groupe sous le contrôle de son président et s'accompagnent de prises de responsabilités nouvelles (prise en charge d'un rayon, d'un service ou d'un établissement) avec le plus souvent une mobilité géographique au sein d'un autre établissement. Si aucune négociation n'est évoquée dans l'entreprise, la situation paraît moins claire au niveau du groupe. En effet, la direction d'ULTRA mentionne l'existence de délégués syndicaux au sein d'autres entités du groupe, sans pour autant qu'il n'y ait traces d'accords collectifs. Les entretiens réalisés évoquent également l'existence d'un intéressement versé à tous les salariés du groupe qui, au vu de la taille du groupe, pourrait faire l'objet d'une négociation. Mais dans ce domaine aussi, la politique suivie demeure la prérogative du président du groupe. Celui-ci décide de façon unilatérale des critères de répartition en se basant sur les résultats globaux des établissements composant le groupe NEWPROFIT. En somme, loin de s'expliquer uniquement par la taille de l'entreprise échappant aux seuils légaux de la négociation obligatoire et l'absence de représentants du personnel, l'absence d'espace de négociation apparaît le fruit d'une stratégie de la direction du groupe qui contrôle ULTRA et s'accapare les sujets susceptibles de négociation collective en maintenant la fragmentation des salariés des différentes entités. Le groupe a en effet la régie d'entreprises qui, étant géographiquement proches et ayant des liaisons régulières, pourraient se configurer en une unité économique et sociale, ce qui créerait *de facto* un espace de négociation collective.

II.2. NÉGOCIER LOCALEMENT

Le deuxième cas montre, à l'inverse du premier, comment, lorsqu'ils sont présents, les représentants des salariés peuvent déployer des stratégies pour préserver un espace de négociation local au sein d'un grand groupe, qui leur assure des conditions de négociation plus favorables.

MANGA est une entreprise spécialisée dans la sidérurgie qui emploie 750 salariés, répartis entre un siège social et une unité de production qui concentre l'essentiel des effectifs sur un même site dans le centre de la France, et un centre de recherche situé en région parisienne. C'est une entreprise ancienne, rattachée à un grand groupe de la métallurgie, qui abrite trois organisations syndicales représentatives, la CGT et la CFDT chacune autour de 40 % des voix, et la CFE-CGC autour de 17 %. Si le représentant de la direction comme ceux des salariés font état des négociations qu'ils conduisent au niveau de l'entreprise, ces négociations s'articulent à celles conduites au niveau du groupe qui fournit des accords-cadres et de ses autres entités qui leur servent de point de référence. Les négociations annuelles obligatoires (NAO) sur les salaires sont exemplaires de cette articulation. Elles sont décrites comme un moment important dans l'activité syndicale, organisée autour de trois grandes séquences : collecte des demandes des salariés, réunions avec la direction et éventuellement appel à la mobilisation des salariés.

Les délégués CGT mettent l'accent sur la consultation des salariés à travers une dizaine de réunions permettant de collecter leur avis quand ceux de la CFDT se fondent davantage sur la connaissance des indicateurs de l'entreprise et jouent sur la succession des négociations sur les salaires, puis sur les primes pour faire avancer leurs revendications. Tous insistent sur le caractère « théâtral » de la négociation, avec une première réunion de présentation des demandes syndicales, une seconde portant sur le diagnostic économique et les propositions de la direction, et une troisième où la direction avance un chiffre final en réponse aux répliques syndicales. Dans ce processus, les négociations du groupe, qui précèdent celles de l'entreprise, fournissent une base minimale pour les délégués syndicaux de MANGA, car l'entreprise connaît une rentabilité supérieure à la moyenne du groupe. Les négociations menées en parallèle sur les autres sites du groupe sont également suivies par les délégués syndicaux, notamment celles qui ont lieu sur le site voisin, réputé pour sa combativité, qui leur fournit des indications sur les marges de manœuvre de la direction : « Les SMS fonctionnent bien, parce que on se tient au courant, si c'est pas à la même heure… » (délégué syndical CFDT). L'indicateur cible est ici le talon[6], avec comme objectif pour les organisations syndicales, de se rapprocher de celui obtenu dans l'entreprise voisine.

L'ancrage local de la négociation permet des mobilisations collectives entre, voire pendant les réunions, qui sont partie intégrante du jeu de la négociation :

> Une année, on avait appelé à la grève, ça avait été suivi, donc on avait obtenu un petit peu ce qu'on voulait… L'année suivante, on avait appelé à la grève, ça avait pas été suivi, donc la direction, en fait, elle se… elle se fiche de nous, quoi, elle en joue. Elle en joue : vous êtes pas contents ? Hop, et puis elle regarde… Je me rappelle, le patron, qui regarde dans la cour, et puis qui dit : ben apparemment, y a que vous deux, qui êtes pas contents ! (Délégué syndical CGT)

Cette négociation salariale se prolonge avec celle portant sur les primes et l'intéressement qui est perçue par les représentant syndicaux comme un second *round*, permettant de gagner sur le terrain des primes

6 C'est-à-dire « un minimum garanti en valeur absolue, (…) afin que la hausse ne devienne pas infime pour les plus bas salaires » (Castel, Delahaie et Petit, 2013, p. 32).

ce qui n'a pas été obtenu en matière salariale. Le délégué syndical CFDT évoque ainsi, non sans une certaine satisfaction, ce qui s'est passé lors des NAO quelques années auparavant :

> Les NAO nous avaient pas plu, on a décidé de pas les signer. On dégageait un profit monstre, nos collègues (du site voisin « référence ») allaient pas bien, ils avaient plus que nous. La CFDT ne signe pas, CGT signe, CFE signe. Donc, on a les mains libres pour agir. Nos collègues ont une convention collective de Saône-et-Loire qui est très favorable, et qui leur donne une prime de vacances à une certaine hauteur. Et donc nous, on voulait que la prime récurrente atteigne cette hauteur. Donc… je vais en sous-marin voir la RH (…) et puis je lui dis, ben c'est simple, de toute façon, on met les salariés dans la cour, si on n'a pas une prime à cette hauteur, sachant que vous avez donné une prime salariale à nos voisins, qui ont déjà cette prime-là, à telle hauteur. Donc ça c'est inadmissible… et grâce à notre non-signature, on a pu renégocier, un complément à cette prime récurrente, qui passe de 200 à 619 €. (Délégué syndical CFDT)

Cet extrait d'entretien illustre bien comment, s'appuyant sur leur capacité de mobilisation des salariés et une forme de *benchmarking* revendicatif, les négociateurs syndicaux contribuent à préserver un espace de négociation local leur permettant de faire prévaloir les spécificités de leur entreprise.

II.3. NÉGOCIER CENTRALEMENT

Si l'ouverture d'espaces de négociation apparaît conditionnée à la présence d'acteurs au sein de ces espaces, cette seule présence ne se révèle pas une condition suffisante, comme l'illustre ce troisième cas qui correspond à une configuration de négociation exclusivement centrale.

Filiale d'un groupe international, l'entreprise DIGITAL CONSULTING (DC) fournit des services de conseils en technologie de l'information et en management. Elle se positionne comme l'une des premières sur ce marché avec 11 000 salariés, disséminés sur le territoire français et répartis entre 12 entités productives et 24 agences. Formellement, les procédures légales d'information-consultation et de négociation se superposent sur trois niveaux : un niveau local (une direction locale pour tous les salariés d'une ville, quelle que soit son entité productive, représentés au sein des Commissions Santé, Sécurité et Conditions de travail et par des représentants et représentantes de proximité), un niveau affaire (une direction intermédiaire pour tous les salariés d'une entité quelle que soit leur ville d'appartenance représentés par un Comité Social et Économique (CSE) et des délégués syndicaux), et un niveau central (une direction centrale pour l'entreprise qui agit au sein d'un CSE central et avec des délégués syndicaux centraux). Cependant, l'analyse des procès-verbaux d'une série de réunions tenues à ces trois niveaux ainsi que les entretiens conduits auprès des représentants et représentantes des salariés comme de la direction font ressortir une forte centralisation des négociations et des décisions :

> Dans l'entreprise, les négociations se font uniquement en central, en fait… national. Y a jamais eu de décentralisation des négociations, sans qu'ils disent franchement, ça c'était… interdit, on n'a jamais eu le cas qui se présente. (Délégué syndical CGT)

Ainsi, alors que cette entreprise connaît un fort maillage syndical avec plusieurs organisations représentatives (CGT, CFDT, CFE-CGC, CFTC) qui se déploient à tous les niveaux, c'est au niveau central qu'interviennent le plus souvent les délégués syndicaux (que leur mandat soit local ou national). Cette centralisation est visible jusque dans les rares négociations (concernant, par exemple, les enjeux liés aux déménagements) qui se déroulent aux niveaux des entités productives ou des agences, pour lesquelles les responsables des unités sont systématiquement accompagnés d'un représentant de la direction des relations sociales du siège qui conduit, en pratique, la négociation. Cela ressort également à travers le climat social de l'entreprise. Au niveau central, là où se joue l'essentiel des négociations, les réunions préparatoires entre organisations syndicales et les négociations entre partenaires sociaux sont décrites comme tendues. Au contraire, aux niveaux inférieurs, l'absence d'enjeu (et le plus souvent de négociation) va de pair avec un climat social plus apaisé.

Cette centralisation est le produit d'une stratégie de la direction, largement décriée par les représentants et représentantes des salariés. La négociation qui a encadré le passage au CSE, entré en vigueur chez DC à l'automne 2019, est exemplaire de ces divergences de positionnements et d'objectifs. Si l'ensemble des partenaires sociaux semblait s'entendre sur la nécessité de réduire le nombre d'instances, la logique à suivre pour cette réduction – et par voie de conséquence, le nombre d'instances à créer – a révélé des fractures entre les positions des acteurs. La direction proposait au départ la création de 3 CSE, divisés selon des activités de *back*, *middle* et *front* office. Cette proposition, si elle était jugée peu optimale, a tout de même fait l'objet d'une signature d'un accord minoritaire. En effet, deux organisations syndicales considéraient qu'un accord, même peu avantageux, valait mieux qu'une décision unilatérale de l'employeur. Cet accord a finalement été dénoncé par les autres organisations syndicales, renvoyant à la justice le soin de trancher sur le « bon » nombre d'instances. Devant le juge, chaque partie a joué son va-tout : les syndicats ont plaidé pour le plus grand nombre de CSE possibles (12), tandis que la direction s'est repliée sur une position minimaliste (1).

Derrière le nombre d'instances de représentation du personnel, se joue la question de la configuration de la négociation d'entreprise et de son lieu privilégié (siège, ou entité productive). Organisations syndicales et direction bataillent pour défendre devant la justice leur vision propre de la structuration des instances de représentation du personnel au sein de l'entreprise. Alors que les premières s'efforcent de démontrer l'importance du niveau intermédiaire, la deuxième argue de la centralisation du niveau de décision :

> La direction de DC a tout fait pour démontrer (que) les EP (entités productives) leaders (…) n'avaient pas de latitude de décision sur bon nombre de choses. (…) On a produit tout un tas de documents démontrant (…) que c'était soit le DRH, soit le PDG qui validaient tout un tas de décisions et que donc, c'était faux de dire que les EP leaders étaient seuls maîtres à bord dans leur périmètre. (Représentant de la direction)

L'autre enjeu de cette négociation est celui des moyens dédiés au dialogue social. Le différend sur les périmètres des CSE amène la direction à réduire *a minima* le nombre des représentants de proximité devant se substituer aux délégués du personnel et aux CHSCT au niveau des agences :

> La direction de DC (…) n'a pas souhaité négocier un accord qui redonnait des moyens, dans un périmètre et dans un contexte. (…) Et globalement, un niveau de moyens plutôt inférieur, parce que le nombre d'heures de délégation a sensiblement diminué, et que tous les moyens supra-légaux qu'on avait octroyés, on les a pas renouvelés. Voilà. (Représentant de la direction)

Cette stratégie de concentration des délibérations au niveau central (siège parisien) au détriment des autres espaces possibles (agences et entités productives) trouve sa justification, du côté de la direction, dans une volonté d'uniformiser les conditions de travail et d'emploi de l'ensemble des salariés et salariées, quelles que soient les entités considérées, mais également de limiter le temps passé dans des instances délibératives jugées très chronophages. À l'opposé, les représentants des salariés cherchent à obtenir davantage d'espaces et de moyens pour être associés aux prises de décision, dans un contexte de forte dispersion géographique des lieux de travail. Au moment où se termine l'enquête, la décision définitive, à la suite d'un appel de la direction formé contre un jugement validant 12 CSE, n'est pas encore rendue. Le jugement du tribunal judiciaire n'étant pas suspensif, le fonctionnement à 12 CSE a donc été mis en place.

II.4. NÉGOCIER LOCALEMENT ET CENTRALEMENT

Le dernier cas que nous mobilisons est celui d'une négociation intégrée impliquant un niveau local et un niveau central. Ce cas montre comment direction et représentants syndicaux investissent les deux espaces de négociation suivant des stratégies différentes. Il montre aussi que l'ancrage local de la négociation permet le déploiement de pratiques spécifiques et comment les ordonnances de 2017 menacent ces pratiques, qu'elles étaient paradoxalement supposées promouvoir.

BANQUOUEST est une entreprise rattachée à une grande banque mutualiste. Créée au début du 20e siècle, cette caisse prospère fédère plus d'une centaine d'établissements (agences bancaires) réparties dans un même département de l'ouest de la France et emploie près de 1 400 salariés, principalement des commerciaux en CDI. Comme les autres caisses réparties sur le territoire national, BANQUOUEST est une entreprise indépendante juridiquement, mais son action est contrôlée sur le plan administratif, technique et financier par un organe central. Parallèlement, une convention de branche spécifique à cette banque mutualiste encadre les conditions de travail et d'emploi des salariés présents dans les différentes caisses. Cette régulation institutionnelle laisse néanmoins une large autonomie à chaque caisse, dont l'organisation des négociations collectives apparaît comme le reflet.

Le siège social de BANQUOUEST abrite un service RH étoffé, un CSE et des délégués syndicaux appartenant à différentes organisations. Il existe dans cette entreprise une forte culture syndicale, avec un taux de syndicalisation très élevé (67 %), et plusieurs organisations syndicales représentatives, la CFDT (19 % des suffrages exprimés aux dernières élections professionnelles), SUD (35 %) et un syndicat d'entreprise (noté SE, ci-après) majoritaire affilié à la CFE-CGC (46%), qui se présentent unies aux négociations collectives. Le climat social est jugé bon par l'ensemble des parties, *a contrario* de ce qui se passe au niveau de la branche, où les relations sociales sont décrites comme conflictuelles, notamment autour des questions de revalorisation salariale, et où les dissensions syndicales apparaissent également plus présentes (la CFDT est majoritaire à ce niveau, suivi de SE, puis SUD et FO). L'existence d'une tradition de dialogue social est revendiquée du côté de la direction comme des représentants des salariés de BANQUOUEST, et imputée par les deux parties aux spécificités de son ancrage territorial.

De fait, cette entreprise connaît un dialogue social fourni avec de nombreuses négociations et accords. Si la négociation de branche balise le chemin, l'entreprise fait valoir une marge de manœuvre importante. Dans le cas des rémunérations, la branche fixe seulement des seuils minima. Pour d'autres négociations obligatoires, comme celle sur l'égalité professionnelle, la négociation de branche fournit des accords « clés en main » qui sont ensuite ajustés à l'échelle locale, pour se fondre dans les pratiques et usages de chaque caisse. Il y a également des négociations qui se font uniquement à l'échelle des caisses, avec un appui technique et une coordination informelle des directions et des représentants syndicaux *via* les fédérations patronales et syndicales de branche, comme pour la mise en place du CSE : « Cela arrive sur les gros projets, sinon on est attaché à notre indépendance, mais il y a une logique profonde de *benchmark* entre caisses régionales, que ce soit au niveau des directions ou au niveau des syndicats », explique le chargé des relations sociales. Du côté de la fédération patronale, l'enjeu de cette coordination est d'éviter les phénomènes de « tache d'huile » et donc de fixer aux directions des caisses des lignes rouges à ne pas dépasser. Du côté syndical, cette coordination vise à l'inverse à obtenir le meilleur accord possible en tirant partie de l'expérience des élus des autres caisses ayant déjà négocié sur ce thème.

Lors de la négociation du CSE, une série de réunions préalables a fait apparaître chez BANQUOUEST un écart important entre les positions des deux parties. Pour les organisations syndicales, les dispositions légales constituaient un minimum alors qu'elles étaient la cible pour la direction qui y voyait une opportunité de rationalisation et de simplification. Le chargé des relations sociales évoque la volonté de réduire les délais de consultation par la diminution du nombre d'instances à consulter et met en avant la disparition des délégués du personnel dont le champ d'intervention avait dérivé, au fil du temps, « bien au-delà de ce qui est prévu par les textes, bien au-delà des réclamations individuelles et collectives sur l'application des dispositions légales ou conventionnelles ». C'était l'actualité de la caisse, « il y a des procédures qui marchent pas », « il y a l'imprimante qui est bourrée », « c'était très large ». Selon lui, un accord a pu être trouvé parce que la direction a accepté de préserver des pratiques spécifiques à l'entreprise sur le volume et la mutualisation des heures de délégation.

Pour justifier ces concessions, il explique que le maintien d'une bonne qualité de dialogue social est prioritaire pour la direction et prévaut sur l'adoption des réformes récentes sur le dialogue social. La direction n'a ainsi pas souhaité renégocier le cadre et l'organisation des négociations comme la loi le permettait. Il souligne cependant qu'une brèche s'est ouverte :

> Si on n'avait pas signé d'accord sur le dialogue social, la loi qui s'appliquait par défaut était quand même bien moins-disante que toutes les pratiques qu'on avait avant. Et là notre accord il est conclu pour 4 ans. Donc on a quand même cette corde de rappel-là qui est de dire si jamais malgré toutes les concessions qu'on a faites pour être plus favorable que la loi et garder de l'huile dans les rouages, si jamais ça devait quand même se crisper, il y a toujours cette épée de Damoclès sur tout le monde.

Du côté des représentants salariés, ils estiment que c'est l'unité syndicale qui a permis d'obtenir un accord plus favorable que celui d'autres caisses régionales. Ils s'inquiètent néanmoins des restrictions en termes de moyens humains (le nombre total d'élus est passé de 56 à 36) et de champs d'intervention qui tend selon eux à affaiblir le dialogue social. Cette diminution du pouvoir et des moyens des élus de terrain est jugée problématique dans un contexte de durcissement des conditions de travail, en lien avec les mutations du secteur bancaire, mais également de désaffection des jeunes salariés vis-à-vis du travail syndical. D'une part, la disparition des délégués du personnel conduit, selon eux, à une mise à distance des problèmes rencontrés au quotidien par les salariés, dont la remontée contribue à légitimer la représentation syndicale. D'autre part, la limitation à trois du nombre de mandats consécutifs et le fait que les suppléants n'assistent plus aux séances génèrent, de leur point de vue, un risque fort de déperdition de l'information, notamment celle relative à l'histoire des négociations au sein de l'entreprise, et une réduction de l'expérience des négociateurs salariés. Cela limite également les opportunités de carrières syndicales au sein de l'entreprise, or seules ces opportunités permettent selon eux d'inciter les salariés à s'engager, en leur offrant une relative protection et en les autorisant à sortir du rapport hiérarchique d'autorité pour négocier véritablement avec la direction. En somme, loin de renforcer l'efficacité du dialogue social, les réformes récentes leur semblent plutôt conduire à le fragiliser.

CONCLUSION

La promotion par le législateur de la négociation d'entreprise a été justifiée par les incertitudes croissantes que les entreprises ont à affronter et « la diversité de plus en plus grande des milieux de travail en fonction de la nature de l'activité, de la taille et de l'organisation » (Combrexelle, 2015, p. 91). Pour faire droit à ce besoin d'une régulation sur mesure, le champ même de la négociation d'entreprise a été largement ouvert, laissant l'opportunité aux négociateurs de choisir le niveau de négociation le plus approprié. Cette opportunité rend possible une appropriation stratégique de la négociation par l'employeur et fait peser le risque de la prévalence de la norme produite centralement à la tête des entreprises sur la norme produite localement au plus près du lieu de travail et de ses problématiques spécifiques.

Partant d'une exploitation statistique des données de l'enquête REPONSE, cet article montre que la configuration la plus fréquente pour les établissements français (de 11 salariés et plus) est celle d'une absence d'espace de négociation collective et, lorsque cet espace existe, il est le plus souvent éloigné des lieux de travail (les établissements) pour s'ancrer au niveau central de l'entreprise. Un indicateur complémentaire de dispersion géographique, construit à partir de l'appariement avec la base FLORES, atteste que la configuration de négociations exclusivement centrales, qui est la plus fréquente en termes de négociations collectives, rassemble les entreprises qui connaissent la plus forte dispersion de leurs établissements sur le territoire. Pour comprendre dans quelle mesure cette structuration de la négociation collective pouvait s'analyser comme le fruit des interactions stratégiques entre les acteurs légaux de la négociation, nous avons mobilisé les résultats d'un travail monographique et évoqué quatre cas d'entreprise qui nous apparaissent comme emblématiques de ce jeu d'acteurs.

Ce travail a confirmé le caractère flou des frontières de la « négociation d'entreprise » promue par les réformes successives des relations professionnelles, en révélant la distance qui pouvait séparer la configuration issue de l'enquête statistique, basée sur le diptyque établissement (repéré par un SIRET)/entreprise (repérée par un SIREN), de celle décrite par les acteurs lors des entretiens faisant intervenir de façon récurrente une surdétermination par un « groupe » auquel l'entreprise est souvent assimilée par les représentants de la direction. Ce travail a également permis de montrer que l'appropriation de ces réformes, loin de ressortir d'une modalité commune à l'entreprise (Béthoux et Mias, *op. cit.*), fait l'objet de divergences stratégiques et de rapports de forces entre employeurs et organisations syndicales. Au-delà des spécificités liées au contexte socio-productif, économique, financier ou institutionnel de ces entreprises, les directions sont apparues, à travers les enquêtes de terrain, bien plus promptes à promouvoir une centralisation de la négociation collective, que les représentants des salariés qui eux se sont révélés comme des défenseurs et des artisans d'un ancrage local des négociations.

Appréhendée à travers ce prisme de l'interaction stratégique des représentants patronaux et syndicaux, la négociation d'entreprise apparaît au final recouvrir une diversité de pratiques qui ne correspondent, ni nécessairement à une régulation de proximité, ni nécessairement à une mainmise de l'employeur. Au gré du rapport des forces en présence, les stratégies des acteurs légaux de la négociation contribuent à la structuration dynamique des formes de la négociation. La configuration de négociation centrale donne à voir une stratégie intégratrice et rationalisatrice des directions visant à soumettre les intérêts locaux aux intérêts de l'entité centrale (entreprise ou groupe qui la chapeaute), à restreindre le temps dévolu à la négociation et à homogénéiser les conditions de travail et d'emploi des salariés dispersés dans différents lieux de travail, suivant un principe déjà observé pour les accords de groupe ou les « accords d'entreprise mondiaux » (Barraud de Lagerie *et al.*, 2020). Cette configuration n'exclut pas la présence de représentants syndicaux au niveau local ou à des échelons intermédiaires, mais réduit grandement leur champ d'action. En réaction, ces derniers tentent de peser sur les aménagements locaux des accords négociés centralement et de faire remonter, *via* les délégués syndicaux centraux, leurs revendications locales lors de ces négociations. Dans le cas de la négociation à un double niveau, l'échelon local conserve toute son épaisseur en dépit de liens de dépendances économique et financière avec un échelon central. L'intégration verticale des négociations, suivant un principe de négociation en cascade, se double alors d'une coordination horizontale entre les directions locales d'une part et les représentants syndicaux locaux d'autre part dont les objectifs diffèrent. Si les directions locales cherchent à éviter les phénomènes de taches d'huile, les représentants des salariés cherchent pour leur part à maintenir et à tirer parti d'avantages locaux. L'existence d'une tradition syndicale forte, d'activités spécifiques ou d'un ancrage historique dans un territoire sont autant d'éléments qui concourent à préserver l'autonomie relative de l'échelon local et à maintenir une négociation locale consistante, ne se réduisant pas à de simples aménagements. Cette autonomie apparaît encore plus forte dans le cas de la configuration de négociations locales. Si des accords-cadres, conclus à l'échelle d'un groupe, peuvent exister, ils sont ici suffisamment lâches pour ne pas structurer les négociations qui apparaissent centrées sur les enjeux locaux. Enfin, dans le cas de l'absence de négociations collectives, si la carence de représentants syndicaux et la prévalence des rapports interpersonnels sont des éléments clés, ceux-ci apparaissent moins comme une donnée imposée par le contexte qu'une construction dont les directions sont parties prenantes. Se font ainsi jour des stratégies d'évitement et d'évidement du dialogue social par des employeurs qui organisent leur invisibilité par la fragmentation des collectifs de travail (Weil, 2014).

En somme, en laissant aux représentants des salariés et des employeurs le soin de définir les espaces de la négociation collective d'entreprise, le législateur ouvre une pluralité de configurations possibles dont rien ne garantit qu'elles permettent la prise en compte de la diversité des intérêts au sein de l'entreprise. La refonte parallèle du paysage des instances représentatives (*via* leur fusion dans le CSE), loin de limiter ce risque, apparaît, à travers sa mise en œuvre, en constituer tout à la fois l'illustration et l'amplification.

RÉFÉRENCES BIBLIOGRAPHIQUES

Amossé T., Coutrot T., 2008, « L'évolution des modèles socioproductifs en France depuis 15 ans : le néotaylorisme n'est pas mort », Amossé T. (éd.), *Les relations sociales en entreprise : Un portrait à partir des enquêtes « Relations professionnelles et négociations d'entreprise »*, Paris, La Découverte, p. 423-451.

Baccaro, L., Howell, C., 2017, Unhinged : Industrial relations liberalization and capitalist instability, Max-Planck-Institut für Gesellschaftsforschung Discussion Paper 17/19.

Barraud de Lagerie P., Mias A., Phé C., Servel L., 2020 « L'accord d'entreprise mondial, instrument de politiques pour les groupes transnationaux », *La Revue de l'Ires*, 2(2-3), p. 127-148.

Béthoux É., Mias A., 2021, « How does State-led decentralization affect workplace employment relations ? The French case in a comparative perspective », *European Journal of Industrial Relations*, 27(1), p. 5-21.

Castel N., Delahaie N., Petit H., 2013, « L'articulation des négociations de branche et d'entreprise dans la détermination des salaires », *Travail et emploi*, 2(2), p. 21-40.

Combrexelle J., 2015, *La négociation collective, le travail et l'emploi*, Rapport pour France Stratégie, en ligne.

Combrexelle, J., 2016, « Droit du travail : le défi français de la réforme », *Le Débat*, 191 (4), p. 58-66.

Didry C., Giordano D. (dir.), 2021, *Entreprises en négociations. L'entreprise à la lumière des relations professionnelles*, Rapport d'études de la Dares n° 11, septembre, 394 p.

Furjot D., 1996, « Climat social : nette amélioration des instruments de mesure », *Travail et Emploi*, 66, p. 87-95.

Giraud B., Signoretto C. (coordinateurs), Alfandari F., Béroud S., Berthonneau C., Biaggi C., Haute T. et Sanson D., 2021, *Reconfigurations des usages et des pratiques du « dialogue social » en entreprise dans un contexte de changement socio-productif et institutionnel*, Rapport d'études de la Dares n° 12, septembre, 313 p.

Jobert A., Combrexelle J.-D., Legrand H.-J., Thuderoz C., 2017, « Loi et négociation collective : un débat (encore) d'actualité », *Négociations*, 28 (2), p. 73-98.

Pélisse J., 2019, « Une grève froide inversée ? Éléments sur les mutations des relations professionnelles dans l'entreprise en France (1968-2018) », *Négociations*, 31(1), p. 61-81.

Peskine E., 2021, « Établissement, entreprise ou groupe – La négociation d'entreprise en quête de ses espaces », *Négociations*, 35, p. 39-51.

Thévenot N. (coord.), Geymond M., Perez C., Perraudin C., Valentin J., 2021, *Entreprise « éclatée » et périmètre de la représentation collective*, Rapport d'études de la DARES, n° 9, septembre.

Tixier P.-E., 2019, « Le pari de la réforme de la négociation collective en entreprise en France. Les ordonnances Macron à l'épreuve du réel », *Négociations*, 31(1), p. 109-120.

Weil D., 2014, *The fissured workplace*, Harvard University Press.

Zagelmeyer S., 2005, « The employer's perspective on collective bargaining centralization : an analytical framework », *The International Journal of Human Resource Management*, 16(9), p. 1623-1639.

QUAND LES MOUVEMENTS STRATÉGIQUES RÉCURRENTS FRAGILISENT LES RELATIONS PROFESSIONNELLES

Analyse à partir de deux monographies de l'industrie pharmaceutique

Maé GEYMOND
CES-UMR 8174

Si la notion d'« entreprise[1] » est au cœur du droit des salariés à une représentation collective, sa définition demeure floue, emmenant d'emblée dans son sillage une indétermination quant à la délimitation de ses contours. Les contours extérieurs renvoient à l'arbitrage entre faire en interne *versus* faire faire (*i.e.* externaliser) ; tandis qu'au sein même de l'entreprise, l'organisation produit elle aussi des découpages, qu'ils soient juridiques, opérationnels, ou encore managériaux (Grimshaw et Rubery, 2005 ; Beaujolin-Bellet *et al.*, 2006). Cette incertitude s'est trouvée renforcée par le développement d'organisations productives complexes prenant notamment la forme de groupes opérant à une échelle multinationale, dépassant en cela les frontières nationales des systèmes de relations professionnelles (Didry *et al.*, 2021). De surcroit, les groupes sont régulièrement traversés par des mouvements de fusions-acquisitions, d'externalisation, et de restructurations. Ces mouvements, aux déterminants stratégiques et économiques, entraînent une redéfinition constante du périmètre des groupes (Contractor *et al.*, 2010 ; Doellgast *et al.*, 2016).

1 Voir la discussion proposée par Didry *et al.* (*ibid.*) en introduction du numéro (n° 35) de la Revue Négociations.

En parallèle des enjeux soulevés par les contours de l'entreprise, l'organisation sous forme de groupe est caractérisée par une double dynamique se jouant en sens contraire : la filialisation conduit à la segmentation des activités et la décentralisation des personnes morales dans les filiales, tandis que s'opère conjointement une concentration financière et stratégique dans la tête du groupe. Ainsi, cette dynamique induit systématiquement une fragmentation des collectifs de travail et un éloignement des représentants du personnel des centres réels de décisions (Grumbach, 2010 ; Weil, 2014).

On perçoit bien, alors, de quelle manière la représentation du personnel, les groupes, et les mouvements stratégiques, constituent trois objets de recherche intimement liés : compte-tenu de l'éloignement des centres réels de décisions au sein des groupes, à quel niveau doit s'établir la représentation du personnel pour conserver une influence ? Quelle capacité les instances ont-elles de s'adapter aux perturbations récurrentes induites par ces mouvements ?

Ces questionnements font évidemment écho à deux ensembles de travaux du champ académique des relations professionnelles[2], portant respectivement sur les effets des externalisations ou restructurations sur les salariés, et sur les spécificités des relations professionnelles au sein des groupes. Ainsi, différents chercheurs montrent qu'une externalisation est généralement suivie d'une dégradation des conditions de travail (Van Jaarsveld et Yanadori, 2011 ; Flecker et Meil, 2010) et des conditions de rémunération (Berlinski, 2008 ; Geymond, 2020). De la même manière, les restructurations, d'autant plus lorsqu'elles sont avant tout de nature financière (Beaujolin-Bellet *et al.*, 2007), affectent non seulement le rapport individuel au travail et à l'emploi (Perez, 2014), mais également leur composante collective à travers le développement d'actions syndicales d'accompagnement (Béthoux et Jobert, 2012) et un processus de « déstabilisation des stables » (Castel, 1995). Dans le cas particulier des restructurations s'opérant au sein des groupes, Freyssinet (2005) interroge le niveau pertinent de représentation des salariés, dans la mesure où la direction locale de la filiale ne fait qu'appliquer une

2 D'après Gazier et Petit (2019), les relations professionnelles sont généralement définies par leur objet, soit « l'ensemble des pratiques et des règles qui structurent les rapports individuels et collectifs entre salariés, employeurs et pouvoirs publics ». Ce champ regroupe ainsi les travaux portant sur les conflits du travail, la négociation collective, les conditions de travail ou encore le « dialogue social ».

décision prise à un niveau bien supérieur du groupe. Ce résultat met plus largement en lumière la faible marge de manœuvre dont disposent les directions locales, ce qui se vérifie également lors des négociations annuelles obligatoires (NAO) sur les salaires (Giraud et Ponge, 2016).

À la croisée de ces deux ensembles de travaux, nous défendons dans cet article la thèse selon laquelle les externalisations, les restructurations, mais aussi les fusions-acquisitions, ont pour point commun d'affecter particulièrement deux dimensions des relations professionnelles : leur lieu, à travers la question de la centralisation des instances, et leur contenu. Plus précisément, nous pensons que c'est en agissant sur ces deux dimensions que ces mouvements viennent priver les représentants du personnel de leurs capacités d'action, et dégrader la qualité des relations professionnelles et les conditions de travail et d'emploi des salariés concernés.

Afin de mettre au jour les processus spécifiques par lesquels s'opèrent ces perturbations, nous nous appuyons sur le cas de l'industrie pharmaceutique, dans lequel non seulement les groupes multinationaux constituent la forme d'organisation prépondérante, mais aussi où les mouvements de fusion-acquisition, d'externalisation et de restructuration sont particulièrement récurrents (Abecassis et Coutinet, 2008, 2018 ; Bélis-Bergouignan *et al.*, 2014), constituant en cela un champ d'investigation privilégié pour traiter les questions qui sont au cœur de cet article mais aussi plus largement pour les relations professionnelles (Geymond, *ibid.*). En se plaçant au cœur d'un unique secteur d'activité, cet article a vocation à venir non seulement illustrer mais surtout enrichir la compréhension qu'apporte la littérature relative à l'analyse de ces différents phénomènes.

Notre analyse se fonde ainsi sur un matériau qualitatif riche[3], alliant entretiens (encadré 1) avec des représentants de la direction (RD) et des représentants du personnel (RP) et analyses de documents d'entreprise variés[4], se rapportant à deux monographies du secteur pharmaceutique[5].

3 Cet article est aussi alimenté par les différentes observations formulées dans le cadre des missions d'expertise auxquelles a participé l'autrice dans le cadre de son exercice professionnel, poursuivant la tradition dans laquelle s'inscrivent d'autres auteurs (voir notamment les travaux de D. Paucard, e.g. Bruggeman *et al.*, 2012).

4 Accords collectifs, communications syndicales et patronales à destination des salariés, feuilles de route de négociation, recours multiples au tribunal, rapports d'expertise, etc.

5 Plus particulièrement de l'activité de production pharmaceutique.

Ces monographies, réalisées dans le cadre d'un appel à projet de recherche de la Dares[6], sont chacune représentatives des deux formes d'organisation récurrentes dans l'industrie pharmaceutique : une filiale d'un laboratoire multinational et un groupe de fabrication de médicaments sous contrat[7]. Elles sont aussi emblématiques des trois types de mouvements (fusions-acquisitions, restructurations et externalisations) traversant ce secteur.

Par le biais de ces monographies, nous tentons finalement de démêler par quels canaux d'influence ces trois types de mouvements agissent : en quoi perturbent-ils concrètement le lieu et le contenu des relations professionnelles ?

La première partie met en évidence de quelle manière les mouvements stratégiques affectent les frontières internes (au sens de découpages organisationnels) et externes à l'entreprise, et en cela, mettent en échec la constitution d'un front salarié uni. Nous montrons comment cette fragmentation de l'intérêt des salariés a pour effet l'absence d'instance centralisée, de laquelle découle une forte asymétrie d'information entre direction et instances représentatives du personnel (IRP), et une limitation des pertes pour l'entreprise, en cas de conflit ouvert. Dans un second temps, nous nous attachons à montrer en quoi ces mouvements déterminent aussi le contenu des relations professionnelles. Apparait alors en filigrane ce qui n'est pas discuté – l'espace social étant saturé mais aussi vidé de sa conflictualité – et l'opportunité d'influencer indirectement la substance-même des accords d'entreprise. *In fine*, nous montrons que ces mouvements font obstacle aux relations professionnelles, affectant en bout de course la capacité des IRP à peser sur la détermination des conditions de travail. En conclusion, nous nous interrogeons sur

6 Cet article se nourrit d'une contribution inscrite dans un rapport coordonné par N. Thévenot et porté par une équipe de chercheurs du Centre d'Économie de la Sorbonne en réponse à l'appel à projet de recherche post-enquête REPONSE 2017 de la Dares, sur « Les relations de travail dans un contexte de réformes institutionnelles », (*cf.* Thévenot *et al.*, 2021). Plus précisément, cette contribution repose sur une analyse monographique visant à étudier, en lien avec la fusion des instances liée aux ordonnances Macron, l'« Entreprise "éclatée" et le périmètre de la représentation collective ». Les entreprises enquêtées sont alors considérées comme des portes d'entrée vers les autres entreprises du groupe avec lesquelles elles sont en réseaux.

7 Dite activité de « façonnage », ce qui donne son nom anonymisé aux deux entreprises de ce sous-secteur.

la possibilité que ces mouvements aient d'autres motivations que la pure logique industrielle.

1. Entreprises étudiées (au périmètre de la France) et personnes enquêtées

Les entreprises FAÇONNAGE 1 et FAÇONNAGE 2 – externalisées il y a environ une décennie par des laboratoires multinationaux désireux de réduire leur activité industrielle – sont emblématiques des groupes de fabrication de médicaments sous contrat. Elles appartiennent aujourd'hui à FACgroupe, qui s'est constitué progressivement au fil du rachat de différentes usines de production et qui dispose désormais d'une petite vingtaine d'usines au total (dont la majorité en France) acquises entre le début des années 1990 et aujourd'hui. FACgroupe compte un peu moins de 5 000 salariés au total et réalise environ 750 millions d'euros de chiffre d'affaires annuel (CA) et n'est pas coté en bourse. Il n'est pas positionné sur des aires thérapeutiques spécifiques mais, en tant que sous-traitant, est amené à produire des médicaments à faible valeur ajoutée.

L'entreprise FAÇONNAGE 1 se situe dans l'est de la France et compte environ 250 salariés pour 40 millions d'euros de CA. Depuis la cession, l'emploi y est en légère progression.

FAÇONNAGE 2 se trouve dans le sud-est de la France, et génère un CA autour de 70 millions d'euros. Le site emploie environ 350 salariés, contre 340 au moment de la reprise du site mais compte un très gros contingent d'intérimaires permanents, de 60 à 70 personnes.

LABO, en tant que filiale française d'un grand laboratoire pharmaceutique américain (LABOGROUPE), vient quant à lui illustrer la récurrence des fusions et acquisitions, mais aussi celle des restructurations accompagnées de plans de licenciement dans les multinationales de la pharmacie. En effet, LABOGROUPE fait partie des cinq premiers laboratoires pharmaceutiques mondiaux et réalise près de 40 milliards de dollars de CA en 2018. Implanté dans 150 pays environ, il compte 70 000 salariés dans le monde. LABOGROUPE est coté en bourse, et se positionne sur des aires thérapeutiques particulièrement porteuses de la santé humaine dont l'oncologie, le diabète, et les vaccins, mais également sur la santé animale. Par ailleurs, LABOGROUPE a annoncé dans son plan stratégique de 2020 vouloir céder sa filiale LABO à un repreneur sous-traitant, donnant à voir la manière dont se prépare et se négocie l'externalisation.

LABO se situe dans le centre de la France et avoisine 500 salariés, chiffre qui évolue régulièrement à la baisse avec les plans de licenciement qui se succèdent. C'est le point d'entrée de la seconde monographie, mais la capacité de son RP à proposer des contacts hors de LABO aura permis d'élargir la focale et d'investiguer les situations respectives d'ACTIF (usine cédée en 2015) et de LABOsiège (concentrant les activités commerciales et administratives en France) et de compléter le portrait de LABO sous l'angle de ses liens présents ou passées avec les deux autres entités.

Le tableau suivant récapitule les caractéristiques des personnes interrogées durant l'enquête et leur position dans le système de représentation du personnel de chaque entreprise :

		RP			RD
		Caractéristiques de la personne interviewée	Organisations syndicales (OS) présentes dans l'entreprise	Structuration des IRP (post-CSE)	Caractéristiques de la personne interviewée
FACgroupe – *Sous-traitant*	FAÇONNAGE 1	1 élu au comité social économique (CSE) CFTC	CFTC (70%) CFDT (30%)	11 élus titulaires 11 suppléants 2 délégués syndicaux (DS)	1 DRH
	FAÇONNAGE 2	1 secrétaire du CSE 1 élu au CSE et DS	CGT	12 élus titulaires 12 suppléants 1 délégué syndical	1 DRH
LABOgroupe – *Laboratoire multinational*	LABO	1 secrétaire du CSE (FO)	CGC (28%) FO (27%) CFDT (24%) CGT (21%)	15 élus titulaires 15 suppléants 8 représentants syndicaux	1 DRH
	LABOsiège	1 élu au CSE (UNSA) aussi négociateur à la branche	Liste commune CFDT-UNSA (35%) CFTC-CGC (55%)	Non enquêté	X
	ACTIF	1 élu au CSE (FO)	Majorité FO	Non enquêté	X

Nota bene : pour plus de fluidité, nous employons par la suite « le RP de l'entreprise X » pour désigner le RP interrogé, cela ne signifiant pas que l'entreprise dispose d'un seul RP. Idem pour le RD.

I. (RE)DÉFINITION DES FRONTIÈRES INTERNES ET EXTERNES À L'ENTREPRISE : L'IMPOSSIBLE FRONT COMMUN

La caractéristique première d'un groupe est l'articulation paradoxale des sociétés qui le composent, chacune restant indépendante juridiquement mais entretenant des liens capitalistiques avec les autres sociétés de celui-ci (Catel-Duet, 2007). Si la filialisation dessine des frontières juridiques à l'intérieur de l'ensemble économique qu'est le groupe, une autre segmentation, opérationnelle et managériale (*business unit*), est tout aussi fréquente, bien que ne prenant pas nécessairement appui sur des critères juridiques, mais plutôt sur une logique de nature d'activité (Grumbach, *op. cit.*). Tandis que les découpages juridiques sont relativement stables dans le temps, ceux de nature opérationnelle et managériale bougent très fréquemment, précisément parce qu'ils répondent à une stratégie de la tête de groupe à un instant donné. Or, qui plus est dans un environnement financiarisé, cette stratégie change, et même, poussée à l'extrême, est réversible (Beaujolin-Bellet *et al.*, 2006), conduisant successivement à des processus d'assemblage-désassemblage des briques constituant le groupe (Appelbaum, 2017).

Dans cette première partie, il s'agit de faire apparaître en quoi les contours de l'entreprise sont modifiés par les mouvements stratégiques récurrents et en cela, jouent sur les lieux de négociation, dans le sens où ils empêchent toute constitution d'un front commun – sous forme de liens entre les collectifs de travail divisés entre différentes entités juridiques – (I.1.), qui plus est dans une forme durable (I.2.), et font ainsi naître des avantages indirects pour les directions des groupes (I.3.).

I.1. LES CONSÉQUENCES DE LA STRUCTURATION DES GROUPES SUR LA REPRÉSENTATION DU PERSONNEL

Nos deux monographies illustrent, bien que de manière différente, ce que l'ensemble des logiques de découpage produit sur la représentation du personnel. Si les directions locales entre elles et celle du groupe sont en lien permanent, les salariés et leurs représentants ne disposent d'aucune forme de relation.

I.1.1 *Des canaux de discussion entre directions locales et direction du groupe, mais pas entre salariés*

Les entreprises FAÇONNAGE 1 et 2 s'inscrivent pleinement dans une logique de découpage juridique. En effet, chaque nouvelle usine acquise par FACgroupe devient une entreprise juridiquement distincte filiale du groupe et non l'établissement d'une entreprise déjà existante[8]. L'avantage de l'organisation filiale/groupe tient à l'autonomie comptable qu'elle offre. En effet, pour la RH de FAÇONNAGE 1, cette organisation induit une responsabilisation des équipes de chaque entreprise.

LABOGROUPE, le laboratoire multinational auquel appartient LABO, pratique quant à lui les deux logiques de segmentation, juridique et opérationnelle. Les filiales s'emboitent les unes dans les autres comme des poupées russes, d'abord aux frontières du pays d'implantation (en l'occurrence la France), puis à l'extérieur *via* un montage juridique complexe, jusqu'à la tête de groupe aux États-Unis. Dans ce schéma, les filiales nationales se situent dans la couche la plus basse de ce que le RD de LABO qualifie lui-même d'« espèce de mille feuilles », éloignant d'autant les filiales des lieux où se prennent les décisions. Se calquent sur cet emboitement juridique plusieurs autres logiques organisationnelles, notamment par activité (santé humaine, vétérinaire, etc.) et par fonction (finance, RH, etc.), si bien que l'organisation du groupe est décrite comme « matricielle ».

Dans ce contexte organisationnel segmenté, nous nous interrogeons sur la mise en relation des entreprises d'un même groupe et sur le positionnement des centres réels de décisions, notamment pour celles qui touchent à la représentation du personnel.

Dans nos deux monographies, bien que les relations professionnelles soient structurées à l'échelle de l'entreprise, les marges de manœuvre des directions locales sont fortement limitées par le « contrôle social » qu'exercent les têtes de groupes. Nos terrains d'enquête mettent en effet en évidence un souci d'harmonisation entre les différentes entreprises, harmonisation rendue possible grâce à la mise en relation des directeurs des ressources humaines, coordonnée par le groupe. En revanche, les salariés des différentes entreprises ne disposent d'aucune forme de lien, y compris sous la forme d'instances centralisées.

---

8 Pour cette raison, nous considérons comme synonymes les termes « usine » et « entreprise » pour désigner FAÇONNAGE 1 ou 2 et les employons alternativement.

Chez FACgroupe, les membres des directions des usines sont amenés à échanger fréquemment et se rencontrent physiquement au moins une fois par trimestre. En dehors de ces regroupements, dans l'exercice quotidien de leurs fonctions, chacun des responsables RH des sites échange très régulièrement avec le DRH groupe par téléphone. La RD de FAÇONNAGE 1 décrit ces pratiques comme un « travail de coordination quand même et de cohésion entre les sites » (RD FAÇONNAGE 1), souhaité et piloté par la tête de groupe, et le justifie en partie par le fait que les clients souhaitant s'approvisionner pour des produits différents auprès de plusieurs sites du groupe puissent y retrouver une certaine cohérence.

Dans les deux cas, ce pilotage s'exerce très fortement en ce qui concerne les rémunérations, le groupe intervenant dans la détermination de l'enveloppe attribuée lors des négociations annuelles obligatoires (Castel *et al.*, 2013). Chez LABOGROUPE, le pilotage est encore plus étroit, l'ensemble des rémunérations obéissant à une grille salariale commune déterminée par le groupe. Comme l'explique le RD de LABO, « on a des systèmes groupe qui sont figés, contre lesquels on ne peut rien faire ». On retrouve bien là le constat formulé par Giraud et Ponge (*op. cit.*) à partir de l'analyse des pratiques de négociation dans trois établissements de grande taille, à savoir que la question du niveau d'augmentation est évacuée des NAO, celles-ci ne consistant plus qu'à arbitrer entre augmentations générales ou individuelles.

Cette influence prépondérante du groupe et la coordination qu'il orchestre entre ses différentes entreprises, contraignent indubitablement les relations professionnelles tenues au niveau de l'entreprise et engendre une déconnexion entre les interlocuteurs prenant part à la négociation (la direction locale) et ceux qui décident véritablement (la direction du groupe). Cette disjonction croissante entre l'employeur et le centre de décision sur le capital, est à l'origine de « dispositifs correctifs » introduits par la loi, sous la forme de comité de groupe, de comité d'entreprise européens ou encore d'Unité Économique et Sociale (UES) que l'on regroupe sous la bannière « d'instances centralisées » (Freyssinet, *op. cit.*). Or, ces instances, qui constitueraient le pendant de la coordination qui s'opère entre les RH des usines et du groupe, n'existent pas. En effet, les responsables RH rencontrés s'évertuent à conserver des relations professionnelles dans leur forme la plus locale possible, en appelant à la structuration en entreprises juridiquement distinctes : « Parce que c'est configuré comme ça (…) on est des entités autonomes et indépendantes » (RD FAÇONNAGE 1).

Cet évanouissement ou réapparition des frontières à l'intérieur du groupe, où prédominent tantôt les frontières économiques extérieures, tantôt les frontières juridiques à l'intérieur de celui-ci, renvoie à l'utilisation opportuniste des frontières des filiales par les groupes, mis en évidence par Catel-Duet (*op. cit.*). L'analyse des cas de LABO et de FAÇONNAGE 1 et 2 montre clairement que leurs groupes respectifs actionnent l'économique pour ce qui touche à l'organisation du travail et de la production, et le juridique pour contraindre les leviers dont disposent les salariés.

I.1.2 *Une absence d'instances centralisées à laquelle souscrivent les salariés*

Dans leurs travaux respectifs, Grumbach (*op. cit.*) et Freyssinet (*op. cit.*) montrent que l'action revendicative collective aurait la capacité de reconstituer la communauté de travail, là où la filialisation fait tout pour la segmenter. Ainsi, les directions des groupes n'ont aucun intérêt à voir s'installer ce type d'instances, et manient la mise en concurrence de leurs différentes entreprises. Partant de ce résultat, nos deux cas permettent de mettre au jour les arguments, découlant directement de la filialisation, sur lesquels repose la mise en concurrence, et de montrer que les représentants des salariés prennent une part active dans ces divisions. En effet, malgré toutes leurs différences, à commencer par l'aspect multinational ou non du groupe d'appartenance, les mêmes mécanismes d'intériorisation des divisions sont à l'œuvre et prennent le pas sur le désir de reconstitution d'un front commun dans un environnement segmenté. Dans nos deux cas, règne chez les salariés et leurs représentants, le sentiment que leurs intérêts sont mieux préservés en restant « chacun dans leur coin ».

Chez FAÇONNAGE 1 et 2, il s'agit surtout de préserver une partie des conditions d'emploi acquises lorsqu'ils appartenaient à un laboratoire pharmaceutique multinational. En effet, puisque chaque usine de FACgroupe provient d'un laboratoire cédant différent, chacune dispose d'un héritage spécifique, d'une culture particulière, ayant trait à l'organisation du travail, ou encore à certains accords sociaux repris tels quels au moment de la cession. Si le RP de FAÇONNAGE 1 s'interroge sur la légalité de la chose, la RD de FAÇONNAGE 2 y voit un choix du groupe et reconnaît le caractère limite du point de vue du droit. L'opposition du groupe, ressentie par les salariés, couplée au sentiment d'avantages spécifiques à défendre, mettent alors en échec la mise en place d'un comité de groupe, bien que la configuration du groupe garantisse « théoriquement » (*i.e.* légalement) son existence.

Quant à LABO, la division prend appui sur des divergences notables entre les catégories socioprofessionnelles et entre les organisations syndicales (OS) directement induites par la séparation fonctionnelle. En effet, la constitution d'instances centralisées, qu'il s'agisse d'un comité de groupe ou d'une UES, aurait vocation à rassembler deux périmètres disjoints : LABO, filiale de production hébergeant également un petit centre de recherche, et LABOsiège, la filiale de vente chargée de commercialiser l'ensemble des produits du groupe en France. Or, là où le siège compte 90 % de cadres, LABO concentre davantage des ouvriers et techniciens, ce qui se traduit directement dans les organisations syndicales présentes. Autant le RP de LABO que celui de LABOsiège font part d'une certaine frilosité, face à la déstabilisation des équilibres syndicaux qui s'en suivraient. En effet, le RP de LABO explique : « le problème c'est qu'il faut se mettre d'accord avec les élus des autres sites (…) sur l'expert à missionner, sur ceci, sur cela, et là on sait déjà qu'on ne serait pas d'accord avec les élus du siège », ce que complète le RP du siège : « en gros, toutes les OS se disent "ouais mais là je ne suis pas représentée donc je risque de perdre" donc en gros je pense qu'on se regarde tous en chien de faïence en se disant "on reste comme on est" ».

Ainsi, puisqu'elle prend nécessairement appui sur la segmentation juridique, la représentation du personnel est affectée non seulement par le fait même du découpage, à travers les catégories d'intérêts qu'elle met en place, mais aussi par les mouvements stratégiques qui viennent déplacer leurs contours à l'intérieur des groupes.

I.2. LE DÉPLACEMENT DES FRONTIÈRES EXTÉRIEURES DE L'ENTREPRISE : TOUT RECOMMENCER ?

Les mouvements stratégiques affectant les frontières extérieures de l'entreprise, que ce soit les fusions-acquisitions ou les cessions, génèrent de nouvelles réorganisations internes (Contractor *et al.*, *op. cit.*). Ce faisant, ces dernières bouleversent les instances en place ou dissuadent, par leur rythme soutenu, la volonté des salariés de s'unir.

I.2.1 *Quand les frontières extérieures bougent, les instances bougent aussi*

En tant que filiale d'un groupe multinational, LABO a été affecté par deux grands types de mouvements ayant traversé l'industrie pharmaceutique mondiale ces dernières décennies : une vague de concentration appuyée sur de nombreuses fusions-acquisitions et un mouvement d'externalisation des usines de production (Abecassis et Coutinet, 2008, 2018 ; Belis-Bergouignan *et al.*, 2014 ; Geymond, *op. cit.*). Or, comme permet de le mettre en évidence ce cas, chacun de ces mouvements stratégiques a été suivi d'une modification en profondeur des IRP, allant non seulement vers une réduction du périmètre de représentation, mais aussi vers une décentralisation des relations professionnelles, dans la mesure où les instances centralisées qui existaient disparaissent et ne sont pas remplacées par d'autres.

Ainsi, entre 2004 et 2016, plusieurs externalisations et une fusion majeure ont touché les activités françaises du groupe. En conséquence directe, les IRP de LABO ont connu trois périmètres successifs (*cf.* Annexe). Entre 2004 et 2010, LABO, LABOsiège et ACTIF (usine de fabrication de principes actifs) disposaient chacun d'un comité d'établissement et ensemble d'un comité central d'entreprise. Suite à la fusion avec PHARMA (un autre laboratoire multinational) à la fin des années 2000, les filiales de LABOGROUPE en France ont subi un découpage par nature d'activité : la filiale commerciale de PHARMA et LABOsiège ont été regroupés au sein d'une même entreprise, tandis que LABO et ACTIF, formant toujours une même entreprise, ont conservé leur comité d'établissement respectif, et un comité central d'entreprise de taille réduite. Enfin, depuis l'externalisation d'ACTIF en 2015, LABO est une entreprise et dispose à ce titre d'un comité d'entreprise (devenu comité social et économique).

Par ailleurs, au début des années 2000 puis suite à la fusion avec PHARMA, le comité d'établissement et le RP de LABO se sont associés à deux tentatives de reconnaissance d'UES. Si la première demande a échoué au tribunal, principalement du fait de l'absence de reconnaissance de l'unité de direction et donc en quelque sorte à cause de l'incapacité à démontrer les liens au-delà du découpage, le second échec est entièrement à imputer aux divisions syndicales et socioprofessionnelles décrites plus haut, renforcées par la segmentation par activité nouvellement mise en place.

I.2.2 *Des mouvements perpétuels qui dissuadent ?*

Le pendant de ces déformations des instances au sein des groupes qui externalisent est évidemment la déformation potentielle qui devrait s'opérer au sein des groupes acquéreurs. Nous adoptons pour cela le point de vue de FACgroupe, bien que celui-ci ne soit pas l'acquéreur des sites de LABOGROUPE. Concrètement, FACgroupe acquiert une nouvelle usine tous les deux ans (voire tous les ans), usine qui vient grossir le nombre d'entreprises juridiquement distinctes, filiales du groupe, disposant de son propre historique et de ses propres équilibres syndicaux. À titre d'exemple, on peut noter que FAÇONNAGE 1 dispose de deux OS, la CFTC majoritaire et la CFDT ; tandis qu'une seule organisation, la CGT, est présente chez FAÇONNAGE 2. Or, l'opposition entre organisations syndicales habituellement qualifiées de « réformistes » et de « radicales », à l'origine des clivages maintes fois constatés à l'échelle du paysage syndical français (Pernot, 2010), se retrouve de manière très claire dans le climat social divergent des deux usines. En effet, là où les grèves et les débrayages ne sont pas choses rares chez FAÇONNAGE 2, l'atonie générale dans laquelle évoluent les relations professionnelles chez FAÇONNAGE 1 est très marquée. On perçoit alors bien les tensions qui peuvent exister entre les organisations syndicales d'un site à l'autre, bloquant ou du moins freinant les volontés d'association. À ce sujet, il est d'ailleurs particulièrement intéressant de noter que les seuls liens et échanges d'informations qui existent entre les usines de FACgroupe concernent les usines où la même organisation syndicale est majoritaire, le contact ayant emprunté spécifiquement ce canal ou s'étant établi sur cette seule base.

En apportant un renfort de représentativité à certaines OS, et un déficit relatif à d'autres, toute nouvelle usine acquise par le groupe viendrait battre en brèche l'équilibre syndical difficilement établi, présidant à la mise en place d'une UES. Cela est bien sûr sans compter les divergences de fonctionnement ou encore de priorité des élus entrants, potentiellement éloignés de l'équilibre en place. Dès lors, le rythme soutenu d'accroissement du nombre d'usines apparait comme un autre facteur explicatif du manque de volonté affiché par les représentants du personnel quant à la mise en place d'instances centralisées.

La question est légèrement différente concernant la mise en place d'un comité de groupe, bien que les problématiques d'équilibre syndical s'y posent avec autant d'acuité. D'une part, il suffit théoriquement qu'une organisation syndicale en fasse la demande pour qu'un comité de groupe soit mis en place, celle-ci implique *a priori* un investissement moins significatif que dans le cas de l'UES[9]. D'autre part, chaque nouvelle usine intégrant le groupe entrerait de droit au comité, au fur et à mesure, sans que ne soit nécessaire la reconnaissance juridique de son inclusion. En revanche, contrairement à l'UES, le comité de groupe présente un intérêt moindre, ne disposant pas de prérogative en matière de consultation, mais uniquement d'un droit d'information.

Ainsi, le modèle économique des groupes sous-traitants agit comme un frein supplémentaire à l'établissement d'instances centralisées. De la même manière, les opérations d'externalisation et de fusions-acquisitions auxquelles se livrent les laboratoires multinationaux viennent perturber les instances en place, amenant à une réduction du périmètre de la représentation collective ainsi qu'une décentralisation des relations professionnelles.

I.3. LES AVANTAGES DU DÉCOUPAGE ET DE SES PERTURBATIONS

Les découpages – en particulier juridiques – et le renouvellement régulier de leurs contours, influencent défavorablement le rapport de force dont bénéficient les salariés et leurs représentants. Nous montrons par la suite que deux leviers principaux sont ainsi actionnés : l'asymétrie d'information et l'isolement des centres de contestation.

9 Il n'est par exemple pas nécessaire de démontrer la concentration des pouvoirs, la similitude ou complémentarité des activités, et l'existence d'une unité sociale ; mais simplement de disposer d'une tête de groupe en France.

I.3.1 *Segmenter l'organisation conduit à segmenter l'information…*

Comme l'explique Grumbach (*op. cit.*, p. 274), « le mouvement du capitalisme financier a conduit les groupes à réserver aux directions fonctionnelles, au détriment des unités de production, l'essentiel des fonctions de groupes porteuses de la valeur ajoutée. Le plus souvent ces directions fonctionnelles sont localisées au voisinage du siège social de la société holding, tête de réseau ». Ce fait organisationnel se retrouve d'ailleurs très rapidement dans le discours de nos différents interlocuteurs, autant du côté des représentants de la direction que des représentants du personnel, considérant leur entreprise respective dédiée à la production comme un « centre de coûts ». *A contrario*, le RP de LABOsiège a bien conscience que la filiale commerciale est le lieu qui enregistre le profit.

Il s'agit alors de s'interroger sur les conséquences de cette segmentation et de cette localisation choisie des fonctions porteuses de valeur, en matière d'accès à l'information. De nouveau, malgré les différences apparentes entre LABO et FAÇONNAGE 1 et 2, nous montrons que les deux conséquences majeures y sont identiquement présentes : à savoir, un manque d'accès aux informations du groupe, et un manque d'information concernant les autres entreprises filiales du groupe. Concernant l'accès aux données du groupe, il est particulièrement intéressant de noter que contrairement à LABO, le RP de LABOsiège ne fait pas état de telles difficultés, l'accès aux informations financières du groupe semblant facilité par l'inclusion de cette activité dans le périmètre de LABOsiège : « Le nerf de la guerre il est là ! Quand vous avez le département dans votre entreprise, bah vous avez beaucoup plus de facilité à avoir les informations ». Pour autant, LABOsiège est bien, lui aussi, tenu à l'écart des informations qui concernent les autres entreprises du groupe, dont LABO.

Dans les quatre entreprises où nous avons interrogé des RP, ces derniers insistent sur les leviers supplémentaires que confèreraient ces informations lors des NAO sur les salaires. En effet, et comme indiqué plus haut, c'est bien le groupe qui pilote indirectement l'enveloppe d'augmentation, sans être jamais à la table des négociations, et sans donner aucune visibilité sur ses performances économiques globales. De surcroit, sous prétexte de conserver une cohérence entre les différentes filiales du groupe, il devient possible dans un tel contexte d'asymétrie d'information de jouer dans chacun des sites la carte de l'harmonie, pour contraindre partout l'enveloppe finançant les augmentations de salaires.

I.3.2 *…et limiter les pertes*

La filialisation permet aussi, en minimisant la portée des risques, de maintenir un taux de profit optimal au niveau de la tête de groupe (Grumbach, *ibid.*). Chez LABO, la séparation claire du centre de profit (la filiale de vente concentrant les « visiteurs médicaux[10] ») des centres de contestation (usines regroupant les métiers de la production à dominante ouvrière et technique) s'inscrit pleinement dans cette logique, d'ailleurs bien perçue par les représentants du personnel.

Interrogé sur les intérêts à établir un tel découpage, le RP de LABOsiège répond : « moins de poids des OS, et puis surtout, nous les délégués, quand on nous fout dehors à coup de pied aux fesses, un délégué qui fait sa petite grève au fin fond de la Bretagne, ça ne va pas l'embêter, un gars qui arrête de travailler à l'usine, là c'est très embêtant, donc c'était aussi pour diminuer le pouvoir des syndicats. (…) Les seuls qui peuvent les ennuyer, c'est les arrêts de production, nous, arrêter d'aller voir les docteurs, l'impact va être limité, et puis nous c'est des cadres, donc c'est des gens qui ne sont pas très syndicats, pas très virulents ». Le RP du siège souligne ici deux points centraux. D'une part, puisque les visiteurs médicaux exercent leur activité sur un territoire géographique défini, chaque visiteur ayant le sien, la capacité à se regrouper est amoindrie. D'autre part, l'influence des visiteurs sur les prescriptions des médecins est réelle, puisque c'est la raison d'existence de ce métier, mais cette influence reste partielle, dans le sens où un médecin peut prescrire un médicament pour lequel il n'a pas fait l'objet d'une visite, et ne pas le prescrire bien qu'ayant reçu une visite. Dès lors, l'impact d'une grève réduisant les visites est très relatif, comparé à l'impact d'un arrêt des chaînes de production. En effet, puisque chacune des usines du dispositif industriel mondial de LABOGROUPE produit à

---

10 Dans le secteur pharmaceutique, le terme générique de « commercial » est remplacé par celui de « visiteur médical » ou de « délégué médical », et désigne la catégorie de salariés dont le métier est d'influencer la prescription des médecins vers les médicaments du laboratoire pour lequel ils travaillent.

destination du monde entier et non uniquement à destination du pays d'implantation, l'arrêt plus ou moins prolongé des lignes met en péril la capacité à délivrer ces médicaments à travers le monde. De plus, pour ne prendre que l'exemple de la France, il faut noter que les pouvoirs publics sont particulièrement vigilants à garantir l'absence de rupture d'approvisionnement. Or, chaque usine est souvent la seule du groupe à fabriquer les médicaments qu'elle produit. Dès lors, toute grève ou débrayage d'une usine est précisément susceptible de conduire à une situation de rupture.

Cette question du champ de la contestation est également au cœur de la segmentation des usines chez FACgroupe. Elle permet d'éviter la contagion d'un mouvement de revendication aux autres usines. Ceci fait d'ailleurs directement écho à la tactique managériale de domestication des conflits bien mise en évidence par Giraud (2013), consistant à circonscrire l'extension d'une grève en répartissant l'activité entre plusieurs lieux distincts. Par ailleurs, le manque d'information sur ce qu'il se passe dans les autres filiales du groupe n'est pas étranger à cette limitation de la contestation. Pour reprendre l'exemple concret des NAO, la segmentation juridique garantit quasi-automatiquement l'absence d'une contestation commune aux différentes usines, face aux directions locales dépossédées de la définition de l'enveloppe de négociation. Cette contestation commune obligerait, en cas de conflit ouvert, à accorder un pourcentage de NAO supérieur à l'objectif fixé par le groupe, non pas à l'échelle d'une usine mais bien à l'échelle de toutes.

Ainsi, isoler les usines dans des entreprises distinctes permet non seulement de réduire le champ de la contestation mais aussi de ne pas mettre à risque les profits engrangés par les filiales portant les directions fonctionnelles.

Au-delà de la segmentation, les mouvements stratégiques récurrents viennent ainsi dégrader les relations professionnelles dans le sens où les changements permanents qu'ils induisent participent au blocage de l'établissement – ou du rétablissement – d'instances centralisées. De fait, malgré l'existence de dispositifs légaux censés « rapprocher » la représentation du personnel des niveaux où sont réellement prises les décisions et impulsés ces mouvements stratégiques, leur application reste marginale, soulignant deux obstacles. Premièrement, les outils légaux « permettent » la mise en place d'instances centralisées mais ne les rendent pas obligatoires. Deuxièmement, les différences de représentativité syndicale, de catégories socioprofessionnelles et de problématiques, découragent les élus d'y recourir, préférant garder les équilibres en place dans la représentation locale, et ce bien qu'ils aient parfaitement conscience des conséquences négatives de la segmentation sur la représentation du personnel.

II. QUAND LES MOUVEMENTS STRATÉGIQUES DÉTERMINENT LE CONTENU DES RELATIONS PROFESSIONNELLES

Les trois mouvements stratégiques au cœur de notre analyse déclenchent, chacun à leur manière, une cascade de conséquences sociales plus ou moins directes, touchant à la manière dont le contenu des relations professionnelles s'en trouve perturbé. Si les restructurations provoquent une forme d'évitement et d'évidement des relations professionnelles, limitant à la fois les échanges et ce qui s'y joue (II.1), les fusions-acquisitions et les externalisations font naître l'opportunité d'abaisser le contenu des accords en vigueur (II.2.). En bout de course, les trois mouvements dégradent la qualité du travail et les conditions dans lesquelles il s'effectue (II.3.).

II.1. L'ESPACE SOCIAL MONOPOLISÉ ET INFLUENCÉ : LA RÉCURRENCE DES RÉORGANISATIONS ET PLANS DE LICENCIEMENT

Du fait de leur récurrence et de leur fréquence élevée, les réorganisations et plans de licenciement déterminent le sujet de ce qui est négocié (II.1.1.), mais influencent aussi la teneur peu conflictuelle des relations professionnelles dans leur ensemble, en construisant l'acceptabilité sociale des plans sociaux (II.1.2.).

II.1.1 *La récurrence des plans et leur place dans le temps social*

La multiplication et le morcellement des négociations déterminent directement la manière dont les syndicalistes s'y engagent (Giraud et

Ponge, *op. cit.*). Or, nos terrains d'enquête montrent l'omniprésence et l'ampleur des plans de licenciement et restructurations dans le cadre des groupes, renvoyant d'une part à ce que certains appellent les « restructurations de compétitivité » ou les « restructurations financières » (Beaujolin-Bellet *et al.*, 2007 ; Perez, *op. cit.*), découlant purement de choix stratégiques sans lien avec d'éventuelles difficultés financières. Dans ce contexte de restructurations permanentes, il est alors peu probable que les instances représentatives du personnel aient la capacité, en termes de temps mais aussi d'énergie à y consacrer, de se saisir d'autres sujets sociaux, extérieurs aux restructurations. Ceci est par ailleurs sans compter la place déjà occupée par les négociations et processus d'information-consultation obligatoires, renvoyant à ce que Mias *et al.* (2016) appellent le « dialogue social administré ».

Dans les filiales françaises de LABOGROUPE, les plans sociaux sont incessants. En l'espace de 25 ans de carrière chez LABO, le RP interrogé aura vu douze plans de licenciement se succéder et l'emploi fondre d'autant : « Moi j'en suis à mon 12e PSE (plan de sauvegarde de l'emploi) donc… il y en a tous les deux/trois ans à peu près (…), j'ai connu ce site, on était plus de 2 000 et ici on est 580 aujourd'hui ». Ce caractère permanent n'échappe pas à la direction locale, le RD allant même jusqu'à évoquer un enchaînement des restructurations. Au siège, le RP dénombre trois plans de licenciement successifs en quinze ans, touchant particulièrement l'activité de visite médicale, tandis qu'un quatrième devait être lancé peu de temps après notre entretien. Les effectifs au moment de l'enquête auraient été divisés par 3 en dix ans. Compte-tenu des performances économiques de LABOGROUPE dans le monde mais aussi en France, ces restructurations relèvent bien d'un caractère financier. Les représentants du personnel ont d'ailleurs dénoncé en bloc le motif économique du dernier plan de licenciement, qu'ils considèrent être uniquement stratégique, comme l'indiquent leurs documents de communication à destination des salariés.

Au-delà de la contestation, chaque plan social est consommateur de temps et d'énergie à travers l'ensemble des étapes à franchir jusqu'à son homologation : réunions de négociation avec la direction, réunions d'information aux salariés, recours éventuel à l'expertise, etc. Or, il faut bien comprendre que même après sa validation, un plan social consomme les ressources des IRP, notamment à travers les commissions qui ont lieu régulièrement pour suivre son déploiement. Chez LABOGROUPE par exemple, la fréquence est telle que le plan suivant commence, alors même que les salariés licenciés lors du plan précédant sont encore suivis et figurent dans les effectifs. Comme l'explique la RP de LABOsiège, « vous n'avez plus le temps de rien faire en fait. Là par exemple l'accord qualité de vie au travail ça va faire trois ans qu'on tente de le mettre en place, mais on ne peut pas, à cause du plan social, (...) ça prend tout votre temps et votre énergie quoi, un plan social ça bloque tout projet, toute construction ». Dans bien des cas, et malgré tout le paradoxe de la situation, nous avons également pu observer que le contexte de restructurations permanentes est utilisé comme justification par les directions pour expliquer l'absence d'une négociation sur la gestion prévisionnelle de l'emploi et des compétences[11], quand il ne la bloque pas complètement.

Ainsi, les restructurations, de par leur récurrence, déterminent fortement le contenu des temps sociaux, laissant apparaitre en filigrane les négociations qui ne se tiennent pas, et à travers elles, les enjeux qui ne se discutent pas. Le cas de LABO permet ainsi de rendre compte de la manière dont les restructurations conduisent à un « évidement » des relations professionnelles (pour reprendre l'expression employée par Giraud et Ponge, *op. cit.*).

II.1.2 *L'acceptabilité sociale comme mode de gestion des conflits*

Comme l'expliquent Béthoux et Jobert (*op. cit.*), « dès lors qu'ils considèrent comme inéluctables les restructurations, ils (les IRP) vont s'impliquer dans la recherche de solutions permettant, par le jeu des négociations et des conflits, d'éviter des licenciements contraints : aides aux départs volontaires, cessations anticipées d'activité, accompagnement des mobilités internes ou externes, modalités de reclassement » (p. 116). Or, par définition et en lien avec leur caractère stratégique, les conséquences sociales de ces plans découlent d'une décision du groupe

11 Dite aussi GPEC, cette démarche « vise à adapter les emplois, les effectifs et les compétences aux exigences issues de la stratégie des entreprises et des modifications de leurs environnements économique, social, juridique » (Ministère du Travail) et en ce sens, est notamment censée prévenir des licenciements collectifs. La GPEC relève désormais de l'appellation de GEPPMM, soit Gestion des Emplois et des Parcours Professionnels et Mixité des Métiers.

que la direction locale ne fait que prendre en charge juridiquement et opérationnellement (Freyssinet, *op. cit.*). Dans ce contexte où l'opposition et le conflit ne produisent que bien peu d'effets, les plans sociaux deviennent une normalité de plus rythmant la vie de l'entreprise. Dès lors, il s'agit pour les directions locales de rendre « acceptables » ces décisions du groupe, à travers une mise en œuvre « satisfaisante » appuyée sur une situation de négociation (Beaujolin-Bellet *et al.*, 2006). En procédant de la sorte, la direction du groupe garantit la préservation de son image à l'international (Campinos-Dubernet, 2003). Mais plus encore, elle parvient aussi à « domestiquer » la conflictualité au travail (Giraud et Ponge, *op. cit.*), en légitimant les processus de restructuration par leur inscription dans des pratiques collaboratives avec les syndicats. Le cas de LABO permet finalement de montrer que les négociations d'accompagnement mises en place par les IRP et l'acceptabilité sociale des plans sont les deux faces d'une même pièce, l'une et l'autre s'alimentant mutuellement.

D'après le RD de LABO, « les gens sont habitués à ce qu'il y ait des plans sociaux ». Or, chacun de ces plans aura montré combien les stratégies syndicales visant le maintien de l'emploi avaient peu de chance d'aboutir, tant au niveau de l'usine de production que du siège : « Dans le plan de 2013-2015, il y en avait plus d'une centaine (d'emplois détruits). On a réussi à en sauver quatre, cinq, pas plus » (RP LABO). Face au caractère inévitable de ces licenciements, l'ensemble des RP de LABO ont depuis longtemps fait le choix de privilégier les négociations d'accompagnement, plus que les négociations de maintien de l'emploi. En effet, selon le RP de LABO, « les PSE jusque-là étaient toujours des mesures de départs volontaires et des mesures d'un niveau social tout à fait acceptable avec des mesures de préretraite ou des départs volontaires, création d'entreprise avec des moyens quand même très conséquents » (RP LABO), objectif que partage le RP de LABOsiège. Si l'on retrouve bien le qualificatif « acceptable », les salariés ont eux aussi intériorisé cet aspect inévitable et sont habitués à ces plans, allant même jusqu'à souhaiter le suivant. Comme l'explique le RD de LABO, cette vision positive de la part des salariés est directement liée aux mesures contenues dans ces plans. Le dispositif de maintien des salaires jusqu'à la liquidation de la retraite est particulièrement emblématique. En effet, il garantirait 80 à 85 % du salaire de base mensuel, pour une durée comprise entre cinq et dix ans dans les derniers plans. Bien conscients des enveloppes colossales en jeu, la référence à la préservation de l'image est très présente chez les représentants du personnel « Vu qu'ils n'amènent plus d'activité, ils ont décidé de le porter. (...) Il y a un côté image de marque » (RP LABO).

Ainsi, en allouant ces moyens, le groupe s'assure d'une certaine adhésion des salariés, obérant de fait la capacité des membres des IRP à s'opposer à ceux-ci. Plus remarquable encore, l'acceptabilité des plans est aussi « financée » pour les salariés restant dans l'entreprise, conduisant aux versements de primes atteignant jusqu'à 20 000 euros à ceux qui restent. Finalement, l'âge avançant, partir en retraite anticipée lors d'un plan est ainsi perçu comme l'issue « normale » d'une carrière dans l'entreprise, ponctuée de primes de compensation liées aux plans précédents.

II.2. LES MOUVEMENTS STRATÉGIQUES : UNE OPPORTUNITÉ DE CHANGER LE CONTENU DES ACCORDS

L'externalisation et la fusion-acquisition ont pour point commun la modification des contours extérieurs de l'entreprise qui s'en suit. Si dans les deux cas la déformation des contours s'accompagne d'une remise en question des accords, nous montrons que les pertes sont bien moins importantes en intégrant un autre laboratoire pharmaceutique lors d'une fusion (II.2.1.), que lors d'un passage en sous-traitance (II.2.2.).

II.2.1 *Fusion-acquisition : la tentation d'un nivèlement par le bas*

Comme le montre LABOGROUPE, laboratoire multinational issu de la fusion avec PHARMA (lui-même issu de la fusion avec COOP deux ans auparavant), les fusions et acquisitions sont particulièrement fréquentes dans le secteur pharmaceutique (Bélis-Bergouignan *et al.*, *op. cit.* ; Coutinet et Sagot-Duvauroux, 2003). Or, elles sont autant d'opportunités de tirer vers le bas le contenu des accords entrant dans la détermination des conditions de travail et d'emploi des salariés.

En effet, chaque fusion, sous couvert de rechercher une forme d'homogénéité entre les salariés et de simplifier la gestion des ressources humaines, conduit presque systématiquement à la remise à plat des accords d'entreprise, que celle-ci s'opère immédiatement ou quelques années après l'opération. C'est notamment ce que nous avons pu observer chez LABOsiège, où différentes vagues d'homogénéisation ont suivi la fusion des filiales commerciales respectives de LABOGROUPE et de PHARMA. Mais plutôt que d'élever les conditions des salariés les moins bien dotés (qu'il s'agisse des salariés entrants ou de ceux de l'entreprise réalisant la fusion), on observe une tendance générale au nivèlement par le bas[12].

Deux stratégies principales permettent aux directions locales chargées de renégocier ces accords de parvenir à ce résultat. Premièrement, le coût de la fusion et la taille du groupe après l'opération sont évoqués pour avancer qu'en local, l'entreprise ne peut pas offrir les mêmes conditions d'emploi lorsque le nombre de salariés passe du simple au double. Deuxièmement, la direction locale s'appuie sur la défiance qui persiste, encore de nombreuses années après la fusion, entre les salariés « historiques » et les salariés « acquis », afin de renforcer la division entre les deux populations. En instiguant de part et d'autre l'idée que chacune des populations serait privilégiée et en cela, menacerait la stabilité et la pérennité de l'entreprise, c'est finalement l'ensemble des salariés qui sort perdant de l'opération.

II.2.2 *Externalisation : quand les concessions se cristallisent*

La littérature met bien en évidence le fait que l'externalisation s'accompagne d'une dégradation des conditions de travail et d'emploi (Van Jaarsveld et Yanadori, *op. cit.* ; Flecker et Meil, *op. cit.* ; Berlinski, *op. cit.*). Nos deux cas permettent de faire apparaitre que le moment de l'externalisation des usines est central dans la détermination des conditions de travail et d'emploi des salariés externalisés alors en position (extrême) de concessions, en lien avec le fait que tous les accords en vigueur tombent au moment de la cession et doivent être renégociés dans les 15 mois suivants. Tandis que FAÇONNAGE 1 et 2 offrent un regard et du recul sur la manière dont les différentes parties prenantes ont pesé sur l'issue des renégociations, la cession imminente de l'usine correspondant à LABO donne à voir la manière dont les élus se projettent dans cette période de renégociation.

12 Les salariés de PHARMA disposaient par exemple de meilleures compensations en cas d'astreintes, mais de moins de congés comparativement à LABOsiège. Suite à l'harmonisation, la nouvelle modalité reprend la moins favorable des deux accords précédents.

Lors de l'entame des négociations, les termes sont fixés d'emblée : « On nous a bien expliqué qu'on avait déjà de la chance d'être repris et de pas être au chômage » (RP 2 FAÇONNAGE 2). Avec cet argument introductif, on perçoit bien de quelle manière ces renégociations sont envisagées par FACgroupe : elles sont en effet l'occasion de s'affranchir au maximum des avantages dont pouvaient bénéficier les salariés. L'incapacité du DRH du groupe à restreindre ces avantages aurait même conduit à son départ.

D'après les RP, la direction mobilise de manière récurrente dans son discours l'existence d'une menace sur l'emploi, justifiant des réductions de coûts importantes : « on nous fait comprendre qu'on peut mettre la santé de l'entreprise en péril si on négocie trop de choses » (RP 2 FAÇONNAGE 2). En effet, les avantages dont bénéficiaient les salariés chez GLABO 2[13] étaient nombreux. Un accord d'entreprise fixait par exemple les rémunérations à 10 % au-dessus de la grille des minima conventionnels pour les groupes 1 à 3, et à 5 % au-dessus pour les groupes 4 et 5 de la classification, tandis que les primes étaient calculées en référence au salaire de base et non aux minima conventionnels. La comparaison avec la situation actuelle conduit les RP eux-mêmes à se qualifier d'« enfants gâtés ». Si ces avantages contribuent à élever le coût de l'emploi et ont pu ainsi motiver l'externalisation, leur renégociation et/ou leur suppression est une source d'économies importantes pour FACgroupe à la suite de la cession.

Face à une direction dont l'objectif est aux antipodes, il s'agit alors pour les RP de parvenir à perdre le moins possible, tout en ayant intériorisé qu'une trop grande opposition serait en mesure de faire « fuir » le repreneur potentiel, et donc conduirait à la fermeture définitive de l'usine. La stratégie des RP s'appuie alors par exemple sur la signature d'un accord d'intéressement pour compenser la diminution de la participation. Chez GLABO 2, celle-ci représentait environ 1,2 mois de salaire selon les RP, tandis qu'intéressement et participation cumulés atteignent environ un mois de salaire chez FAÇONNAGE 2. S'organise aussi une priorisation des thèmes de négociations et des domaines sur lesquels les représentants du personnel sont prêts à bloquer, pour s'assurer de conserver les pratiques qui avaient cours avant. Chez FAÇONNAGE

13 De manière symétrique à FAÇONNAGE 1 et 2, GLABO 1 et 2 représentent les laboratoires multinationaux ayant respectivement cédé l'un et l'autre des sites de production.

2, les RP ont mis l'accent sur deux domaines : celui de la mutuelle gratuite pour l'ensemble de la famille, et le choix de la convention collective. Concernant cette dernière, un des RP de FAÇONNAGE 2 indique bien que sans résistance, ils ne l'auraient pas gardée. Là où la RH de FAÇONNAGE 1 semble considérer que l'issue de ces renégociations est donnant-donnant, les représentants des salariés estiment au total avoir beaucoup perdu, notamment à travers la suppression de la sixième semaine de congés payés, de jours d'ancienneté ou pour un enfant malade.

Chez LABO, les représentants du personnel ont bien conscience que les pertes sont inévitables. Ils tentent alors de se préparer du mieux possible, en s'appuyant sur la comparaison avec une autre cession déjà opérée par le groupe en 2015, celle d'ACTIF, avec laquelle le RP de LABO continue d'entretenir des liens informels *via* les élus de celle-ci. Cette comparaison est d'autant plus pertinente que le repreneur d'ACTIF a été retenu par le groupe pour rentrer en négociations exclusives pour la reprise de LABO. Ces échanges entre les RP d'ACTIF et ceux de LABO ont notamment permis de pointer deux sujets majeurs concentrant leurs préoccupations : tout ce qui touche à la rémunération (en lien avec la participation notamment) et au temps de travail. Sur ce dernier point, plus encore que les compensations liées au travail de nuit ou de weekend, le RP de LABO craint de voir le nombre d'équipes effectuant les rotations revu à la baisse, dégradant presque mécaniquement les conditions de travail.

II.3. CE QUE LES MOUVEMENTS STRATÉGIQUES FONT AU TRAVAIL

Largement décrit dans la littérature et notamment par Castel (*op. cit.*), le phénomène de « déstabilisation des stables » renvoie à la manière dont les salariés « survivants aux restructurations » (Perez, *op. cit.*) sont affectés par celles-ci. Empruntant la formule de Goussard (2014) sur « ce que les restructurations font au travail », nous cherchons dans cette dernière partie à donner à ce phénomène de déstabilisation un contour plus large, en mesurant ce que les mouvements stratégiques et en particulier les externalisations produisent comme effets sur le travail et les conditions de travail. On peut en effet considérer que puisqu'ils gardent leur emploi, les salariés externalisés sont eux aussi des « survivants ».

En poursuivant un but de réduction des coûts, l'externalisation s'accompagne d'une dégradation de l'organisation du travail et des conditions de travail et d'emploi, liées à l'intensification du travail, à une augmentation soutenue de la charge, mais aussi à une demande accrue de flexibilité (Flecker et Meil, *op. cit.*). Mais plus encore, nous montrons que l'externalisation conduit à la formation d'un cercle vicieux : puisque la dégradation de l'organisation et des conditions de travail propre à la sous-traitance entraine une difficulté croissance des IRP à assurer la représentation du personnel, comment, alors, parvenir à infléchir ces détériorations ? Apparait alors en filigrane le fait que les représentants du personnel se trouvent pris en tenaille entre la nécessité d'opérer les changements nécessaires à la survie de l'usine, au modèle économique fragile (Geymond, *op. cit.*), et la volonté de préserver les conditions de travail.

Chez FAÇONNAGE 1 et 2, les recherches d'économies sont omniprésentes au niveau de l'organisation de la production, en témoigne la mise en place d'une démarche *lean* pour améliorer l'efficience et « tuer tout ce qui est gaspillage, gagner en performance » (RD FAÇONNAGE 2). En visant de la sorte la « performance du collaborateur », le nombre de personnes par ligne se trouve réduit de manière non négligeable comparativement à l'organisation avant la cession, tandis que les départs ne sont pas systématiquement remplacés. Dès lors, le rythme de travail est en forte augmentation : « ils se rendent pas compte à quel point les salariés ils galèrent (…) on a des collègues qui n'arrêtent pas » (RP FAÇONNAGE 2). En outre, les politiques d'optimisation des coûts ne sont pas les seules responsables de l'intensification du travail. Chez FAÇONNAGE 1, l'intensification est liée à l'augmentation de l'activité, celle-ci ayant augmenté de 75 % depuis la reprise du site. Par ailleurs, la diversification de la clientèle au cœur du modèle économique implique non seulement de produire plus au total, mais aussi sous des formes plus segmentées, qui multiplient les temps d'adaptation des machines et réduit les temps de production. Face au développement de ces nouveaux contrats, le RP de FAÇONNAGE 1 pointe une saturation des machines et une tension sur les équipements. Si l'on retrouve chez FAÇONNAGE 2 les causes liées à l'augmentation de l'activité, l'essentiel de l'intensification provient des défauts de qualité, qui désorganisent l'ensemble de la production. En effet, la démultiplication de problèmes de qualité amène à produire dans l'urgence, souvent des petits volumes pour pallier les volumes manquants, ce qui induit une tension croissante pour répondre aux pics d'activité, et là encore une recrudescence des temps de nettoyage.

Cette intensification du travail et l'augmentation de la charge affectent logiquement le temps de travail, en témoigne l'explosion du recours aux heures supplémentaires, celles-ci devenant même imposées. La RH de FAÇONNAGE 1 appelle ainsi de ses vœux une flexibilisation du temps de travail, pour pallier les pics d'activité. En bout de ligne, les conditions de travail s'en trouvent fortement dégradées, ce dont témoignent à l'unanimité des représentants du personnel. Ce constat semble reconnu par la RH, pour qui la revendication principale des IRP toucherait aux conditions de travail.

Face à ces dégradations, les représentants du personnel se plaignent de ne pas réussir à améliorer l'organisation et déplorent que ce fonctionnement dégradé soit devenu la norme, dans un contexte où non seulement l'augmentation de l'activité mais aussi la diversification de la clientèle du site sont les seuls garants de sa pérennité. Ils pointent de surcroît une difficulté à assurer leurs mandats, tout en ayant des postes à responsabilités dans l'entreprise. Les RP sont alors amenés à devoir choisir entre leur carrière et leur rôle de représentants des salariés : parmi les deux RP rencontrés chez FAÇONNAGE 2, l'un a fait le choix d'une rétrogradation, et l'autre a choisi de ne pas se représenter suite à une promotion.

CONCLUSION : LA PERTURBATION DES RELATIONS PROFESSIONNELLES, CAUSE OU CONSÉQUENCE ?

Dans le contexte des groupes, déjà marqué par la segmentation et l'éloignement des centres réels de décision, les mouvements stratégiques agissent de manière à affaiblir encore davantage le rapport de force des salariés, en influençant à la fois le lieu où se tiennent les relations professionnelles et le contenu de celles-ci. En effet, en déformant régulièrement les contours internes et externes à l'entreprise, ces mouvements de fusions-acquisitions, restructurations et externalisations ont en commun de modifier la structuration de la représentation du personnel, dans le sens d'une réduction du périmètre des instances et d'une décentralisation du lieu des relations professionnelles, alors même que les têtes de groupe exercent une influence prépondérante dans les négociations qui se tiennent au niveau de l'entreprise. Nous montrons que ce mouvement de réduction/décentralisation passe notamment par la disparition d'instances centralisées qui ne sont pas remplacées, en lien avec la fragmentation du sentiment d'intérêt commun entre les salariés, leurs représentants jouant ainsi un rôle non négligeable dans le non-remplacement des instances.

En revanche, ces mouvements affectent chacun à leur manière le contenu des relations professionnelles. Nous mettons en évidence le fait que les restructurations et plans de licenciement associés parviennent à vider les relations professionnelles de leurs enjeux en saturant l'espace social, et de leur teneur, par nature conflictuelle, en achetant la « paix sociale ». Dans ce contexte, les négociations d'accompagnement mises en place par les IRP et l'acceptabilité des plans apparaissent comme les deux faces d'une même pièce, l'une et l'autre s'alimentant mutuellement. Les fusions-acquisitions et les externalisations ouvrent la voie à un abaissement des accords en vigueur. *In fine*, nos terrains d'enquête permettent de faire apparaitre que ces trois mouvements stratégiques dégradent le travail et les conditions dans lequel il s'effectue, sans que les IRP soient en mesure de contrebalancer ces détériorations, la dégradation de l'organisation rendant elle-même plus compliquée la représentation du personnel et accentuant encore davantage la problématique.

Considérant ces conséquences bien réelles, peut-on envisager d'inverser la causalité ? Autrement dit, dans quelle mesure ces mouvements stratégiques sont-ils, au-delà de tout déterminant économique, employés aussi comme des leviers d'influence de ce qui (ne) se joue (pas) dans les relations professionnelles ?

Cette question est finalement celle que posent les radicaux américains lorsqu'ils interrogent la nature réelle des déterminants à l'œuvre concernant l'introduction de la division « technique » du travail. D'après ces auteurs, la division du travail caractéristique du système capitaliste ne peut s'expliquer par un degré supérieur d'efficience, mais plutôt par ses fonctions indirectes, représentant un intérêt spécifique pour « ceux qui en décident » (Marglin, 1974 ; Braverman, 1974). Ce questionnement se pose avec d'autant plus d'acuité qu'un ensemble de travaux, bien contemporains, met en évidence le fait que les relations professionnelles sont aujourd'hui surtout structurées par un arsenal de stratégies patronales (Giraud, *op. cit.* ; Pélisse, 2019), le management d'entreprise ayant développé « un ensemble de recettes pour contrôler, limiter, orienter l'action syndicale » regroupées sous la bannière de « gestion du fait syndical » (Yon et Béroud, 2013). Tout particulièrement, Jalette et Barton (2021) montrent comment les directions de groupes multinationaux font varier le périmètre de l'entreprise pour contourner la négociation collective et réduire l'influence des organisations syndicales. Dans quelle mesure les mouvements stratégiques que nous étudions ne s'inscrivent-ils pas dans la droite lignée de ces pratiques ?

Si l'article permet bien d'initier cette réflexion, nous ne disposons d'aucun argument concret pour l'étayer, dans la mesure où les entretiens conduits ne peuvent pas permettre de dévoiler cette intentionnalité. En effet, les représentants de la direction interrogés ne constituent qu'un maillon, local, de la chaîne de décision ; ils sont inclus dans la stratégie d'ensemble, et en cela, ne peuvent pas s'en faire l'écho. Or, de la même manière que les salariés et leurs représentants se trouvent éloignés des centres réels de décision par le jeu même de la segmentation juridique et opérationnelle, les décideurs impulsant réellement ces mouvements semblent rester hors d'atteinte pour le chercheur. Nous ne pouvons qu'inviter d'autres à se saisir de cette réflexion, qui devra d'abord, pour se poursuivre, réussir à s'affranchir de l'obstacle ainsi formulé.

RÉFÉRENCES BIBLIOGRAPHIQUES

Abecassis P., Coutinet N., 2008, « Une approche descriptive des stratégies de F&A et d'alliances des firmes pharmaceutiques », *Journal de Gestion et d'Économie Médicale*, vol. 6, n° 26, p. 317-330.

Abecassis P., Coutinet N., 2018, *Économie du médicament*, Paris, « Repères », La Découverte.

Appelbaum E., 2017, « Domestic outsourcing, rent seeking, and increasing inequality », *Working Paper for David Gordon Memorial Lecture.*

Beaujolin-Bellet R., Bruggeman F., Paucard D., 2006, « Décisions de restructuration et jeux d'acteurs : la construction de l'acceptabilité sociale des licenciements accompagnés de plans sociaux », *Management & avenir*, vol. 3, n° 9, p. 65-81.

Beaujolin-Bellet R., Cornolti C., Kuhn A., Moulin Y., 2007, « L'anticipation partagée des restructurations à l'épreuve des faits », *Travail et Emploi*, n° 109, p. 11-23.

Belis-Bergouignan M.-C., Montalban M., Sakinç E., Smith A., 2014, *L'industrie pharmaceutique. Règles, acteurs et pouvoir*, Paris, La Documentation française.

Berlinski S., 2008, « Wages and contracting out : does the Law of one price hold ? », *British Journal of Industrial Relations*, vol. 1, n° 46, p. 59-75.

Béthoux É., Jobert A., 2012, « L'emploi en débat ? Dynamiques de l'action syndicale dans les entreprises en restructuration », *La Revue de l'Ires*, vol. 1, n° 72, p. 115-144.

Braverman H., 1974, *Labor and Monopoly Capital : The Degradation of Work in the Twentieth Century*, New-York, Monthly Review Press.

Bruggeman F., Gazier B., Paucard D., (2012), « Affronter les restructurations d'entreprise en Europe, propositions pour une démarche unifiée », *La Revue de l'Ires*, vol. 1, n° 72, p. 29-64.

Campinos-Dubernet M., 2003, « Des restructurations discrètes : reconstruire l'emploi face à la mondialisation », *Travail et Emploi*, n° 95, p. 41-57.

Castel R., 1995, *Les métamorphoses de la question sociale, une chronique du salariat*, Paris, Fayard.

Castel N., Delahaie N., Petit H., 2013, « L'articulation des négociations de branche et d'entreprise dans la détermination des salaires », *Travail et Emploi*, n° 134, p. 21-40.

Catel-Duet A., 2007, « Être ou ne pas être : le groupe comme firme unifiée ou comme ensemble de sociétés ? Une approche sociologique », *Droit et Société*, vol. 3, n° 67, p. 615-629.

Contractor F., Kumar V., Kundu S., Pedersen T., 2010, « Reconceptualizing the Firm in a World of Outsourcing and Offshoring : The Organizational and Geographical Relocation of High-Value Company Functions », *Journal of Management Studies*, vol. 8, n° 47, p. 1417-1433.

Coutinet N., Sagot-Duvauroux D., 2003, *L'économie des fusions et acquisitions*, Paris, « Repères », La Découverte.

Didry C., Dupuy C., Giordano D., Simha J., 2021, « Penser les négociations collectives pour penser l'entreprise. Introduction », *Négociations*, vol. 1, n° 35, p. 9-22.

Doellgast V., Sarmiento Mirwaldt K., Benassi C., 2016, « Contesting firm boundaries : Institutions, cost structures, and the politics of externalization », *Industrial and Labor Relations Review*, vol. 3, n° 69, p. 551-578.

Flecker J., Meil P., 2010, « Organisational restructuring and emerging service value chains : implications for work and employment », *Work, Employment and Society*, vol. 4, n° 24, p. 680-698.

Freyssinet J., 2005, « Quels acteurs et quels niveaux pertinents de représentation dans un système productif en restructuration ? », *La Revue de l'Ires*, vol. 1, n° 47, p. 319-336.

Gazier B., Petit H., 2019, *Économie du travail et de l'emploi*, Paris, « Repères », La Découverte.

Geymond M., 2020, « Organisation industrielle, relations sociales et conditions de travail dans la production pharmaceutique – Trois approches complémentaires pour analyser leurs interdépendances », *Thèse de Doctorat en sciences économiques*, Centre d'Économie de la Sorbonne.

Giraud B., 2013, « Derrière la vitrine du "dialogue social" : les techniques managériales de domestication des conflits du travail », *Agone*, vol. 1, n° 50, p. 33-63.

Giraud B., Ponge R., 2016, « Des négociations entravées. Les ressorts ambivalents de l'institutionnalisation de la négociation collective en entreprise », *La Nouvelle Revue du Travail*, n° 8, en ligne.

Goussard L., 2014, « Au-delà de l'emploi, quelle sauvegarde du travail ? Expériences du reclassement dans le cadre d'un PSE "idéal" », *Travail et Emploi*, n° 58, p. 53-67.

Grimshaw D., Rubery J., 2005, « Inter-capital relations and the network organization : redefining the work and employment nexus », *Cambridge Journal of Economics*, vol. 6, n° 29, p. 1027-1051.

Grumbach T., 2010, « La contre-réforme libérale et le droit du travail (II), Capital financier et frontières du salariat », *Les Temps Modernes*, vol. 2, n° 658-659, p. 251-291.

Jalette P., Barton R., 2021, « Stratégies des multinationales pour reconfigurer le périmètre de l'entreprise et l'aire de la négociation collective en Tasmanie », *Négociations*, vol. 1, n° 35, p. 89-105.

Marglin S., 1974, « What do bosses do ? The Origins and Functions of Hierarchy in Capitalist Production », *Review of Radical Political Economics*, vol. 2, n° 6, p. 60-112.

Mias A. Guillaume C., Denis J.-M., Bouffartigue P., 2016, « Vers un "dialogue social" administré ? », *La Nouvelle Revue du Travail*, n° 8, en ligne.

Pélisse J., 2019, « Une grève froide inversée ? Éléments sur les mutations des relations professionnelles dans l'entreprise en France (1968-2018) », *Négociations*, vol. 1, n° 31, p. 61-81.

Perez C., 2014, « La déstabilisation des stables : restructuration financière et travail insoutenable », *Travail et Emploi*, n° 138, p. 37-52.

Pernot J.-M., 2010, *Syndicats : lendemains de crise*, Paris, Gallimard.

Thévenot N. (coord.), Geymond M., Perez C., Perraudin C., Valentin J., 2021, *Entreprise « éclatée » et périmètre de la représentation collective*, Rapport d'études de la DARES, n° 9, septembre.

Van Jaarsveld D., Yanadori Y., 2011, « Compensation Management in Outsourced Service Organizations and Its Implications for Quit Rates, Absenteeism and Workforce Performance : Evidence from Canadian Call Centers », *British Journal of Industrial Relations*, vol. 1, n° 49, p. s1-s26.

Weil D., 2014, *The Fissured Workplace. Why work became so bad for so many and what can be done to improve it ?*, Cambridge, MA : Harvard University Press.

Yon K., Béroud S., 2013, « Réforme de la représentativité, pouvoir syndical & répression. Quelques éléments de réflexion », *Agone*, vol. 1, n° 50, p. 159-173.

ANNEXE
Réorganisations des IRP au fil des déformations des contours de l'entreprise LABO

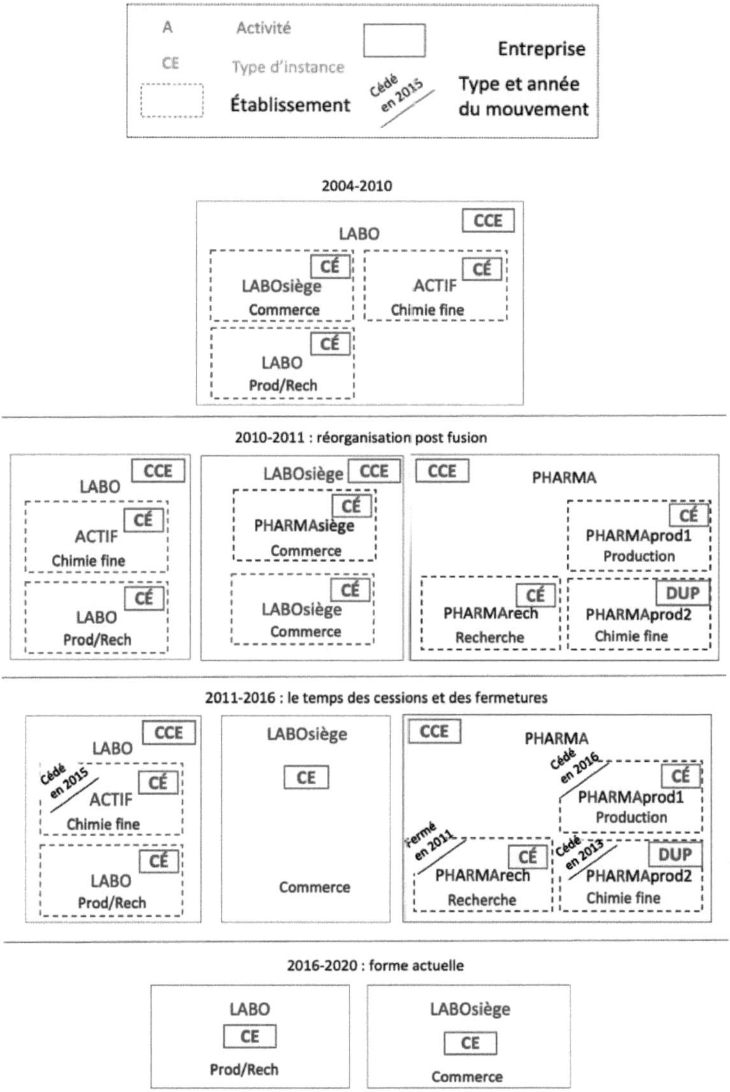

UNE NÉGOCIATION SANS CONTREPARTIE ?

Ethnographie d'un usage patronal de la négociation collective dans une filiale industrielle

Chloé BIAGGI
LABERS,
Université de Bretagne Occidentale
CMH, ENS

Dans les années 2010, de nombreuses négociations se donnant pour objectif de restaurer la compétitivité des entreprises ont été engagées, en France comme dans d'autres pays européens[1]. Les accords d'entreprises dits de concession, souvent justifiés par le contexte de crise économique, se multiplient (Freyssinet, 2013 ; Béthoux *et al.*, 2015 ; Gourgues et Sainty, 2015). Ceux-ci consistent à demander des sacrifices – temporaires ou durables – aux salariés, notamment en matière de temps de travail et de rémunération, en échange d'un engagement de la direction en faveur de l'emploi. Ils s'articulent parfois avec d'autres régulations produites au niveau de la branche ou au niveau interprofessionnel (Spieser, 2013). La capacité des organisations syndicales à obtenir des contreparties au cours de ces négociations est très variable (Spieser, *ibid.* ; Perez *et al.*, 2015). Dans certains cas, l'accord entérine un compromis entre acteurs syndicaux et patronaux au profit du maintien de l'emploi et d'une flexibilité négociée. Dans d'autres configurations, la négociation est plus formelle, et l'accord s'apparente à une forme de concession unilatérale de la part des salariés, imposée par la direction.

1 Dans certains pays, comme en Allemagne, ce type de négociation collective s'inscrit dans une temporalité plus longue. Au cours des années 2000, les syndicats allemands signent plusieurs accords, au niveau des branches et des entreprises, entérinant la modération salariale, en échange d'engagements du patronat en matière de maintien de l'emploi (Hege, 2012).

De ce point de vue, le développement des négociations de concession gagne à être éclairé à la lumière des transformations contemporaines du sens de la négociation collective (Pélisse, 2019). Alors que celle-ci était avant tout un instrument de conquête de nouveaux droits sociaux pour les syndicats, elle est devenue un des outils de gestion au service de la stratégie des entreprises pour renforcer leur compétitivité, donnant lieu à une forme de « dialogue social managérial » (Groux, 2010). Ces changements s'inscrivent dans un contexte de renforcement du pouvoir des propriétaires des entreprises sur les dirigeants au cours des dernières décennies (Bourdieu *et al.*, 2003). Les pressions accrues sur les résultats financiers se traduisent par des politiques de maîtrise ou de réduction des coûts liés au personnel, qui prennent des modalités variées, lesquelles s'articulent parfois[2].

L'usage offensif de la négociation collective par les directions d'entreprises a principalement été étudié dans de grandes entreprises où les relations professionnelles sont institutionnalisées et où les syndicats, malgré les difficultés qu'ils rencontrent, demeurent puissants (Gourgues et Sainty, *op. cit.* ; Carbonell, 2018). Plusieurs éléments laissent à penser que les usages patronaux de la négociation collective sont différents dans des entreprises de plus petite taille. D'abord, les négociations collectives y sont moins fréquentes que dans les grandes entreprises. Ensuite, les représentants du personnel y sont moins bien implantés, et parfois peu autonomes vis-à-vis des équipes de direction. Enfin, les cadres de direction qui prennent en charge les relations professionnelles, dans ce type d'entreprises, sont eux-mêmes moins professionnalisés et disposent de ressources plus limitées pour déployer une stratégie de gestion des relations sociales (Biaggi, 2021).

Pour autant, l'usage offensif de la négociation collective n'est pas l'apanage des grandes entreprises. Quelle forme prend le dialogue social managérial dans les structures de taille réduite ? Cet article propose d'apporter un éclairage à ce sujet, à partir d'une étude ethnographique par observation participante menée, au tournant de l'année 2017, dans la direction des ressources humaines d'une filiale industrielle d'un groupe

2 Ces politiques se traduisent parfois par des diminutions, brutales ou plus discrètes, des effectifs. La compression des coûts passe également par des transformations de l'organisation du travail qui favorisent son intensification, ou encore par la redéfinition des conditions de rémunération des salariés.

finlandais employant 270 salariés, Nilssa France[3]. Elle a été réalisée dans le cadre d'une thèse de sociologie portant sur l'activité de gestion des relations sociales (Biaggi, *ibid.*).

Au moment de l'enquête, Nilssa France connaît un plan de réduction des coûts, sollicité par les dirigeants de la maison-mère et pris en charge par leurs homologues de la filiale française. L'une des facettes de ce plan consiste à supprimer certains avantages supra-conventionnels des salariés. Pour cela, l'équipe de direction de Nilssa France met à profit les négociations annuelles obligatoires (NAO) de l'hiver 2016-2017. La dernière réunion des NAO, en février 2017, aboutit à un accord qui revoit à la baisse plusieurs primes et avantages supra-conventionnels. Dans cet article, je propose d'interroger les conditions et les processus qui rendent possible la signature de cet accord perçu comme très défavorable aux salariés, y compris par certains des délégués syndicaux signataires. Comment les cadres qui pilotent des négociations de concession parviennent-ils à s'assurer de la coopération des syndicalistes qui signent ces accords ? À travers ce questionnement, je me propose d'approfondir la réflexion sur les usages offensifs de la négociation collective par les directions d'entreprises en interrogeant leurs conditions de possibilité.

Après avoir présenté l'entreprise étudiée et le dispositif d'enquête déployé (I), j'analyserai le déroulé concret de la réunion de négociation qui débouche sur l'accord (II). Pour comprendre ce déroulé, il est nécessaire de prêter attention au contexte plus général dans lequel cette négociation s'inscrit. En raison de leur position dans l'organisation et de l'histoire des relations professionnelles de l'usine, les trois délégués syndicaux (DS) sont peu disposés à combattre les orientations de la direction (III). Les élus du comité d'entreprise (CE) du siège, plus revendicatifs, sont exclus du processus de négociation, du fait de tensions avec les délégués syndicaux, largement entretenues par l'équipe de direction (IV). Loin d'être redevable d'une seule explication idéologique, la coopération des délégués syndicaux de la CGT et de la CFDT atteste de leur fragilité et manifeste le déséquilibre profond du rapport de forces, dans une entreprise où le fait syndical est mal reconnu (V).

3 Afin de garantir l'anonymat, les noms de l'entreprise et des personnes citées ont été modifiés.

I. UNE ENQUÊTE ETHNOGRAPHIQUE DANS UNE ENTREPRISE EN PROIE À LA RÉDUCTION DES COÛTS

I.1. LA REMISE EN CAUSE DES STATUTS DU PERSONNEL DE NILSSA FRANCE

Nilssa France est spécialisée dans la production, la vente, l'installation et la maintenance d'équipements spécialisés[4], pour le compte d'entreprises industrielles de divers secteurs et d'administrations. Cette entreprise fait partie d'un groupe dont le capital est détenu par deux familles finlandaises. Créé dans les années 1960 en Finlande, le groupe Nilssa s'est développé par croissance interne et externe au cours des décennies suivantes, en Europe et aux États-Unis. Nilssa France voit le jour en 1990, suite au rachat par le groupe d'une petite société française positionnée sur le même marché. La filiale française est un acteur important du groupe : en 2013, elle représente 11 % de son chiffre d'affaires. En outre, l'usine française est une des plus grandes usines européennes de Nilssa, en termes de nombre de salariés. Au début des années 2010, Nilssa France domine largement le marché français, très fragmenté, loin devant ses deux principaux concurrents.

La position privilégiée de la filiale française est toutefois fragilisée, au moment de l'enquête, par plusieurs éléments. D'abord, les décennies 2000 et 2010 sont marquées par des réorganisations du groupe à l'échelle internationale. Il se développe en Europe de l'Est et surtout en Asie du Sud-Est, où de nombreuses filiales et cinq usines voient le jour en l'espace de dix ans. Parallèlement, les dirigeants de la maison-mère engagent une politique d'intégration des filiales, qui se traduit par une mise en concurrence accrue de ces dernières.

Nilssa France est loin d'être une entreprise déficitaire. Toutefois, après avoir connu une forte croissance au début des années 2000, le chiffre d'affaires de l'entreprise essuie un net recul en 2012 et 2013, avant de se stabiliser au cours des deux années suivantes. Dans le même temps, son taux de marge opérationnelle diminue considérablement[5]. Cette

4 La nature des biens produits n'est pas précisée pour des raisons d'anonymisation.

5 Selon l'expert mandaté par le comité central d'entreprise (CCE), le taux de marge opérationnelle de Nilssa France est passé de 12,1 % en 2010 à 5,1 % en 2013 (compte

dégradation du résultat économique s'inscrit dans un contexte de marché difficile. D'une part, la position de Nilssa France est menacée, à partir des années 2010, par de nouvelles firmes *low-cost* qui conquièrent des parts de marché en développant des stratégies commerciales agressives fondées sur de bas coûts (Gardes, 2019). D'autre part, l'entreprise pâtit des secousses de la crise de 2008, qui a conduit à une baisse des commandes.

Au moment de l'enquête de terrain, l'amélioration des résultats de l'entreprise, en matière de chiffre d'affaires, mais surtout de taux de marge opérationnelle, constitue un *leitmotiv* des dirigeants de Nilssa. Alors que ce deuxième indicateur est d'environ 7 % au moment de l'enquête, l'objectif donné par le groupe consiste à atteindre 13 % en 2017[6]. Pour améliorer les résultats de l'entreprise, la réduction des coûts salariaux constitue la pierre angulaire de la stratégie du groupe. À cette fin, une nouvelle équipe de direction de la filiale française est peu à peu constituée. Entre 2013 et 2017, une nouvelle directrice des ressources humaines (DRH), puis un directeur administratif et financier (DAF) et un directeur général (DG) spécialisés dans la réduction des coûts sont recrutés par Nicholas, le président de la filiale française, qui est aussi un haut responsable du groupe et qui est lié familialement à l'un des actionnaires. Laurent, le nouveau DG de Nilssa France, ingénieur de formation, se présente à moi comme un « redresseur d'entreprise ». Au cours de sa carrière de DG à l'international, il s'est peu à peu spécialisé dans l'administration de firmes en situation difficile et où les relations sociales sont conflictuelles.

Nilssa France réalise 60 millions de chiffre d'affaires et compte 270 salariés, répartis sur deux sites : un siège, situé à Clichy, qui regroupe les équipes commerciales et administratives, et une usine, située dans un village picard de 1 500 habitants. Près de 170 salariés travaillent dans cet établissement, dont environ 90 dans trois ateliers de production. L'entreprise est couverte par des instances représentatives du personnel (IRP). Trois syndicats – la CGT, la CFDT et la CFE-CGC – sont présents à l'usine. En revanche, les élus du personnel du siège ne sont pas syndiqués (*cf.* TAB. 1).

---

rendu du CCE, 12/2014). Ces chiffres doivent bien sûr être considérés avec prudence. La production et l'interprétation des résultats officiels de l'entreprise sont en effet le fruit de négociations et de luttes entre différents acteurs (Lomba, 2008 ; Beaujolin-Bellet et Schmidt, 2012).

6 Journal de terrain, CCE, siège, 8/12/2016.

TAB. 1 – Composition du salariat, syndicats représentés et résultats aux élections professionnelles de Nilssa.

<table>
<tr><th></th><th>Composition du salariat (hors intérimaires) au 31/12/2015</th><th>Syndicats représentés et résultats des dernières élections (2015 au siège et 2016 à l'usine)</th></tr>
<tr><td>Siège</td><td>97 salariés :
2 employés
57 techniciens
38 cadres</td><td>Aucun syndicat.
IRP : Comité d'entreprise (CE) (4 titulaires ; 4 suppléants) ; Délégués du personnel (DP) (3 titulaires ; 3 suppléants) ; Comité d'hygiène, de sécurité et des conditions de travail (CHSCT) (3 membres élus).</td></tr>
<tr><td>Usine</td><td>168 salariés :
76 ouvriers
24 employés
46 techniciens et agents de maîtrise (TAM)
22 cadres</td><td>CFDT : 8 élus à la délégation unique du personnel (DUP)
<table>
<tr><th></th><th>Collège 1 – ouvriers et employés</th><th>Collège 2 – cadres et TAM</th></tr>
<tr><td>Titulaires</td><td>4</td><td>0</td></tr>
<tr><td>Suppléants</td><td>2</td><td>2</td></tr>
</table>
CGT : 7 élus à la DUP
<table>
<tr><th></th><th>Collège 1</th><th>Collège 2</th></tr>
<tr><td>Titulaires</td><td>2</td><td>2</td></tr>
<tr><td>Suppléants</td><td>1</td><td>2</td></tr>
</table>
CFE-CGC : 2 élus à la DUP
<table>
<tr><th></th><th>Collège 1</th><th>Collège 2</th></tr>
<tr><td>Titulaires</td><td>0</td><td>2</td></tr>
<tr><td>Suppléants</td><td>0</td><td>0</td></tr>
</table>
</td></tr>
</table>

TAB. 2 – Principaux représentants du personnel à l'usine de Nilssa en 2016-2017.

Délégués syndicaux
Renaud (CFDT), chef d'équipe de production, DS et élu suppléant de la DUP
Bernard (CGT), cadre du service informatique, DS et élu suppléant de la DUP
Alain (CFE-CGC), responsable de la production et de la maintenance, DS et élu de la DUP
Autres représentants
Sylvain (CGT), technicien du service méthodes, secrétaire de la DUP
Nicolas (CFE-CGC), responsable du service QHSE, DS adjoint CFE-CGC et trésorier de la DUP

Le personnel de Nilssa relève de la convention collective de la chimie, qui est plutôt avantageuse au regard d'autres branches professionnelles, notamment en matière de rémunération. Or, les salariés français de Nilssa bénéficient d'une politique salariale plus favorable que celle prévue par la convention collective. En effet, avant son rachat par Nilssa, l'entreprise a appartenu, des années 1950 au début des années 1990, à un grand groupe français, fleuron de l'industrie nationale. Par un engagement unilatéral de l'entreprise, la direction de l'époque a instauré des statuts du personnel toujours en vigueur au moment de l'enquête. Ces statuts prévoient un salaire minimal supérieur à celui de la convention collective et introduisent des primes supra-conventionnelles. Ils instituent des dispositions plus favorables que la convention collective en matière de temps de travail, de paiement des appointements en cas de maladie ou d'accident du travail, et de retraite complémentaire.

À partir de 2013, les acquis sociaux des salariés de Nilssa France sont toutefois remis en cause par la politique de réduction des coûts du personnel, qui prend des formes variées. Elle passe notamment par des remises en cause discrètes d'usages en matière de gestion du personnel, favorisées par l'individualisation des pratiques de GRH, ainsi que par un durcissement des pratiques d'administration du personnel, en matière de retards, d'accidents et d'absences (Biaggi, *op. cit.*). Elle se traduit également par un projet plus général de révision des statuts du personnel porté par l'équipe de direction française. C'est dans ce contexte particulier qu'ont lieu les NAO étudiées dans cet article.

Ces remises en cause des avantages relatifs des salariés ne vont pas sans susciter des tensions dans l'entreprise. Une partie des représentants du personnel – les élus du CE du siège – s'y opposent vigoureusement. Le projet de dénonciation des statuts du personnel, annoncé par la direction un an avant l'enquête de terrain, a donné lieu à une menace des élus d'enclencher une procédure de droit d'alerte économique[7]. Dans ce contexte, l'équipe de direction française tente de se rapprocher des délégués syndicaux de l'usine, perçus comme moins revendicatifs. Sa stratégie consiste à négocier un accord avec ces derniers entérinant une révision à la baisse des statuts du personnel, afin de légitimer cette décision controversée.

I.2. UNE ENQUÊTE PAR OBSERVATION PARTICIPANTE AU CŒUR DE LA DIRECTION DES RESSOURCES HUMAINES

L'enquête à Nilssa a pris la forme d'un stage de trois mois réalisé, à découvert[8], dans le service de gestion des ressources humaines (GRH) du siège. De décembre 2016 à mars 2017, j'ai observé directement les pratiques des membres du service et leurs interactions avec les autres salariés et les représentants du personnel, dans le quotidien des relations de travail, mais aussi lors d'une réunion de NAO et de cinq réunions des IRP de l'entreprise[9]. J'ai également réalisé des entretiens (n = 26) avec les salariés du service de GRH, les membres du comité de direction ainsi que des représentants du personnel du siège et de l'usine. Enfin, des comptes rendus de réunions des IRP et des NAO (n = 382) des dix années précédant l'enquête ont été consultés.

L'ethnographie des services de GRH a très peu été pratiquée en sciences sociales, à l'exception du travail de Marlène Benquet (2013a) dans un groupe de la grande distribution. Elle présente pourtant de

7 Lorsque le CCE – aujourd'hui le CSE – a connaissance de faits « de nature à affecter de manière préoccupante la situation économique de l'entreprise », il peut demander à l'employeur de lui fournir des explications : c'est le droit d'alerte économique. Cette demande est inscrite de droit à l'ordre du jour de la prochaine réunion de l'instance. Si les élus n'ont pas obtenu de réponse suffisante de l'employeur ou si celle-ci confirme le caractère préoccupant de la situation, il établit un rapport, qui est transmis à l'employeur et au commissaire aux comptes.

8 L'enquête a été réalisée à découvert au sens où mon statut de doctorante en sciences sociales était connu par la DRH qui m'a embauchée en tant que stagiaire dans son service et par les autres salariés de l'entreprise, y compris les représentants du personnel. Pour plus de précisions sur les conditions de cette enquête ethnographique, voir Biaggi (*ibid.*).

9 Ces observations ont été consignées quotidiennement dans un journal de terrain.

grands avantages pour appréhender les pratiques de gestion du personnel en train de se faire, notamment en contexte de réduction des coûts, et les modalités concrètes de gestion des relations sociales. L'entrée par la direction des ressources humaines m'a permis d'observer des réunions des IRP et de négociation, dont l'accès est plus délicat à partir de terrains portant sur les représentants syndicaux (Gassier et Giraud, 2020). Par rapport à une enquête par entretiens, l'observation directe permet d'ouvrir la boîte noire de la négociation collective (Gantois, 2016), et d'analyser de manière plus fine et détaillée les dynamiques des interactions qui aboutissent à un accord d'entreprise.

II. UNE NÉGOCIATION À PERTE ?

II.1. UN ACCORD TRÈS PROCHE DE LA PROPOSITION INITIALE DE LA DIRECTION

Au moment où commence l'enquête de terrain, en décembre 2016, les réunions de NAO ont débuté depuis près de deux mois. Elles ont pris un tour conflictuel : la première proposition de la direction, qui consiste à allonger le temps de travail sans contrepartie, provoque une grève dans l'atelier tôlerie à la fin du mois de novembre 2016. Lors des semaines suivantes, les négociations s'enlisent, du fait de désaccords internes entre les membres de la direction.

Le processus de négociation reprend au début du mois de février. Les réunions de NAO sont pilotées par le nouveau DG de la filiale, Laurent, qui a pris son mandat en janvier, et par la DRH, Solène. J'ai eu l'occasion d'observer la dernière de ces réunions de NAO, qui a abouti à un accord avec les trois délégués syndicaux, le 23 février 2017. Pour comprendre le processus par lequel l'équipe de direction obtient l'accord des délégués syndicaux, il est utile de prêter attention au déroulé concret de cette réunion finale de négociation, dont l'étude constitue souvent un angle mort de la sociologie des relations professionnelles (Franke, 2015).

Du côté des représentants des organisations syndicales, les négociations impliquent trois salariés travaillant à l'usine, Alain, Renaud et Bernard, respectivement délégués syndicaux de la CFE-CGC, de la CFDT et de la CGT. Sylvain, le secrétaire CGT de la DUP, participe également à la séance en tant qu'observateur (*cf.* TAB. 2).

L'accord issu de la négociation fixe les augmentations individuelles et générales à 0,5 % chacune. Il entérine aussi une révision à la baisse des avantages des salariés. Cet accord est confirmé et prolongé quelques mois plus tard par un « accord d'entreprise sur le statut du personnel », signé le 9 mai 2017, qui supprime d'autres avantages octroyés par les anciens statuts du personnel.

TAB. 3 – Modifications introduites dans les statuts du personnel par les NAO de 2017.

	Proposition initiale de la direction (réunion du 23/2/2017)	**Accord trouvé en fin de réunion**
Augmentation des salaires	Augmentation générale : 0,5% Augmentations individuelles : 0,5%	*Idem* *Idem* Prime exceptionnelle de 216€ en fin d'année si les objectifs (taux de marge opérationnelle) sont atteints. Accord informel non inscrit dans l'accord de NAO.

Disposition des statuts du personnel	**Proposition initiale de la direction (réunion du 23/2/2017)**	**Accord trouvé en fin de réunion**
Conditions de rémunération		
« Prime familiale de vacances » (annuelle) (82 € par enfant)	Suppression	*Idem*
« Prime de vacances »	Légère réduction (500 € plutôt que 516 €)	*Idem*
« Prime d'assiduité » (mensuelle)	La prime est supprimée pour l'ensemble du personnel sauf les ouvriers de production.	*Idem*. Pour les ouvriers, le montant de la prime n'est plus indexé à la masse salariale, mais fixé à 30 € par mois. La prime est mensualisée.

Temps de travail, congés		
« Congés payés supplémentaires » (jours d'ancienneté)	Le nombre de jours de congés supplémentaires est diminué pour les cadres, qui perdent un ou deux jours par an selon leur ancienneté.	*Idem*

La négociation se solde donc par une diminution des avantages sociaux des salariés. Surtout, l'accord auquel les protagonistes parviennent au terme de trois heures de réunion est extrêmement proche de la proposition initiale de la direction (*cf.* TAB. 3). La seule contrepartie obtenue par les délégués syndicaux concerne la mensualisation de la prime d'assiduité pour les ouvriers de production, ainsi que la promesse d'une prime exceptionnelle de 216 € en fin d'année si les objectifs financiers sont atteints.

L'animation de la négociation est principalement assumée par le DG, Laurent, qui formule la majorité des propositions et répond aux arguments des représentants. Dès les premières minutes de la réunion, le DG présente une première proposition (*cf.* TAB. 3). À l'exception d'Alain, le DS de la CFE-CGC, les représentants du personnel rejettent cette dernière. Sylvain et Bernard, les représentants de la CGT, se montrent les plus combatifs. Le premier s'indigne qu'« on s'attaque au pouvoir d'achat du personnel ». Il interpelle le DG, en lui demandant comment il réagirait si on lui demandait de diminuer son propre salaire. L'autre registre argumentatif mobilisé par les délégués – à l'exception d'Alain – consiste à mettre l'accent sur les risques de conflit social. « Dans votre plan, vous avez pensé à la future grève ? », demande par exemple Renaud (DS CFDT) aux dirigeants.

En revanche, les délégués syndicaux n'énoncent pas de revendications et font très peu de propositions. L'une des seules contre-propositions de la réunion est formulée par Renaud après une heure de réunion. Elle suscite cependant les protestations de ses collègues.

Journal de terrain, réunion de NAO, 23/02/2017

Laurent invite les élus à exprimer « ce qu'ils proposent ». Renaud suggère de porter la prime de vacances à 600 euros, et d'abandonner en contrepartie l'augmentation générale. Cette proposition fait réagir Bernard et Sylvain, les représentants de la CGT. Ce dernier dit : « non, tout le personnel non-productif [c'est-à-dire en dehors du personnel de production] perd sa prime d'ancienneté, donc la générale, tu leur laisses. C'était la seule chose positive ». Laurent reprend alors la main et propose aux élus d'arbitrer entre deux possibilités : fixer la prime de vacances à 300 € et conserver les augmentations générales et individuelles (de 0,5 % chacune), ou porter la prime à 600 euros en renonçant aux augmentations. Il provoque une suspension de séance pour laisser les délégués en discuter.

L'extrait cité montre comment le DG tente de garder la main sur le déroulé de la négociation, en cadrant le débat autour du choix binaire, de la part des délégués, entre deux propositions de la direction. Il montre aussi que les délégués syndicaux ont des prises de position différentes. Celles-ci gagnent à être mises en regard avec leur appartenance syndicale, mais aussi avec leur position respective dans l'entreprise. Sylvain, secrétaire CGT de la DUP, se montre soucieux de défendre les intérêts des « indirects », c'est-à-dire des salariés administratifs et techniques qui ne travaillent pas en production, dont il fait partie. Sans prétendre représenter l'ensemble du salariat intermédiaire, Renaud (CFDT) s'interroge lors de la réunion sur les effets qu'aurait la suppression de la prime d'assiduité sur sa propre rémunération : « Moi, je suis chef d'équipe. Avec la suppression de la prime de présence, je vais re-passer à un salaire d'ouvrier », déplore-t-il. Tandis que Sylvain et Bernard, qui représentent la CGT, s'érigent en porte-parole des « petits salaires » et insistent sur les augmentations générales lors de la réunion, Alain (CFE-CGC) et Renaud (CFDT), qui occupent des positions de chefs de service, entendent privilégier les augmentations individuelles.

Après une deuxième suspension de séance, le DG formule la proposition suivante : en plus des 300 € de primes de vacances, des 30 € de primes d'assiduité pour les ouvriers et des 1 % d'augmentation salariale, il promet d'ajouter un « bonus » de 216 € par salarié, qui sera versé à Noël si l'objectif de marge opérationnelle est atteint. Il explique que, « pour des raisons d'image » vis-à-vis de la maison-mère, l'accord sur cette prime sera signé séparément de celui des NAO. Suite à cette nouvelle proposition, Renaud, le délégué syndical de la CFDT, tente de négocier une augmentation de la prime d'assiduité. Toutefois, Alain, le DS de la CFE-CGC, met fin au débat en donnant son accord.

Journal de terrain, réunion de NAO, 23/02/2017

À la suite de la proposition du DG, Renaud (CFDT) demande : « vous ne pourriez pas faire un petit peu plus, sur la prime d'assiduité ? J'ai le stylo, là... ». Alain le coupe : « oui, mais c'est plus avantageux pour le personnel, parce que maintenant, c'est mensualisé ». Bernard remarque : « oui, enfin maintenant, ce ne sera que pour les directs [c'est-à-dire les ouvriers de production] ». Laurent intervient : « c'est un petit plus pour les directs, et vous avez déjà gagné 216 € ».
Renaud : On ne peut pas dire qu'on a gagné...
Laurent : On y va comme ça ?
Renaud : Il faut qu'on y réfléchisse...
Solène : Je croyais que vous aviez le stylo...
Alain dit finalement : « bon, ça me paraît acceptable ». Les deux autres délégués le suivent alors. Ils se mettent d'accord avec Solène sur les conditions concrètes de ratification de l'accord et les modalités de communication des résultats de la négociation aux salariés. Puis Laurent conclut : « Bon courage pour faire passer ça aux équipes [*Sylvain a un petit rire ironique.*] On est avec vous, on vous soutient. Il y a plein de bonnes choses dans cet accord. [*Silence.*] Et à mon avis, ceux qui ne sont pas contents, ils n'ont rien à faire chez Nilssa. [*Silence.*] »

Une fois qu'Alain a donné son accord, les deux autres délégués syndicaux lui emboîtent le pas. Plusieurs éléments permettent d'en rendre compte. D'une part, dans la dynamique de négociation, il est plus difficile de continuer de s'opposer quand un délégué a donné son accord. D'autre part, Alain, le délégué syndical de la CFE-CGC, jouit d'un pouvoir symbolique, lié à son statut de responsable de la production. Il est d'ailleurs le supérieur hiérarchique direct de Renaud, le délégué syndical de la CFDT.

II.2. UNE NÉGOCIATION SUR FOND DE CRAINTE POUR L'EMPLOI, CONDUITE PAR DES DÉLÉGUÉS SYNDICAUX PEU COORDONNÉS

Le résultat de la négociation est très mal accueilli par les salariés. Son annonce conduit d'ailleurs à un débrayage immédiat à l'usine, dont le foyer est à l'atelier tôlerie. Pourquoi les délégués syndicaux ont-ils accepté un tel accord ? L'analyse de la réunion de négociation permet de dégager deux principaux éléments d'explication.

Tout d'abord, les délégués syndicaux sont peu préparés et coordonnés. Ils n'ont pas préparé de contre-projet en amont de la réunion. Le manque de cohésion des délégués syndicaux lors de cette séance de négociation a pour effet d'affaiblir leurs positions. Lorsque Sylvain (CGT) insiste sur les risques de conflit social que prend la direction avec un projet d'accord très défavorable aux salariés, Alain, le délégué syndical de la CFE-CGC relativise ce risque, estimant qu'il est limité à un seul des trois ateliers de production.

Journal de terrain, réunion de NAO, 23/02/2017

> Alors que Sylvain souligne que le personnel est mécontent de la suppression de la prime d'intéressement intervenue quelques mois plus tôt, Alain le contredit : « l'intéressement, c'est digéré. Tout le monde l'a digéré. Sauf peut-être en tôlerie. Il y a une grande gamelle, à la tôlerie, toutes les poussées de fièvre viennent de là ». Sylvain réagit : « Non, à l'atelier E, ils attendent de voir le résultat de la négo, mais c'est le même état d'esprit [qu'à la tôlerie] ». Solène, la DRH, informe alors les DS que les ouvriers de la tôlerie vont bénéficier d'une enveloppe d'augmentations individuelles pour atteindre « les prix du marché ». Elle se renseigne auprès d'Alain sur « la grande gamelle » dont il est question (« c'est quoi, c'est une personne, un meneur ? »). Le DS lui donne le nom de deux meneurs supposés, un « qui a un mauvais esprit », et l'autre pour qui « c'est une question de reconnaissance ». Alain suggère à Solène de « revoir l'intitulé de poste » de l'intéressé et de le faire bénéficier d'une augmentation individuelle.

Cet extrait atteste de la manière dont l'équipe de direction entend mettre à profit les clivages internes au personnel de l'usine pour miner les contestations possibles de l'accord à venir. Comme les grèves viennent le plus souvent de l'atelier tôlerie et que les ouvriers de ce service jouissent d'un rapport de forces favorable en raison de la pénurie d'ouvriers qualifiés en chaudronnerie et en soudure, Solène entend étouffer la contestation en accordant des augmentations individuelles à cette catégorie de personnel.

Les propositions que font les élus suite à la première interruption de séance témoignent d'une combativité modérée. La proposition la plus haute vient de Renaud, qui demande de rehausser l'augmentation individuelle de 0,2 point et la prime annuelle de vacances de 300 euros. Un peu plus tard, il suggère aussi de mensualiser la prime d'assiduité.

Journal de terrain, réunion de NAO, 23/02/2017

> Lorsque Renaud propose de mensualiser la prime, Laurent réagit du tac au tac : « que pour les directs [c'est-à-dire les ouvriers de production] ? » Renaud répond : « on s'est fait à l'idée qu'il n'y aura pas de prime d'assiduité pour les indirects ». Le débat s'oriente alors sur le montant de ladite prime. Bernard et Sylvain réclament 70 euros, tandis que Solène en propose 50.

Le montant de la prime d'assiduité évoqué par Solène, qui ne sera plus débattu par la suite, est supérieur à celui qui est finalement ratifié en fin de réunion. Au cours de la séance, les représentants des salariés ne prennent quasiment pas de notes et ne s'appuient sur aucun document, ce qui rend malaisés le suivi et la comparaison des différentes propositions de la direction. À la lecture de mes propres notes, je m'aperçois que les représentants de la direction ont formulé, à deux reprises, des propositions plus favorables que celles qui ont été arrêtées dans l'accord.

Au-delà de la préparation de la réunion proprement dite, les délégués syndicaux sont peu rompus à l'exercice de la négociation. Par exemple, lorsque Solène demande aux délégués de confirmer que « les gens ne s'attendent pas à une augmentation générale », Renaud (CFDT) et Alain (CFE-CGC) acquiescent. Cela donne prise au DG pour discréditer ensuite la revendication en question : « si les équipes s'attendent à 0, pour le vendre, vous pouvez dire que vous avez gagné 0,5 % », avance-t-il.

Le deuxième élément qui permet d'expliquer la dynamique de cette réunion de négociation est la crainte pour l'emploi manifestée par les délégués. Pour justifier le projet de la direction, Laurent insiste sur la nécessité d'améliorer le taux de marge opérationnelle pour atteindre les niveaux de performance attendus par le groupe. Il relativise la diminution des avantages des salariés de Nilssa, au regard de ce qui se pratique dans d'autres entreprises industrielles. Le ton du DG se fait parfois menaçant. Par exemple, quand les délégués arguent du risque de conflit social, il répond avec fermeté : « s'ils font grève juste pour ça, je vais changer de propos… ce ne sera pas la même stratégie ». L'ombre de la menace d'un licenciement collectif plane sur la négociation collective. En effet, Laurent affirme aux délégués que la révision des statuts du personnel constitue la seule issue pour redresser la situation économique et éviter un licenciement collectif. « Si l'OP [*operating profit*, le taux de marge opérationnelle] était à 2 %, on parlerait de licenciement – je le sais, ça fait dix ans que je fais du redressement d'entreprise – donc estimez-vous heureux ! », avance le DG. Travaillant dans une petite commune rurale où Nilssa est le principal employeur[10], les délégués

10 En 2017, sans compter les emplois intérimaires, l'entreprise représente 170 des 400 emplois du village. Source : INSEE, « Dossier complet. [Nom de la commune] ».

syndicaux redoutent un plan de licenciement collectif, d'autant que de nombreux salariés ont une ancienneté importante dans l'usine et un faible niveau de diplôme.

La négociation observée semble donc bel et bien être une négociation à perte pour les salariés. Elle sonne au contraire comme une victoire pour le DG et la DRH de Nilssa. Si ceux-ci insistent, face aux délégués syndicaux, sur leur solidarité avec le personnel – « Solène se bat pour vous tous les jours [face à la maison-mère] », affirme Laurent – l'issue de la négociation collective constitue pour eux une source de valorisation professionnelle. Dès le lendemain, le président de la filiale française, Nicholas, un haut cadre du groupe, félicite Solène pour son travail.

<u>Journal de terrain, bureau de Solène, 24/02/2017</u>

> Solène échange sur Skype avec Nicholas. Ce dernier demande comme s'est passée la réunion de NAO de la veille. Solène lui répond avec enthousiasme : « *extremely well ! We have a deal with the trade unions. We remove most of "statuts du personnel"* ». Le président de la filiale lui répond : « *Well ! Well done.* »

Comment interpréter l'attitude des représentants syndicaux de la CGT et de la CFDT, qui suivent finalement l'avis d'Alain (CFE-CGC) et signent l'accord ? Traduit-elle une forme de consentement, ou signale-t-elle plutôt « l'apathie » des délégués syndicaux (Bajoit, 1988) ? Qu'est-ce qui explique l'absence de représentants du siège lors de cette négociation qui concerne l'ensemble de l'entreprise ? Pour éclairer les enjeux de la réunion de négociation observée, il est utile de prêter attention aux trajectoires et aux positions occupées par les délégués syndicaux dans l'organisation, ainsi qu'à l'état des relations professionnelles à l'usine au moment de l'enquête.

III. DES REPRÉSENTANTS SYNDICAUX PEU DISPOSÉS À CONTESTER LA PAROLE DE LA DIRECTION

III.1. DES DÉLÉGUÉS ISSUS DES FRANGES INTERMÉDIAIRES ET SUPÉRIEURES DU SALARIAT

Selon le directeur industriel, à l'usine, la conflictualité est moins portée par les délégués syndicaux que par les ouvriers de l'atelier tôlerie, qui bénéficient d'un rapport de forces favorable du fait de la pénurie de main-d'œuvre. Une partie du personnel de l'usine reproche d'ailleurs aux délégués syndicaux d'être trop proches de la direction.

Cette situation gagne à être éclairée à la lumière de la position que les délégués syndicaux occupent dans le collectif de travail. Alors que les ouvriers et les employés sont majoritaires parmi les personnels de l'usine, deux des délégués syndicaux sont cadres, et le dernier est agent de maîtrise. Alain, le DS de la CFE-CGC, est un des plus hauts responsables de l'usine : il dirige l'ensemble des services de production et de maintenance. À l'usine comme dans d'autres établissements caractérisés par une faible tradition syndicale (Giraud et Signoretto, 2021), la représentation est accaparée par des salariés occupant des positions dominantes dans les rapports de production. La place de ces délégués dans l'organisation les conduit à accepter davantage les plans de réduction des coûts portés par la direction (Sorin, 2018, p. 42). La « compréhension » des contraintes budgétaires constitue même le support, aux yeux de certains d'entre eux, de stratégies de distinction vis-à-vis du salariat subalterne. « En tant que cadres et techniciens, c'est des choses qu'on peut comprendre », me confie par exemple Sylvain, technicien et secrétaire CGT de la DUP, au sujet de la nécessité affirmée par le DG de réduire les acquis sociaux pour atteindre les objectifs fixés par les actionnaires finlandais.

III.2. UNE REPRÉSENTATION DU PERSONNEL FAÇONNÉE PAR DES STRATÉGIES PATRONALES DE REMODELAGE DU PAYSAGE SYNDICAL

La combativité modérée des délégués syndicaux s'explique aussi par le faible ancrage des syndicats à l'usine. L'implantation de la CGT, de la CFDT et de la CFE-CGC à Nilssa est superficielle. Ces trois sections comptent très peu d'adhérents, et n'ont aucune activité en dehors des périodes électorales. Les délégués syndicaux ont un rapport assez désinvesti à leur mandat, auquel ils consacrent peu de temps et d'énergie. Ils sont peu formés[11], et peu expérimentés dans le domaine de la négociation. Ils n'ont pas de liens avec les représentants du personnel des autres entreprises du groupe. Le travail de représentation institutionnelle, qui prend de manière générale une place croissante dans l'activité des syndicalistes (Giraud, 2015), constitue leur unique activité syndicale.

Cette atonie de la vie syndicale à l'usine doit être interprétée à la lumière de l'histoire des relations professionnelles à Nilssa. Alors que ces dernières étaient peu conflictuelles dans les années 2000, elles se sont trouvées reconfigurées par la création d'une section de la CGT par une technicienne de l'usine, Annick, en 2009. Cette dernière, qui a développé une action syndicale contestataire, a quitté l'entreprise en 2015, après avoir porté plainte pour discrimination et entrave à l'action syndicale en raison des intimidations dont elle a fait l'objet (Biaggi, *op. cit.*). Depuis, la section de la CGT n'a presque plus d'activité. C'est à la demande d'Annick, isolée dans son travail de représentation, que Sylvain, un de ses collègues du service des méthodes, a accepté de se présenter, en 2013, sur la liste de la CGT. L'élu m'indique qu'« aujourd'hui, avec le recul » il aurait préféré se syndiquer à la CFDT, qui correspond davantage à ses orientations politiques. À la suite des dernières élections, il a également consenti, malgré lui, à devenir secrétaire de la DUP, car personne ne voulait prendre cette « charge ». Sylvain considère son engagement de représentant du personnel comme un « héritage » d'Annick, avec qui il « s'entendait super bien ». Toutefois, il ne se considère pas comme un « vrai militant » : « nous, on est des syndicats, mais on n'est pas des vrais syndicats, parce qu'on n'est pas des militants. On avait une militante, Annick, et on l'a sortie, elle s'est fait harceler ».

Cette remarque de Sylvain suggère combien la répression antisyndicale met à rude épreuve la transmission de l'engagement militant. Après le départ d'Annick, les élus CGT ont d'ailleurs eu de la peine à trouver un volontaire pour reprendre le mandat de délégué syndical. Bernard, un cadre du service informatique qui doit partir à la retraite

11 Alain, en tant que délégué syndical de la CFE-CGC, a néanmoins suivi une formation organisée par la fédération de la chimie sur le rôle de délégué syndical.

quelques mois plus tard, a finalement accepté de représenter la CGT lors des réunions de NAO de la fin de l'année 2016.

Le déroulé de la négociation gagne également à être éclairé à la lumière de l'histoire des deux autres organisations syndicales, la CFE-CGC et la CFDT. L'observation de la réunion suggère une grande proximité du délégué syndical de la CFE-CGC, Alain, avec l'équipe de direction. En effet, l'implantation de la CFE-CGC et de la CFDT est le fruit d'une stratégie de modelage de la représentation professionnelle, initiée par les dirigeants à partir de 2011. Dans le contexte de l'activisme syndical de la section CGT, le DG de l'époque, conseillé par l'Union des Industries Chimiques (UIC), prend le parti d'encourager des organisations syndicales concurrentes, comme il me l'explique en entretien :

> Quand il y a eu cet entraînement de la CGT, on a pris des conseils auprès de l'UIC, et on nous a dit : « attendez, vous rigolez, ils ont le champ libre. Donc aux prochaines élections, faites-en sorte d'avoir deux ou trois syndicats. » (...) L'UIC nous a dit : « (...) Faites émerger deux autres syndicats. »

En 2011, une section CFE-CGC est montée par des membres de l'encadrement considérés comme particulièrement loyaux à l'égard de la direction. À l'usine, deux cadres, Alain et Nicolas, se présentent sur la liste CFE-CGC, à la demande du directeur du site de l'époque. Nicolas, qui se présente comme un homme de droite et d'ordre, *a priori* méfiant vis-à-vis du syndicalisme, me confie en entretien que leur motivation première consistait alors à faire barrage à la déléguée syndicale de la CGT.

Lors des élections professionnelles de 2011, le directeur de l'usine soutient également la création d'une liste CFDT. L'actuel délégué syndical de cette organisation, Renaud, se présente pour la première fois à cette occasion. Bien que n'étant pas « pro-syndicat », il accepte de figurer sur la liste, dirigée par un cadre de direction, afin de « contrer la personne de la CGT [Annick] qui était assez autoritaire et qui mettait un peu le foin ». Ouvrier très investi dans son travail, Renaud est considéré à l'époque comme un bon élément par sa hiérarchie.

Si des pratiques de contrôle de l'encadrement en période d'élections professionnelles ont été documentées dans d'autres entreprises (Carbonell, *op. cit.*), elles prennent à Nilssa des formes particulièrement flagrantes. La tenue des élections professionnelles de 2011, à l'usine, est perturbée par des pressions de la part de la direction sur les salariés. Une ouvrière de production raconte par exemple que « la direction s'était mise en troupeau, ils accueillaient les ouvriers, ils leur disaient pour qui voter ».

Comme escompté par l'équipe de direction, ces élections conduisent à briser le monopole de la CGT sur la représentation professionnelle à l'usine, au profit de la CFE-CGC et de la CFDT. À l'usine, les acteurs principaux de ces deux syndicats, Alain, Nicolas et Renaud, ont tous trois bénéficié de promotions dans les années suivant leur prise de mandat[12]. Si rien n'autorise à établir un lien causal simple entre ces deux éléments, ces faits attestent à tout le moins d'une forme de dédoublement de la gestion du fait syndical (Chappe *et al.*, 2019). L'engagement à la CFE-CGC et à la CFDT n'a pas nui à la progression de carrière des intéressés et n'a pas dégradé leurs relations avec leur hiérarchie, contrairement à l'activisme d'Annick. Cette pente de carrière ascendante ne prédispose pas Alain (CFE-CGC) et Renaud (CFDT) à adopter une posture très combative lors des réunions de NAO.

Les pratiques consistant à appuyer ou produire des interlocuteurs syndicaux alternatifs pour contourner une organisation syndicale contestataire sont bien connues (Hatzfeld, 2016 ; Rouxel, 2019). Elles sont favorisées par les réformes successives qui ont encouragé, depuis les années 1980, le développement de la négociation collective au niveau de l'entreprise[13] : ces dernières incitent les dirigeants d'entreprises à composer avec le fait syndical et donc à produire une représentation ajustée à leurs attentes (Yon et Béroud, 2013). Les stratégies de modelage de la représentation syndicale s'inscrivent néanmoins dans une historicité plus longue. Dans

12 Renaud, qui était ouvrier de production, est devenu chef d'équipe deux ans après sa prise de mandat au CE. Alain, qui occupait le poste de responsable de la maintenance depuis son embauche en 2009 a eu une promotion, début 2016, par laquelle il est devenu responsable des services de maintenance et de production. Recruté en 2002 comme contrôleur de la qualité, Nicolas a obtenu deux promotions successives en 2006 et 2007, avant sa première élection. En 2016, il est de nouveau promu, et obtient le poste de responsable QHSE (Qualité, Hygiène, Sécurité et Environnement).

13 Ce mouvement de décentralisation de la négociation collective s'est accéléré au milieu des années 2010, avec la loi Macron d'août 2015, la loi El Khomri d'août 2016 et les ordonnances Macron de septembre 2017. La première permet de négocier à l'échelle de l'entreprise des dispositifs sur le travail dominical, la seconde instaure la primauté de l'accord d'entreprise sur l'accord de branche en matière de durée du travail, et les dernières renforcent la primauté des accords d'entreprises sur les accords de branche pour un grand nombre de thèmes.

les années 1968, dans un contexte d'agitation ouvrière intense (Vigna, 2007), des plans visant à transformer le champ syndical de l'entreprise au profit de syndicats réformistes se développent dans plusieurs grandes entreprises, dans le secteur de l'aéronautique (Juilliet, 2016), ou encore de la grande distribution (Benquet, 2013a). Ils s'articulent, dans le premier cas – à l'instar de ce qu'on observe à Nilssa – avec une politique répressive dirigée contre la CGT.

Toutefois, la loyauté des représentants de la CFE-CGC et de la CFDT à l'égard des dirigeants de Nilssa ne va pas de soi. La politique de réduction des coûts salariaux contribue, comme dans d'autres entreprises (Benquet, 2013a) à éroder les appuis de la direction. De plus, à Nilssa, les biens et services que la direction est en mesure de distribuer pour s'attacher les faveurs des organisations syndicales sont bien moins variés que dans certaines grandes entreprises (Benquet, 2013b, Franke, *op. cit.* ; Chappe *et al.*, *op. cit.*). Le budget du département de GRH de Nilssa ne permet pas d'octroyer des moyens supplémentaires aux organisations syndicales partenaires. En outre, aucun représentant du personnel n'est permanent. Les avantages liés aux conditions de transport et d'hébergement n'existent pas.

Dans ce contexte, les principaux biens symboliques distribués par la direction aux représentants en échange de leur loyauté tiennent à la reconnaissance professionnelle et à la possibilité d'accéder à des promotions, ainsi qu'à l'accès ponctuel à certains services, comme des conseils juridiques individualisés de la part de la DRH. Par exemple, un délégué syndical sollicite Solène par téléphone au sujet d'un de ses proches qui rencontre des difficultés dans son entreprise. Il lui demande des conseils concernant la procédure la plus avantageuse pour la personne concernée pour rompre le contrat de travail. Solène lui répond avec empathie, et lui conseille de se rapprocher du médecin ou de l'inspection du travail[14].

Les stratégies de façonnage de la représentation syndicale initiées par l'équipe de direction depuis les années 2010 et la place occupée par les délégués syndicaux dans les collectifs de travail de l'entreprise expliquent donc la faible combativité de ces derniers au cours de la réunion de négociation observée. Il est d'autant plus simple pour Laurent et

14 Journal de terrain, bureau de Solène, 20/01/2017.

Solène d'obtenir l'accord de la délégation que les élus les plus disposés à investir leur rôle de façon contestataire, qui sont les membres du CE du siège, ne participent pas au processus de négociation, même au titre d'observateurs. Cette exclusion des élus du siège s'explique par les tensions qui opposent les représentants des deux sites, qui sont largement instrumentalisées et attisées par l'équipe dirigeante.

IV. L'EXCLUSION DES ÉLUS DU SIÈGE DU PROCESSUS DE NÉGOCIATION

Du point de vue du DG et de la DRH, utiliser la négociation collective pour entériner une révision à la baisse des statuts du personnel présente le grand intérêt de maintenir les élus du CE du siège hors du jeu. En effet, n'étant pas organisés dans un syndicat[15], ces derniers ne peuvent pas participer aux négociations. Jusqu'en 2014, un membre du CE du siège était toujours invité aux réunions de négociation à titre d'observateur. Toutefois, lors des NAO de 2015 et de 2016, les délégués syndicaux ne réitèrent pas cette invitation.

IV.1. DES ÉLUS DÉSUNIS

De manière générale, les élus des deux sites échangent et travaillent peu ensemble, et entretiennent des relations relativement tendues. Comme dans d'autres entreprises (Benquet, 2013a), des rapports de rivalité divisent les salariés du siège et de l'usine. Ils se nourrissent de la concurrence structurelle entre les fonctions de production et les fonctions commerciales et de la méconnaissance réciproque du travail. Ces rivalités prennent également sens au regard de l'histoire de la gestion du personnel de Nilssa. En effet, de nombreux salariés de l'usine estiment que l'ancien DG, Patrice, favorisait les équipes commerciales au détriment des travailleurs de la production.

15 Ces élus, qui appartiennent aux franges intermédiaires et supérieures du salariat, associent en effet le syndicalisme au monde ouvrier et à un mode d'action revendicatif dans lequel ils ne se reconnaissent pas – alors qu'ils sont paradoxalement plus combatifs vis-à-vis de l'équipe de direction que leurs homologues de l'usine (Biaggi, *op. cit.*).

La méfiance des représentants de l'usine vis-à-vis des salariés du siège se nourrit également de la distance de classe qui les sépare. L'écart de style de vie entre les travailleurs de l'usine et ceux du siège est frappant lorsqu'on compare les activités sociales et culturelles proposées par leurs IRP. Alors que la DUP de l'usine a organisé un voyage à Paris pour assister à un match de football, le CE du siège a proposé des spectacles à l'opéra et un voyage d'entreprise dans une capitale européenne. Plusieurs élus ouvriers de l'usine déplorent auprès de moi les formes de dédain manifestées par des salariés du siège. Bien qu'il soit lui-même cadre, Nicolas fait le même reproche aux « gens du siège » : « ils nous prennent un peu pour des clampins de la campagne », estime-t-il. Les élus issus de l'usine jugent que les représentants du personnel du siège sont peu attentifs à leurs préoccupations, notamment en matière de conditions de travail.

La distance entre les trois délégués syndicaux et les élus du CE du siège s'explique aussi par les rapports différenciés qu'ils entretiennent à leur rôle. « C'est compliqué avec les élus de Clichy, parce qu'eux ne sont pas syndiqués, mais s'ils étaient syndiqués, ils seraient plutôt CGT, mais tendance assez… dure », estime par exemple Alain, le DS de la CFE-CGC. Inversement, la proximité des représentants de l'usine aux dirigeants suscite la réprobation de la part des membres du CE du siège.

Les positionnements différents des élus des deux sites tiennent également à leur position contrastée sur le marché de l'emploi. En effet, le risque d'une fermeture concerne principalement l'usine, et non le siège ; les représentants issus du siège sont donc moins sensibles à l'argument du risque d'un licenciement collectif que leurs homologues travaillant à l'usine.

IV.2. DES TENSIONS INSTRUMENTALISÉES PAR L'ÉQUIPE DE DIRECTION

Favorisée par des éléments structurels et par l'histoire de la gestion du personnel de Nilssa, la défiance des élus de l'usine vis-à-vis de leurs homologues du siège est aussi largement entretenue par les dirigeants de l'entreprise. Les tensions se renforcent en effet à la suite de la dénonciation unilatérale des statuts du personnel, annoncée par le DG à la fin de l'année 2015. À l'époque, la stratégie de l'équipe de direction consiste à dénoncer les statuts auprès du comité central d'entreprise, instance qui regroupe les représentants du CE des deux sites, afin de redéfinir un nouveau statut du personnel avec les délégués syndicaux, par le biais de la négociation collective. Le DG explique que la dénonciation des statuts sera suivie de « discussions avec le CCE pendant trois mois », menées en parallèle de la négociation d'un nouvel accord avec les DS de l'usine[16]. Cette décision provoque des controverses entre les élus du CE du siège et les délégués syndicaux de l'usine, autour de leur légitimité respective à participer au processus de négociation. Alors que les élus du siège reprochent aux délégués syndicaux de ne « communiquer aucune information sur l'avancée des négociations » (Nathalie, élue au CE du siège), ces derniers demandent à leurs homologues du siège de « laisser les représentants syndicaux travailler sereinement avec la direction » (Sylvain, secrétaire de la DUP de l'usine, CGT)[17]. Les délégués syndicaux de l'usine refusent donc que les élus du CE du siège participent aux négociations collectives engagées avec la direction autour de la redéfinition des statuts du personnel – qui concernent pourtant l'ensemble de l'entreprise.

Pour contester la dénonciation des statuts du personnel, les représentants du CE du siège essaient de convaincre leurs homologues de l'usine de lancer une procédure de droit d'alerte économique dans le cadre du CCE. Selon un élu du CE du siège, Fabien, ce projet est abandonné de peur qu'il n'ait un effet négatif sur les négociations avec les délégués syndicaux : « les élus de l'usine craignaient qu'au niveau des négociations, ce soit extrêmement radical ».

Le droit d'alerte n'est donc finalement pas déclenché. Toutefois, un an plus tard, au moment de l'enquête, les délégués syndicaux estiment tous les trois – avec plus ou moins de certitude – que la menace de déclenchement d'un droit d'alerte a contribué à « faire capoter » les négociations de l'époque. Ces dernières auraient permis, à leurs yeux, de conserver une partie de la prime d'intéressement supprimée quelques mois plus tard. En effet, le DG propose, à l'occasion des NAO de la fin de l'année 2015, d'intégrer une part de ladite prime aux salaires, car il anticipe sa disparition l'année suivante, du fait des pressions des actionnaires finlandais. Les délégués syndicaux sont favorables à cette

16 Compte rendu du CCE, 11/2015. Il n'y a pas de délégués syndicaux au siège, car les représentants du personnel issus du siège ne sont pas syndiqués.

17 Compte rendu du CCE, 12/2015.

solution, contrairement aux élus du CE du siège, qui jugent le montant proposé insuffisant. Les délégués syndicaux arrivent finalement à un compromis avec le DG à ce sujet. Néanmoins, selon Alain, ce dernier se rétracte finalement en arguant de la menace de droit d'alerte énoncée par les élus du CE du siège : « ils ont commencé à brandir l'histoire du droit d'alerte, etc., et [le DG] a tout arrêté ».

Le DG attise ainsi la tension entre les élus des deux sites en présentant les représentants du CE du siège comme responsables de l'échec de la négociation. L'année suivante, en octobre 2016, les élus du CE du siège engagent une procédure de délit d'entrave contre la direction, en riposte à l'annonce par la direction de la suppression de la prime d'intéressement (Biaggi, *op. cit.*). Les élus de l'usine refusent de prendre part à cette procédure, de peur que la direction ne bloque les NAO en représailles. Pour la même raison, ils décident également, en accord avec la DRH, Solène, de ne pas inviter les représentants du CE du siège aux réunions des NAO de la fin de l'année 2016 et du début de l'année suivante. « Si c'est pour qu'ils fassent tout capoter, on leur a dit : "restez chez vous, on va gérer pour vous" », explique Nicolas (CFE-CGC). Les élus du CE du siège accusent plus généralement l'équipe de direction de monter les délégués syndicaux de l'usine contre eux, afin d'écarter les salariés les plus revendicatifs du processus de négociation. Sans les créer de toutes pièces, les dirigeants de Nilssa jouent ainsi des tensions entre les représentants du siège et de l'usine pour exclure les représentants du personnel les plus combatifs de la négociation, au profit d'acteurs plus disposés à coopérer.

V. « J'AI CALMÉ LE FEU, MAIS JE N'EN SUIS PAS FIER ». L'AMBIVALENCE DES NÉGOCIATEURS DE LA CGT ET DE LA CFDT

La faible combativité des délégués syndicaux lors des NAO doit-elle être interprétée comme une adhésion au projet de la direction, ou plutôt comme une forme de résignation ? L'observation de la réunion de négociation donne l'impression que les membres de la délégation portent un regard peu critique sur les choix de gestion de la direction de Nilssa, qu'ils contribuent largement à relayer auprès du personnel.

Les événements qui suivent la réunion de négociation finale des NAO sont révélateurs du rôle de « contention du mécontentement dans les ateliers » (Carbonell, *op. cit.*, p. 71) joué par les délégués syndicaux de Nilssa. Suite à une fuite, les salariés de l'usine sont informés du projet d'accord avant sa communication officielle, ce qui suscite un débrayage, notamment porté par les ouvriers de l'atelier tôlerie. Le DG se rend immédiatement sur place, à l'instar d'Alain et de Renaud, qui sont présents au double titre de leur mandat de délégué syndical et de leur rôle d'encadrant – étant respectivement responsable de la production et chef d'équipe. Face à la colère des ouvriers, Renaud (DS CFDT) reprend à son compte des éléments d'argumentation avancés par l'équipe de direction lors de la réunion de la veille, comme il me le raconte en entretien :

> Pendant le débrayage, on essaie d'expliquer pourquoi on en est arrivé là. On essaie d'expliquer, que… malgré ce qu'on croit, la société, elle ne va pas si bien que ça. On a beau faire de l'argent, mais malheureusement, ça ne suffit pas encore pour les… les Finlandais, donc il faut qu'on rentre dans le rang, quoi.

Ainsi, les délégués syndicaux semblent relayer activement les politiques de la direction. L'apport des entretiens invite cependant à complexifier l'analyse, en donnant à voir la manière dont les négociateurs eux-mêmes considèrent leur rôle. La parole de ces représentants atteste de formes d'ambivalence.

De manière assez classique dans son syndicat (Béthoux *et al.*, 2013), le délégué de la CFE-CGC, Alain, revendique une position de « juste milieu » entre les salariés et la direction. À ses yeux, il est raisonnable d'accepter les politiques de réduction des coûts salariaux, à condition que la maison-mère investisse en retour dans l'usine. Il développe parfois un discours critique sur les pratiques de la direction. Il reproche notamment en entretien à l'ancien DG, Patrice, de ne pas avoir su « gérer » la création d'une section de la CGT avec souplesse.

Le double rôle de chef de service et de représentant du personnel ne va pas sans susciter des difficultés pour Alain. Jugeant cette position inconfortable, il me confie qu'il songe à abandonner son mandat lors des prochaines élections. Le nouveau DG, Laurent, affirme en effet, en ma présence, qu'il s'interroge sur les raisons de la présence d'un haut cadre comme Alain parmi les représentants du personnel[18]. De ce point de vue, l'empressement d'Alain à valider la proposition de la direction lors de la réunion de NAO peut être interprété comme le signe de la fragilité de sa propre position et de ses efforts pour satisfaire le nouveau DG.

Les ambivalences sont plus grandes encore dans le cas de Renaud, le délégué syndical de la CFDT, et de Sylvain, le secrétaire CGT de la DUP[19]. Loin d'approuver les choix de la direction, ils considèrent les dirigeants de la filiale avec une grande méfiance, nourrie par la distance de classe, dont attestent par exemple ces propos de Sylvain en entretien :

> Laurent (le DG), il a toutes les formations qui conviennent, il a déjà fermé des usines, il a déjà restreint du personnel… (…) Nous, on n'est pas formés à ça, mais toutes ces personnes-là qui sont au niveau de la direction, que ce soit Laurent ou Solène… Ils ont des formations qui permettent les manipulations… (…) Ils ont toutes les formations qui vont bien pour pouvoir… ils ont la législation, ils ont la psycho, ils ont tout. (…) Dans leurs mains, on est des marionnettes.

Aux yeux de Sylvain, le rapport de forces face à l'équipe de direction est très défavorable aux représentants du personnel : « on ne connaît pas totalement nos prérogatives, même au niveau des lois… On se sent un peu faible, surtout face à une Solène qui connaît son droit sur le bout des doigts ». De la même manière, Renaud (DS CFDT), qui a été embauché comme ouvrier avant de devenir chef d'équipe, souligne en entretien la difficulté qu'il rencontre pour se saisir des « débats sur les chiffres » – ce qu'il explique par le fait qu'il a arrêté sa scolarité de façon précoce. Au cours de l'entretien, Sylvain me donne un fascicule produit par la fédération de la CGT, qu'il commente ainsi : « la CGT, c'est d'abord le rapport de forces. Bon, ça, je suis un peu éloigné de ça, mais il y a quand même des phrases là-dedans qui sont vraies et qui interpellent. »

Les propos tenus par ces deux représentants du personnel lorsque je discute avec eux en aparté diffèrent beaucoup de ceux qu'ils portent en instance. Ainsi, alors que Renaud critique ouvertement les élus du CE du siège qui « font de la rébellion » lors d'une réunion de la DUP, il développe un discours beaucoup plus nuancé alors que nous échangeons dans les

18 Journal de terrain, déjeuner à la cantine de l'usine avec Laurent et Alain, 25/01/2017.

19 Je n'ai pas pu échanger avec son collègue délégué syndical de la CGT, Bernard, qui n'a pas donné suite à mes demandes d'entretien.

couloirs de l'usine. « À Clichy, ils [les élus] ont plutôt une stratégie offensive. Nous, on a plutôt une stratégie défensive. Je ne sais pas ce qui est le mieux », me confie-t-il. Sans les rejeter complètement, Renaud et Sylvain formulent également, en entretien, des doutes sur les éléments d'explication avancés par la direction pour justifier la nécessité de réduire les coûts.

Même si leurs syndicats y ont apposé leur signature, Renaud et Sylvain sont très insatisfaits de l'accord issu des NAO, qu'ils qualifient respectivement de « catastrophique et pourri » et d'« agression totale de la direction sur les acquis sociaux ». La signature place les deux hommes dans une situation qu'ils vivent comme inconfortable et paradoxale, ce dont atteste leur rapport au débrayage qui a suivi la négociation. Renaud (DS CFDT) précise qu'il « n'[a] pas forcé les ouvriers à faire grève, mais qu'[il] ne les [a] pas empêchés non plus ». Quant à Sylvain (secrétaire CGT de la DUP), il explique qu'en raison de son mandat, il a participé à enrayer la mobilisation, alors même qu'il s'y serait sans doute rallié s'il n'avait pas été élu du personnel.

> *Vous vous positionnez comment, à titre individuel, par rapport à ce débrayage (qui a suivi l'annonce du résultat des NAO) ? Vous y avez participé ?*
>
> Alors, à titre individuel, je m'y serais rallié. Ah oui, l'agression est terrible… J'ai eu un rôle d'intermédiaire, un peu… dont je ne suis pas fier, en fait. J'ai calmé le feu, mais je n'en suis pas fier. (…) On revient sur le salaire du personnel. Donc, oui, j'aurais été solidaire (si je n'avais pas été élu).
>
> *Mais, malgré tout, vous ne l'avez pas fait ? Enfin…*
>
> Non, parce que je voulais sauvegarder le peu qu'on avait discuté. Et dans mon esprit, il y a un petit quelque chose qui me dit : « Laurent est nouveau, on va lui laisser sa chance. » Mais, donc, jusque-là, on va essayer de calmer le jeu, et puis… mais si vraiment, un jour, le personnel se met à être, à dire fort, ben, j'irai avec eux. (…) Personnellement, je n'en suis pas très fier. On a essayé de sauvegarder le maximum pour le personnel, les employés, tant pis, les cadres, encore plus tant pis : c'est eux qui perdent le plus. Mais, ce n'est pas une position facile à défendre, quoi. D'autant plus que je ne suis même pas délégué syndical, donc je ne suis même pas signataire. Donc je pourrais très bien m'arrêter en même temps que tout le monde, et voire même souffler sur les braises. L'idée est toujours présente. Mais, bon, là, on va voir comment ça se passe, mais, bon, je pense, à terme, soit il y aura une démission, soit il y aura… je vais retrouver ma liberté…

Paradoxalement, Sylvain envisage de quitter son mandat pour pouvoir prendre part à l'action collective et aux débrayages – ce qu'il s'interdit aujourd'hui. Si des travaux ont montré comment les équipes de direction s'appuient sur des syndicats peu contestataires pour accompagner leurs projets, et analysé les profits objectifs que tirent ces derniers de leur rôle de partenaire privilégié (Benquet, 2013b ; Juilliet, *op. cit.*), le rapport que ces syndicalistes entretiennent à leur rôle a été moins étudié. De ce point de vue, le témoignage de Sylvain atteste de la grande ambiguïté qui entoure l'exercice d'un mandat de représentation dans les entreprises où le fait syndical est mal reconnu. Le « sens des limites » (Giraud, *op. cit.*) dont fait preuve ce représentant gagne à être compris à la lumière des craintes qu'il exprime au sujet du maintien de l'emploi et de la fragilité perçue du collectif des élus.

CONCLUSION

Cet article montre comment l'équipe de direction d'une filiale industrielle de petite taille met à profit la négociation collective pour faire accepter aux salariés une baisse de leurs avantages sociaux, avec des contreparties très limitées. Il s'agit là d'un détournement de l'objectif des NAO, en vue de répondre à l'objectif de diminution des coûts salariaux que poursuit l'équipe de direction.

Le dispositif mobilisé – la négociation collective obligatoire – est peu élaboré au regard des outils juridiques mis à disposition des entreprises au cours des dernières années, comme les accords de maintien dans l'emploi ou les accords de performance collective (Freyssinet, *op. cit.* ; Carbonell, *op. cit.*). En effet, l'équipe de direction française manifeste un intérêt limité pour le domaine de la gestion des relations professionnelles, et souhaite simplifier au maximum la procédure. Le choix du recours à la NAO pour entériner la baisse des statuts du personnel ressort d'un double objectif de simplicité et de contournement des oppositions salariales. Elle laisse la possibilité à l'équipe de direction de revoir l'accord ultérieurement, dans un sens plus favorable à la direction de l'entreprise. D'après la DRH, une renégociation ultérieure de l'accord exigerait une procédure moins lourde que la dénonciation des statuts, qui nécessite d'être débattue en CCE. Surtout, l'utilisation de la NAO permet à l'équipe de direction de contourner les représentants perçus comme les plus combatifs, les élus du CE du siège, qui ne sont paradoxalement pas syndiqués. Pour exclure ces derniers du processus de négociation, l'équipe de direction joue le jeu de la division, en entretenant les rivalités entre les représentants des deux sites. D'un côté, le DG et la DRH s'efforcent de neutraliser les représentants du CE du siège perçus comme oppositionnels. De l'autre, à l'ombre de ces conflits, ils tentent – et parviennent – à faire accepter aux délégués syndicaux de la CFE-CGC, de la CFDT et de la CGT, trois cadres et agents de maîtrise qui travaillent à l'usine, de signer un accord de NAO entérinant une révision à la baisse des statuts du personnel.

L'étude menée invite à questionner le sens attribué aux accords dits de concession du point de vue des représentants syndicaux qui y apposent leur signature. En effet, à Nilssa, les représentants de la CGT et de la CFDT, dont les organisations ont signé l'accord qui entérine la révision à la baisse des statuts du personnel, manifestent une grande insatisfaction quant à ce dernier. Leur participation semble davantage ressortir d'une résignation et d'un sentiment d'impuissance que d'une véritable adhésion (Bajoit, *op. cit.*). Elle atteste des difficultés des délégués à peser dans la négociation collective (Olivesi, 2019). Dans un contexte où les représentants syndicaux sont dominés, désunis et dépourvus de ressources, la négociation s'apparente moins à un processus de « codécision » (Thuderoz, 2019) qu'à une forme d'imposition déguisée, qui permet à la direction de l'entreprise de légitimer une décision impopulaire. L'étude réalisée invite ainsi à restituer l'épaisseur sociologique des processus de négociation collective, en prêtant attention à la manière dont ces derniers s'inscrivent dans des rapports de force plus larges.

Dans quelle mesure les résultats dégagés peuvent-ils être généralisés au-delà du seul cas de Nilssa ? En dépit de ses irréductibles singularités, la négociation étudiée est rendue possible par des dynamiques et des processus plus larges qui affectent les mondes du travail. D'abord, le contexte de resserrement de la contrainte actionnariale conduit à une multiplication des plans de réduction des coûts qui pèsent sur les entreprises. Celles qui, comme Nilssa, appartiennent à des groupes étrangers, sont particulièrement affectées par leur mise en concurrence avec d'autres filiales situées dans des pays où la main-d'œuvre est peu chère. Ensuite, les dispositifs législatifs récents, qui favorisent la décentralisation de la négociation collective et affaiblissent la hiérarchie des normes (Laulom *et al.*, 2016), incitent les directions d'entreprises à s'emparer davantage de la négociation collective pour mener à bien leurs politiques. Enfin, la stratégie offensive de la direction est rendue possible, dans le cas étudié, par la faible combativité des représentants syndicaux. Or, il ne s'agit pas là d'une singularité propre à Nilssa. La faible autonomie des représentants du personnel vis-à-vis des équipes de direction caractérise de nombreuses entreprises, en particulier au sein des structures de petite taille sans tradition syndicale (Giraud et Signoretto, *op. cit.*). Dans ce type d'entreprises, loin de constituer un ordre séparé, affranchi des rapports sociaux de travail, les dynamiques des relations professionnelles sont souvent largement imbriquées dans les hiérarchies socioprofessionnelles. En outre, la représentation du personnel y est parfois façonnée, comme à Nilssa, par des stratégies patronales de modelage du paysage syndical qui consistent à coopter des salariés de confiance peu disposés à contester les décisions de la direction. Cette fragilité de la représentation syndicale est un élément essentiel pour comprendre la forme prise par la négociation étudiée. Les dynamiques des négociations de concession sont assurément très différentes dans les entreprises où les syndicats demeurent en capacité de mobiliser les salariés et d'exercer une forme de contre-pouvoir face aux directions d'entreprises.

RÉFÉRENCES BIBLIOGRAPHIQUES

Bajoit G., 1988, « Exit, voice, loyalty… and apathy. Les réactions individuelles au mécontentement », *Revue française de sociologie*, vol. 2, n° 29, p. 325-345.

Beaujolin-Bellet R., Schmidt G., 2012, *Les restructurations d'entreprises*, La Découverte, Paris.

Benquet M., 2013a, *Encaisser ! Enquête en immersion dans la grande distribution*, La Découverte, Paris.

Benquet M., 2013b, « Le circuit de secours syndical. Quand représentants patronaux & syndicaux cogèrent les conflits professionnels », *Agone*, vol. 1, n° 50, p. 135-157.

Béthoux E., Desage G., Mias A., Pélisse J., 2013, *Sociologie d'un syndicalisme catégoriel. La CFE-CGC ou la fin d'une exception ?*, Armand Colin, Paris.

Béthoux E., Mias A., Blache G., Dupuy C., Jobert A., Renoux J.-L., Spieser C., Tallard M., Vincent C., 2015, « Dialoguer plus, mais sur quoi ? Les régulations d'entreprise en matière d'emploi, de formation et de conditions de travail en temps de crise », *La Revue de l'IRES*, vol. 1, n° 84, p. 91-123.

Biaggi C., 2021, *Quand les « relations sociales » sont un travail. Pratiques, savoir-faire et carrières de cadres des ressources humaines*, Thèse de doctorat de sociologie, ENS de Paris, PSL.

Bourdieu J., Heilbron J., Reynaud B., 2003, « Les structures sociales de la finance », *Actes de la recherche en sciences sociales*, n° 146-147, p. 3-7.

Carbonell J.S., 2018, *Les ouvriers de Peugeot-Mulhouse après la crise (2008-2018)*, Thèse de doctorat de sociologie, ENS de Paris, PSL.

Chappe V.-A., Denis J.-M., Guillaume C., Pochic S., 2019, *La fin des discriminations syndicales ? Luttes judiciaires et pratiques négociées*, Éditions du Croquant, Vulaines-sur-Seine.

Franke J., 2015, « De l'influence des conditions pratiques de la négociation collective : le cas d'une entreprise de la restauration de collectivités », *La Revue de l'IRES*, vol. 2-3, n° 85-86, p. 73-97.

Freyssinet J., 2013, « L'emploi au cœur de la négociation d'entreprise : quel impact de l'accord du 11 janvier 2013 ? », *La Revue de l'Ires*, vol. 2, n° 77, p. 3-38.

Gantois M., 2016, « La négociation collective en France : institutions, usages et pratiques. Contribution à une sociologie politique des relations professionnelles », Thèse de doctorat en science politique, Université Paris 1 Panthéon-Sorbonne.

Gardes C., 2019, *Un salariat à bas coût. Le travail dans une enseigne low-cost de bricolage*, Thèse de doctorat en sociologie, Paris, EHESS.

Gassier Y., Giraud B., 2020, *Le travail syndical en actes. Faire adhérer, mobiliser, représenter*, Presses universitaires du Septentrion, Villeneuve d'Ascq.

Giraud B., Signoretto C. (coordinateurs), Alfandari F., Béroud S., Berthonneau C., Biaggi C., Haute T. et Sanson D., 2021, *Reconfigurations des usages et des pratiques du « dialogue social » en entreprise dans un contexte de changement socio-productif et institutionnel*, Rapport d'études de la Dares n° 12, septembre, 313 p.

Giraud B., 2015, « Un usage contrôlé de la grève. Le "sens des limites" d'un délégué syndical de la CGT », *Agone*, vol. 1, no 56, p. 65-84.

Gourgues G., Sainty J., 2015, « La négociation d'entreprise au piège du référendum. Les enseignements des nouveaux accords d'entreprise des usines italiennes Fiat (2010-2011) », *Sociologie du travail*, vol. 57, n° 3, juillet-septembre, en ligne.

Groux G., 2010, « Europe centrale et de l'Est : une amplification de nouvelles pratiques de dialogue social dans l'industrie ? », *Travail et Emploi*, n° 123, p. 67-76.

Hatzfeld N., 2016, « Une lutte syndicale exemplaire chez Peugeot-Sochaux (1995-2000). La remise en cause d'un système discriminatoire », *Travail et Emploi*, vol. 1, n° 145, p. 173-196.

Hege A., 2012, « Allemagne : une décennie de modération salariale. Quelle emprise syndicale sur la dynamique des salaires ? », *La revue de l'IRES*, vol. 2, n° 73, p. 205-235.

Juilliet C., 2016, « Stratégies patronales de rénovation du dialogue social dans les années 1970. Discrimination de l'action syndicale à la SNIAS de Toulouse », *Travail et Emploi*, vol. 1, n° 145, p. 147-172.

Laulom S., Nicod C., Mias A., Guillaume C., Denis J.-M., Bouffartigue P., 2016, « La promotion du "dialogue social" dans l'entreprise. Loi Rebsamen et rapport Combrexelle », *La nouvelle revue du travail* [en ligne], n° 8.

Lomba C., 2008, « Avant que les papiers ne rentrent dans les cartons : usages ethnographiques des documents d'entreprise », *in* Arborio A.-M., Cohen Y., Fournier P., Hatzfeld N., Lomba C., Muller S., *Observer le travail. Histoire, ethnographie, approches combinées*, La Découverte, Paris, p. 29-44.

Olivesi S., 2019, « Le dialogue social ou l'oubli du rapport salarial », *in* Andolfatto D., *La démocratie sociale en tension*, Presses universitaires du Septentrion, Villeneuve d'Ascq, p. 31-46.

Pélisse J., 2019, « Une grève froide inversée ? Éléments sur les mutations des relations professionnelles dans l'entreprise en France (1968-2018) », *Négociations*, vol. 1, n° 31, p. 61-81.

Perez C., Thévenot N., Berta N., Brochard D., Delahaie N., Jallais S., Perraudin C., Sauviat C., Valentin J., 2015, « Modes d'ajustement par le travail en temps de crise : des relations professionnelles sous tension », *La revue de l'IRES*, vol. 1, n° 84, p. 59-90.

Rouxel P., 2019, *Spatialités syndicales dans le capitalisme global. Une ethnographie comparée de quatre collectifs syndicaux en France et en Argentine*, Thèse de doctorat en science politique, Université de Rennes 1.

Sorin M., 2018, *La cause de l'activité. Actions collectives face au risque de fermeture d'usines filiales de multinationales*, Thèse de doctorat en sociologie, Université de Nantes.

Spieser C., 2013, « La fin du modèle de flexicurité face à la résilience des modèles nationaux ? Syndicats et négociations sur l'emploi en Allemagne, en France et en Italie », *Politique européenne*, vol. 4, n° 42, p. 72-95.

Thuderoz C., 2019, *L'âge de la négociation collective*, PUF, Paris.

Vigna X., 2007, *L'insubordination ouvrière dans les années 68. Essai d'histoire politique des usines*, Presses universitaires de Rennes, Rennes.

Yon K., Béroud S., 2013, « Réforme de la représentativité, pouvoir syndical et répression », *Agone*, vol. 1, n° 50, p. 159-173.

HOLACRATIE ET DIALOGUE SOCIAL

Étude de cas d'une coopérative de commerce alimentaire biologique

Carine OLLIVIER
Université Rennes 2, LiRIS

Sandrine ROSPABE
Université Rennes 1, LiRIS

> Dans une holacratie parfaite, un CSE sert à rien. Enfin j'exagère mais… Tout est là, tous les rôles sont là, mal être au travail *et cetera*. Dans un fonctionnement parfait, le CSE n'aurait pas vraiment… à part sa plus-value peut-être sociale, les chèques vacances, les réductions, le cadeau de Noël. À la limite, on pourrait juste se cantonner à ça. (Entretien collectif avec 3 membres du CSE dont un ayant démissionné)
>
> Enquêtrice : Et, et y a pas de syndicat, à COOP MANGER BIO ?
> Salarié : Non. Non.
> Enquêtrice : Pourquoi vous le dites comme si c'était… ?
> Salarié : Non. Vraiment parce que, moi j'ai quand même un petit peu bourlingué, professionnellement parlant, permettez-moi l'expression. Et, voilà après ça reste ma vision, mais voilà, une entreprise comme COOP MANGER BIO, avoir un syndicat, j'en vois pas la raison d'être. (Homme, 46 ans, 15 ans d'ancienneté, fonction support)

À COOP MANGER BIO, quand on interroge les salariés sur le comité social et économique (CSE) de leur entreprise, le discours majoritaire est qu'il ne joue pas son rôle dans le dialogue social entre l'employeur et les salariés, voire qu'il ne sert à rien. Le CSE serait selon certains cantonné à un rôle de « GPS holacratique », renvoyant l'expression collective des salariés dans les espaces prévus par l'holacratie. Créée en 1983, COOP MANGER BIO – entreprise de commerce alimentaire biologique –, se déploie aujourd'hui sur 9 sites géographiques et dénombre 16 entités (11 magasins, 3 restaurants, 1 snack et 1 service traiteur) et plus de 250 salariés. C'est une société anonyme[1] qui a obtenu en 2019 le statut d'Entreprise solidaire d'utilité sociale (ESUS). Dans la mouvance des démarches de libération d'entreprises qui se développent maintenant depuis une dizaine d'années, COOP MANGER BIO adopte l'holacratie en 2015. Ce mode d'organisation et de management abandonne le système pyramidal pour redistribuer du pouvoir aux salariés en leur confiant des tâches, nommées « rôles », et en s'appuyant sur des « cercles » de délibération et sur une « constitution » (feuille de route définissant les règles et principes de fonctionnement). Si la libération, appuyée sur le dispositif holacratique, fonctionne bien, deux effets bénéfiques seraient au rendez-vous : le développement de la capacité à innover et l'amélioration de la qualité de vie au travail (Colle *et al.*, 2017). Ce dispositif a pour objectif de favoriser l'expression des « tensions » individuelles et leur gestion collective. L'holacratie met donc en œuvre une forme particulière de dialogue social qui repose sur un fonctionnement délibératif codifié s'appuyant sur la participation individuelle. Mais sa mise en œuvre n'exclut pas, en principe, des formes plus traditionnelles et collectives de gestion des relations professionnelles : d'une part, l'adoption de l'holacratie ne dispense pas de la présence obligatoire d'un CSE ; d'autre part, la mise en œuvre de la libération n'est en théorie pas incompatible avec la présence d'acteurs collectifs comme les syndicats (Gilbert *et al.*, 2017). Cependant, dans un tel contexte socio-productif fondé sur la gestion permanente et délibérative des difficultés et l'attribution du pouvoir à « celui qui fait c'est celui qui sait[2] », on peut s'interroger sur le fait que la régulation des relations sociales semble plus souvent passer par des échanges individuels que par des dispositifs de négociation collective. Ce moindre recours à la représentation collective pose question dès

1 Historiquement coopérative de consommateurs et Société coopérative d'intérêt collectif (SCIC) depuis novembre 2021.

2 Cette expression a été régulièrement employée comme un slogan par les personnes interviewées ou lors de discussions informelles, et elle est mobilisée par les cabinets de conseils qui accompagnent l'introduction de l'holacratie à l'instar d'iGi Partner qui en fait l'objet d'une vidéo sur son site internet (https://igipartners.com/cest-celui-qui-fait-qui-sait, consulté le 03/05/2022).

lors que tous les enjeux ne sont pas susceptibles d'être traités par les échanges bilatéraux entre salariés.

De fait, à COOP MANGER BIO, la représentation du personnel est relativement faible puisqu'on ne compte au moment de l'enquête que deux délégués du personnel (DP, un titulaire et un suppléant)[3] siégeant au CSE pour plus de 250 salariés, et aucune représentation syndicale. Ce moindre degré de développement des institutions représentatives du personnel est sans conteste lié à des variables traditionnellement mises en avant dans l'étude des relations professionnelles comme la taille de l'entreprise[4], le niveau de formalisation du dialogue social et la présence ou non d'organisations syndicales (Pélisse *et al.*, 2021). En effet, les PME sont généralement caractérisées par des modes de gestion plus individualisés des relations professionnelles (Borivosa et Rey, 2014), et les formes de conflits et de négociations informelles s'y inscrivent dans une politique d'individualisation des rapports sociaux. La proximité spatiale et sociale des individus, et la densité des interactions favorisent les échanges directs et personnels entre les salariés, permettant ainsi généralement au management de ces structures d'éviter l'émergence de conflits ou de revendications collectives (Jacob et Sanson, 2019). COOP MANGER BIO n'échappe pas à cette situation qui est, par ailleurs, une caractéristique commune à de nombreuses organisations du secteur de l'Économie Sociale et Solidaire (ESS) dont relève l'entreprise, en raison de leur faible taille mais aussi du niveau d'engagement de leurs salariés au profit d'un projet collectif (Joutard *et al.*, 2017)[5]. Toutefois, si le dialogue social à COOP MANGER

3 Trois délégués avaient été élus en 2018. Le deuxième titulaire a démissionné en cours de mandat « bouffé par le sentiment d'inutilité » (Entretien collectif avec 3 (ex)membres du CSE), regrettant de ne pas être davantage consulté, d'être juste informé sur les questions de modifications des horaires, du temps de travail, des effectifs, de stratégies etc.

4 Si COOP MANGER BIO est aujourd'hui une entreprise de taille intermédiaire qui compte 250 salariés, la croissance de ses effectifs est récente et s'est faite de manière rapide, ce qui peut en partie expliquer l'absence de délégués syndicaux contrairement aux constats de la Dares qui montrent qu'en 2017, 84% des établissements comptant 200 à 299 salariés sont couverts par au moins un délégué syndical (Romans, 2018).

5 Malgré des origines historiques communes, les syndicats semblent manifester un faible intérêt pour l'économie sociale (Rivet, 2012) même si l'analyse des conditions de travail dans ce secteur soulève des questions, notamment au sein de la CGT, sur l'instauration d'une politique plus revendicative à son égard (Gibard et Paccioni, 2020). Le dialogue social organisé ressort comme « le parent pauvre » de l'ESS au profit d'un dialogue social plus « informel », renforcé par un fonctionnement démocratique et des pratiques plus participatives (Maisonnasse *et al.*, 2010).

BIO est caractéristique du dialogue social dans les PME, qui plus est dans le champ de l'ESS, la mise en œuvre de l'holacratie n'a pas été sans conséquence puisque l'adoption de cette forme organisationnelle s'est traduite par deux effets : la substitution par le dispositif holacratique des espaces traditionnels du dialogue social auxquels de nouvelles questions semblent être assignées ; et l'individualisation et la dépolitisation des conflits. L'étude conduite dans cette PME holacratique s'intéresse ainsi au dialogue social institutionnalisé – c'est-à-dire tel qu'il est organisé par les instances représentatives du personnel –, mais plus encore aux formes que prend la régulation des rapports individuels et collectifs de travail dans une organisation « libérée » par l'holacratie. Elle sera donc l'occasion de soulever plusieurs questions : qu'en est-il du dialogue social dans une entreprise dont le modèle managérial accentue l'adhésion individuelle des salariés ? Quels sont les espaces et les objets des revendications, et comment ces dernières sont-elles formulées ? Quelle est la place des acteurs traditionnels des représentations professionnelles et collectives (représentants du personnel au CSE, représentants syndicaux) ? Comment s'expriment les conflits dans des structures fondées sur l'horizontalité des relations ?

Cette étude s'appuie sur une enquête qualitative, menée entre octobre 2019 et novembre 2021, ayant permis le recueil et l'analyse de différents matériaux : analyse de documents (revue de presse, littérature grise, interviews, documents internes…) ; étude du logiciel d'organisation et de *reporting* interne (*Glassfrog*, désormais Holaspirit) spécifique à la marque Holacracy® adoptée dans l'entreprise ; échanges formels et informels récurrents avec les dirigeants de l'entreprise ; observations (réunions de travail, formation) ; entretiens auprès de salariés aux profils variés (N=24, *cf.* TAB. 1).

TAB. 1 – Caractéristiques de la population d'entretiens.

Genre	Femmes	11
	Hommes	13
Âge	25-34 ans	8
	35-44 ans	8
	45-54 ans	3
	55 ans et +	5

Ancienneté	Moins de 5 ans	9
	Entre 5 et 10 ans	2
	Entre 10 et 15 ans	6
	Plus de 15 ans	4
	Anciens salariés	3
Fonction dans l'entreprise	Directoire	2
	Siège / Fonctions support	6
	Magasins / Laboratoires / Restaurants	16

Après une présentation de la mise en œuvre de l'holacratie à COOP MANGER BIO, nous montrerons comment, en s'inscrivant dans la généalogie du management participatif, cette forme managériale favorise la participation directe des salariés et une forme de contrôle des relations sociales en entreprise. La seconde partie nous permettra de mettre au jour la manière dont la formalisation holacratique entraîne la mise en œuvre d'une politique des compétences et la mobilisation de savoir-être qui contribuent à l'individualisation des relations de travail. Cette individualisation se joue alors au détriment d'un dialogue social collectif et politisé, et vide de leurs fonctions les espaces de représentation des salariés, empêchant de traiter de certains enjeux, comme nous le verrons dans une troisième partie.

I. DANS LE SILLAGE DU MANAGEMENT PARTICIPATIF : LA DÉLÉGATION DE POUVOIRS POUR UNE AUTONOMISATION DES SALARIÉS ?

I.1. LE PASSAGE À L'HOLACRATIE À COOP MANGER BIO : ACCORDER LA FORME ORGANISATIONNELLE À LA RAISON D'ÊTRE DE L'ENTREPRISE

L'organisation du travail à COOP MANGER BIO a profondément évolué entre 1983, date de sa création, dans un petit local, par une soixantaine de consommateurs-sociétaires qui assuraient alors bénévolement l'approvisionnement, la caisse, le ménage et la mise en rayon et 2015, date de l'adoption de l'holacratie, où 130 salariés faisaient fonctionner 4 magasins et 3 restaurants. Son statut juridique, Société Anonyme Coopérative avec Conseil de Surveillance et Directoire, donne le mandat social au directoire, les consommateurs-sociétaires élus au conseil de surveillance étant garants de l'éthique coopérative et des orientations votées en Assemblée Générale. Si l'ESS repose sur ce principe fort de gouvernance démocratique, fondé sur la double qualité sociétaire/consommateur-usager, elle n'implique pas, sauf dans le cas des SCOP (Société Coopérative et Participative), de donner aux salariés une place essentielle dans l'organisation (Bidet, 2003). Bidet, Filippi et Richez-Battesti (2019) soulignent que ce n'est donc pas dans le modèle lui-même que l'on peut trouver des modalités favorisant la participation des salariés et le dialogue social, mais dans des pratiques spécifiques à telle ou telle entreprise de l'ESS. L'holacratie constitue une de ces pratiques, toutefois peu développée dans l'ESS. La décision de COOP MANGER BIO d'adopter un nouveau mode d'organisation du travail, aligné avec ses valeurs coopératives, a été principalement initiée par quelques personnes de l'équipe de direction, dont la présidente du directoire[6]. Sincèrement convaincus par l'idée qu'il faut donner du sens au travail, les membres de cette équipe sont régulièrement à la recherche d'innovations managériales auxquelles ils s'initient par des lectures, des formations ou lors de conférences (comme celles d'I. Getz ou de B.-M. Chiquet, fondateur de iGi Partners, cabinet qui a importé *Holacracy*®[7] en France). La volonté affichée de la présidente du directoire d'autonomiser et de responsabiliser les salariés se donne à voir dans une vidéo diffusée par le cabinet de conseil iGi Partners les accompagnant dans

6 À l'image de Zappos, Harley Davidson aux États-Unis ou encore Poult ou Chronoflex en France, les récits sur ces entreprises libérées par leur patron alimentent les réflexions et les fantasmes tant elles sont parfois présentées comme un moyen d'atteindre « Le bonheur au travail » (Messonnier, 2014). Un des points communs à ces entreprises est qu'elles ont été transformées par ce qu'Isaac Getz appelle un « leader libérateur » (Getz, 2017) qui, au-delà du moment fondateur, continue d'incarner la démarche de libération dans le fonctionnement quotidien de l'entreprise. COOP MANGER BIO n'échappe pas à la règle et l'holacratie y est associée par les salariés à la présidente du directoire et une partie de ses proches collaborateurs, qui ont été à l'origine de la transformation après avoir assisté aux conférences du promoteur d'*Holacracy* en France. Alors qu'en théorie l'holacratie suppose d'atténuer l'autorité du chef par la mise en œuvre de procédures dépersonnalisées, l'incarnation très forte de cette forme managériale tend ainsi paradoxalement à renforcer l'identification au patron et son autorité.

7 Il s'agit de la marque commerciale Holacracy® déposée par l'entreprise américaine *HolacracyOne*.

la mise en place de l'holacratie et dans laquelle elle communique ainsi : « Rien ne sert d'avoir de beaux magasins, de beaux restaurants, d'être très innovant si l'organisation humaine ne tient pas (...). L'organisation est devenue complètement obsolète, très pyramidale, avec des chefs et des personnes qui exécutent. L'holacratie permet de redistribuer les rôles à chacun. On accepte de perdre un pouvoir sur les personnes et que ces personnes grandissent au sein de l'entreprise » (entretien diffusé par iGi Partners, 28 février 2015). Quelques mois plus tard, elle annonce la mise en œuvre de l'holacratie, dans le magazine de la structure : « Le 12 février 2015, le Directoire prenait sa dernière décision autocratique en adoptant une organisation sous forme d'*Holacracy*®. Une organisation qui replace l'humain au cœur de l'organisation du travail. (...) [COOP MANGER BIO] a démantelé son organisation pyramidale pour passer à une organisation matricielle. (...) Après une cogitation intense, notre raison d'être a émergé : BIO, CRÉATEUR, EXEMPLAIRE[8] (...). Il n'y a plus de chef mais une constitution qui cadre le fonctionnement. Les autorités sont partagées. Tout le monde travaille dans le même sens. La confiance, la créativité sont de mise. Les équipes devraient rapidement trouver un réel bien-être à ce fonctionnement. Et la coopérative COOP MANGER BIO gagnera en agilité. » (Magazine de COOP MANGER BIO, n° 62, mai-juin 2015, éditorial p. 1).

La mise en place de l'holacratie a commencé par une formation durant 4 jours de 28 cadres de COOP MANGER BIO (deux personnes par cercle dont les anciens managers) par iGi partners. Pendant 4 mois, le cabinet a accompagné l'entreprise à raison de deux à trois jours sur site par semaine (facilitation des cercles, coaching, et pédagogie) afin que ses 130 salariés effectuent leur « *PowerShift* » en s'appropriant les principes d'une organisation extrêmement formalisée (encadré 1).

1. Le fonctionnement de l'holacratie à COOP MANGER BIO

Les composantes principales de l'holacratie sont :

– Une **constitution** qui clarifie les règles de base, la structure et les processus du système holacratique. Traduite de l'anglais par l'institut iGi, c'est un outil standard de référence, qui a néanmoins été amendé en 2020 par le directoire de COOP

8 Cette raison d'être évoluera ensuite pour devenir « moteur de la révolution écologique et sociétale ».

MANGER BIO pour introduire certains changements d'organisation. Un avenant au contrat de travail de chaque salarié fait état de son lien de subordination à la constitution et non à un supérieur hiérarchique.

– Une organisation structurée en **cercles** interdépendants et auto-organisés, sans hiérarchie entre eux, lieux centraux de la délibération. Chaque cercle possède des domaines qu'il est le « seul à pouvoir contrôler et réglementer comme sa propriété, à ses propres fins » (*cf.* constitution V 5.0 Beta RC – 27 mai 2020). À COOP MANGER BIO, ont été créés 11 cercles magasins regroupés dans un cercle « commerce magasin », 3 cercles restaurants, des cercles pour chacune des fonctions support (gestion des ressources humaines – GRH –, comptabilité, communication, etc.), etc. Le cercle d'ancrage englobe l'ensemble des cercles de l'organisation.

– Des **rôles** et **redevabilités** : les membres de COOP MANGER BIO se voient attribuer des rôles (en moyenne 5 ou 6 par salarié) correspondant à des tâches sur lesquelles ils ont toute autorité (définie par un **domaine**). Chaque rôle poursuit une **raison d'être** et est soumis à des redevabilités.

– Chaque cercle possède 4 rôles spécifiques. Un rôle nommé par le cercle d'ancrage : le **leader de cercle**. Précédemment appelé premier lien, ses missions ont été redéfinies dans l'amendement constitutionnel de 2020 pour intégrer une dimension managériale. Trois rôles élus (selon un principe d'élection sans candidat au sein de chaque cercle) : le **facilitateur** anime les réunions ; le **secrétaire** organise, prend en note et interprète la constitution si besoin ; le **représentant du cercle** (anciennement second lien) trie les tensions au sein de son cercle et les exprime en réunion du cercle « supérieur ».

– Des réunions de **triage** et de **gouvernance**. D'ordre opérationnel, les réunions de triage formalisent des **projets** à partir de **tensions** (écart ressenti entre ce qui est et ce qui pourrait être, tant en termes de problème à résoudre que d'opportunité à saisir) exprimées par les membres du cercle. D'ordre politique, les réunions de gouvernance modifient la gouvernance entrant dans l'autorité du cercle, selon un système très formalisé de **prise de décision intégrative** (PDI).

– Un logiciel nommé **Holaspirit** (précédemment **Glassfrog**) permet d'enregistrer et de rendre visibles toutes les données liées à l'holacratie : les cercles, rôles, redevabilités, domaines, raisons d'être, tensions, projets etc.

Il faut du temps pour s'approprier le système holacratique et cela ne va pas sans résistances, tant du fait de la transformation radicale de l'organigramme avec la suppression du management intermédiaire, que de la réglementation des procédures, de la spécificité du vocabulaire, du déroulé strict des réunions et de la formalisation des prises de parole :

> C'est ce qui m'avait surpris au début, c'est très, très codifié, je trouve, très strict. Y a, y a vraiment des, des moments où on n'a pas le droit de parler. Y a des formules précises à dire, y a vraiment tout un, tout un univers très précis, je trouve, dans ces réunions, qui, qui est parfois très enfermant. (Femme, 28 ans, 1 an d'ancienneté, magasin)

Durant 5 ans, COOP MANGER BIO a donc fait évoluer son mode de mise en œuvre de l'holacratie, vers plus de souplesse dans les procédures et le langage utilisés, l'animation des réunions, la redéfinition de certains rôles, jusqu'à l'instauration fin 2020, des leaders de cercle, réintroduisant des fonctions de management qu'elle s'était évertuée à éliminer quelques années plus tôt[9].

I.2. DU LEAN À L'HOLACRATIE : UNE INSCRIPTION DANS LA LONGUE HISTOIRE DU MANAGEMENT

Bien qu'en constante évolution, les principes de fonctionnement de l'holacratie à COOP MANGER BIO ne sont pas nouveaux. Derrière la radicalité de la forme holacratique se joue en réalité toute l'évolution de l'organisation du travail et du management qui, depuis l'ère du post-taylorisme, est marquée par la volonté de trouver une manière de motiver les salariés pour obtenir leur engagement afin qu'ils participent à la performance de l'entreprise.

L'idée que l'implication ne peut s'obtenir que si le travailleur ou la travailleuse trouve une « satisfaction » a ainsi alimenté toutes les réformes managériales depuis la « démocratie industrielle » (Martin, 1994) jusqu'aux mouvements actuels de libération d'entreprise, en partant du principe que c'est à l'entreprise de mettre en place les conditions permettant aux individus d'atteindre leurs propres buts pour participer aux objectifs de l'organisation. C'est sur ce principe que se sont développés, dès l'après-guerre, les courants de management participatif qui vont inspirer les expériences désormais classiques, des États-Unis à l'Europe

9 COOP MANGER BIO fait en effet le constat d'un flou dans le rôle des premiers liens, qui « ne trouvent pas leur équilibre ni leur légitimité dans une posture difficile à tenir : faire du management sans lien hiérarchique mais avec les règles du jeu (de la constitution) » (Journal interne de COOP MANGER BIO, hors-série spécial « Leader de cercle », septembre 2020). Ce flou a engendré de nombreuses difficultés : des questions de justice sociale entre les coopéens, des problèmes de non-respect des règles, des accompagnements personnels disparates, la perte de vue de la raison d'être de COOP MANGER BIO, des pertes de motivation et des soucis de pilotage économique. Pour toutes ces raisons, tout en se défendant bien de réintroduire des « chefs », COOP MANGER BIO transforme le rôle de premier lien en leader de cercle, lui attribuant des missions administratives et RH, d'animation d'équipe, de réussite économique du cercle etc., qui semblent rompre, du moins en partie, avec les principes du management participatif ; mais il faut souligner que la remontée des tensions et les modes de décisions propres au système holacratique ne sont pas remis en question. Ces leaders de cercle seront nommés par le directoire, formés durant 6 mois et bénéficieront d'une augmentation de salaire.

en passant par le Japon, comme la direction par objectifs, les groupes semi-autonomes ou les cercles de qualité, et qui s'incarnent aujourd'hui dans les entreprises libérées et l'holacratie. H. Picard (2015) montre qu'on est arrivé depuis près de quarante ans à des déclinaisons de modèles se voulant chaque fois singuliers, a-théoriques ou se donnant l'apparence du « sens commun » ; modèles qui vont des différentes formes participatives de management jusqu'aux démarches d'*empowerment* (Bacqué et Biewener, 2015). Dans tous les cas, il s'agit de donner aux salariés le « pouvoir d'agir » sur leur travail en insistant notamment sur leur implication subjective et leur autonomie qui seraient au principe de l'émergence d'une intelligence collective.

Lorsqu'en 2001 Brian Robertson invente l'holacratie dans la société éditrice de logiciels *Ternary Software* qu'il vient de créer, il la voit comme une combinaison organisationnelle du *lean management*, du « management agile » et d'une sociocratie plus formalisée (Ughetto, 2018). Par le fonctionnement en groupes autonomes (les cercles) et la suppression des managers, l'holacratie propose une transformation du modèle organisationnel en un modèle d'action managériale distribuée visant à « organiser l'autonomie au travail ». Ce faisant elle reprend des principes du *Lean* et de « l'organisation apprenante » (Bunel *et al.*, 2008). Comme le *Lean*, l'holacratie met l'accent sur des dispositifs organisationnels dits « innovants » (raccourcissement de la ligne hiérarchique et travail en groupes notamment) et une autonomie plutôt évènementielle (Dayan *et al.*, 2008) ; mais le travail peut aussi y être relativement contrôlé en autorisant seulement une autonomie procédurale. Comme dans les organisations « apprenantes », le modèle holacratique encourage l'autonomie des salariés avec un faible contrôle du travail, ainsi qu'une forte communication et la présence de groupes de projets censés participer aux dynamiques d'apprentissage dans le travail. Dans les deux cas, l'importance des processus d'amélioration continue vise à la fois la performance économique et la satisfaction des travailleurs.

Ce dispositif managérial ne remet pas en question le lien de subordination juridique des salariés à l'entreprise puisque le contrat de travail des salariés de COOP MANGER BIO est un contrat de travail classique dans lequel ils doivent se conformer aux instructions de l'employeur et réaliser le travail confié par ce dernier. Toutefois, un avenant est ajouté au contrat stipulant que le lien de subordination se fait avec la constitution (*cf.* encadré 1). Ceci permet, le cas échéant, la sanction d'un salarié qui ne respecterait pas les règles de la gouvernance holacratique. L'holacratie propose donc une réinterprétation de la norme de subordination salariale attachée au contrat de travail dans la mesure où elle supprime le pouvoir unilatéral et hiérarchique du manager en distribuant de l'autorité managériale dans les rôles attribués aux individus. À COOP MANGER BIO, le fonctionnement-même de l'holacratie repose alors sur l'autonomie puisque chaque salarié a autorité dans son rôle, qu'il « énergétise » et endosse en vertu d'un principe d'autonomie évènementielle :

> Alors, moi en fait, la prise d'autonomie c'est quelque chose qui me va bien. C'est-à-dire que je m'y retrouve dans l'autonomie dans mon travail et dans le fait de me dire voilà si j'ai un rôle, si j'ai un domaine, je suis pas en attente de validation d'un tiers, j'y vais. Et donc, ça pour moi ça me va super bien. Donc, en ça, j'y ai trouvé quand même un certain confort, quelque chose, j'ai le sentiment, qui se professionnalise aussi, qui va plus vite. Et pour moi ça a fait émerger une, quelque chose qui serait ma spécificité au travail, ce que vraiment j'ai envie de, ma valeur ajoutée, le mot qui est employé partout. Mais oui, quelque chose comme ça. Oui. Donc ça, ça c'est positif. (Femme, 47 ans, 17 ans d'ancienneté, fonction support)

Cette liberté accordée aux salariés dans leurs domaines, renvoie à l'exercice d'une forme de démocratie au sein de l'entreprise : « l'idée que les intéressés ("les concernés") sont les meilleurs juges de leurs intérêts et que, grâce à l'expérience des dossiers qu'ils ont en charge, acquièrent les connaissances utiles et nécessaires pour infléchir la stratégie d'entreprise et les actions qui en découlent est une des plus constitutives de la démocratie participative pour Dewey (1927) et ses disciples » (Bonnemaizon et Béji-Bécheur, 2018, p. 139). Cette autonomie devient procédurale lorsqu'elle se déploie au niveau des cercles qui se réunissent une fois tous les quinze jours en moyenne. Les cercles ont un objectif d'amélioration continue, notamment par l'expression, lors de réunions de triage, des « tensions » des salariés qui donnent lieu à des « projets » ; et par la modification de « politiques », « rôles », « domaines » ou « redevabilités » lors de réunions de gouvernance. Lors d'une formation à l'holacratie de nouveaux facilitateurs, le formateur pose ainsi la question suivante aux participants : « Pourquoi la gouvernance est un cadeau fait à tous les coopéens et leaders de cercle par le cercle d'ancrage ? »… La réponse ne se fait pas attendre « parce que c'est une attribution de pouvoirs aux salariés[10] ». Cependant, s'ils mettent l'accent sur l'autonomie et l'implication des travailleurs, les effets du *Lean* ou du management participatif sur la représentation et l'action collectives ont toutefois été régulièrement soulignés et la mise en œuvre de l'holacratie à COOP MANGER BIO en donne une claire illustration.

II. GESTION ET FORMALISME OU COMMENT L'HOLACRATIE RÉGULE LES RAPPORTS SOCIAUX

II.1. L'HOLACRATIE COMME OUTIL DE GESTION DES RELATIONS SOCIALES

De l'incitation financière à rejoindre des groupes d'expression, en passant par des enquêtes, les dispositifs du management participatif ont été depuis longtemps expérimentés pour faire en sorte d'associer les salariés aux décisions. En même temps, sans pour autant y voir nécessairement des stratégies managériales délibérées de manipulation des salariés, cette procéduralisation de la participation a pour effet d'étendre les facultés de contrôle qu'elle offre aux autorités qui la pilotent (Blondiaux *et al.*, 2011), en mettant en œuvre des outils d'observation et de gestion des relations sociales. Ce faisant, elle encourage le développement d'une « démocratie d'élevage » appuyée sur des dispositifs formels institutionnalisés, plutôt que celui d'une « démocratie sauvage » (Mermet, 2007) provenant des manifestations et expressions des salariés de manière spontanée ou coalisée.

On retrouve par exemple, à COOP MANGER BIO, des techniques classiques de gestion de personnel qui ne sont pas sans rappeler le paternalisme, et qui peuvent mettre en œuvre des mécanismes infantilisants, à l'opposé de l'autonomisation revendiquée par l'holacratie :

> Donc là on faisait pas du tout confiance, c'est « ils savent pas, ils sont trop petits ». J'avais l'impression de ça, quoi. « Il faut qu'ils grandissent », ça veut quand même dire « ils sont petits, ils sont tout petits ». Donc c'est hyper infantilisant. Et alors là, je me disais ça, ça va pas, ça colle pas du tout avec

10 Observation réalisée le 8 octobre 2020 au siège de COOP MANGER BIO.

> le principe, pour moi, de l'entreprise libérée, de toute cette autonomisation. Donc on exige des gens d'être plus autonomes, et on leur a dit, c'est dit, à l'oral, beaucoup, etc. Mais en même temps on les traite comme s'ils pouvaient pas. Donc là, quand on entend des injonctions comme ça, contradictoires, je pense que... Après les gens ils bougent plus, en fait, ils savent plus trop ce qu'on attend d'eux, si c'est trop ou pas assez, bof, je fais mon taf et puis voilà. (Femme, 43 ans, ex salariée, fonction support)

Les outils dits « d'observation sociale » sont surtout mobilisés dans les grandes entreprises dotées de services et de professionnels de la gestion des ressources humaines. Une PME comme COOP MANGER BIO peut toutefois y recourir grâce aux dispositifs très formalisés fournis clés en main par *Holacracy*® qui propose par exemple l'usage de questionnaires évaluatifs sur l'holacratie en général ou sur des éléments particuliers comme les leaders de cercle.

Cette formalisation se retrouve dans la constitution que tout le monde reçoit à son arrivée à COOP MANGER BIO et doit connaître ; dans le logiciel que chacun doit consulter et renseigner en continu, et donc maîtriser ; et jusque dans le vocabulaire que les salariés doivent utiliser puisque, en plus de tous les termes propres à l'holacratie (cercles, rôles, tensions, types de réunion, énergiser, facilitateurs...) que les « coopéens » apprennent, les modalités de discussions sont codifiées non seulement dans les réunions mais aussi, en principe, dans les interactions bilatérales. Ainsi, lorsqu'un salarié adresse une tension à un autre, il se voit en théorie répondre : « Quelle est ta tension ? Dans quel rôle parles-tu ? ». L'individu, et ses potentielles revendications, s'efface donc derrière le rôle et sa dimension fonctionnelle.

De plus, la direction met en place des groupes de travail sur de multiples sujets dont certains parmi les plus stratégiques : revue appréciative (procédure d'entretien annuel), augmentation des salaires, etc. Pour échapper à une critique éventuelle d'une instrumentalisation de la participation, la présidente du directoire insiste d'ailleurs sur l'importance de représentativité de ces groupes de travail :

> Quand on crée un groupe et surtout Carole, au niveau de, de la GRH est extrêmement vigilante à ça, je crois qu'y avait une personne du (nom du siège). Ils étaient 10 et y avait une personne du siège. Et le reste des, des personnes qui ont travaillé sur ce groupe étaient issues des magasins, issues de la restauration, je crois même qu'y avait quelqu'un qui était issu du laboratoire

> charcuterie. Enfin voilà, enfin on est extrêmement, non parce que sinon, enfin voilà, enfin ça a pas de sens, faut pas exagérer. Le siège rassemble des personnes qui fonctionnent en holacratie, qui sont premiers liens, etc., enfin voilà. Non, mais là, là on fait semblant de. L'idée c'est de vraiment aller constituer des groupes, avec des personnes qui représentent la diversité, la biodiversité de COOP MANGER BIO. Sinon, c'est pas possible, le processus il peut, il doit même pas exister, enfin il doit même pas être publié, enfin… Et ça aussi ça fait partie de, de l'éthique, entre guillemets, et des valeurs que l'on, que l'on soutient. (Femme, 55 ans, 21 ans d'ancienneté, présidente du directoire)

Un instrument comme le logiciel *Holaspirit* permet en outre d'avoir une vue panoptique sur tous les cercles et les questions qui s'y posent puisque tous les salariés doivent, en principe en continu, y inscrire leurs actions, leurs attentes et leurs tensions. De la même manière, les réunions de triage, très codifiées, sont le lieu d'expression de toutes les questions individuelles. Elles commencent par un « tour d'inclusion », s'apparentant à une forme de météo individuelle, puis s'enchainent : une « revue de la *check-list* », où les participants valident – ou non – des affirmations telles que « J'applique les politiques du cercle », « J'adhère à la raison d'être de mon cercle » etc. ; une « revue des indicateurs », données qualitatives et quantitatives sur l'activité des magasins ; les nouvelles sur les projets – en cours, en attente, terminés ; l'établissement d'un ordre du jour avec l'ensemble des tensions à traiter – demande ou partage d'informations, points de blocage ; puis le « triage des points » où chacun expose sa tension, en répondant à la question posée par le facilitateur « de quoi as-tu besoin ? » et où peuvent être adoptés des projets. La réunion se termine par un tour de clôture où chacun exprime un retour sur la réunion qui s'achève. En plus de permettre la gestion de réunions et l'identification en continue des tensions, cette formalisation des positions, des fonctions et des modalités de prises de parole ou de décisions a comme finalité de responsabiliser les salariés qui n'ont le droit de s'exprimer que si leurs rôles et leurs domaines les y autorisent ou s'ils sont « impactés » dans leurs rôles. Mais de la règle à la pratique, cette formalisation peut avoir un effet d'inertie très important obligeant parfois la voie hiérarchique, pourtant abolie, à être à nouveau empruntée :

> Je te donne un exemple, y'avait une collègue qui avait besoin d'une table roulante pour la machine à fromage parce que le poste n'était pas adapté, et bien ils ont fait une table roulante mais il a fallu 9 mois pour avoir la table

> en question à la bonne hauteur. Celui qui était en charge du rôle SAM, tout ce qui est maintenance, matériel, etc., dans l'entreprise, il a un rôle pour ça qui enveloppe tous les magasins et tu es obligé d'avoir son autorité. Alors en holacratie, tu lui mets un projet « la table de la machine à fromage est adaptée », c'est une phrase, en holacratie c'est une phrase. Alors le mec, il a le projet, et bien il met le temps qu'il veut pour faire le projet et que si celui-ci il ne le juge pas prioritaire et bien il ne le fait pas. Sauf que ça impacte l'équipe, et seul le premier lien du cercle général peut dire à cette personne, c'est dans la constitution, « tu fais ce projet » et là, s'il ne le fait pas, y'a sanction disciplinaire possible. Mais encore une fois, premier lien du cercle général, hiérarchie, il le fait parce que y'a quelqu'un de la hiérarchie, ce qui revient à un système pyramidal classique. Alors que nous, ce qu'on voudrait dans les magasins c'est qu'il y ait une autonomie réelle. (Homme, 55 ans, 11 ans d'ancienneté, magasin)

En dehors des situations prévues par la procédure, il est donc en principe impossible d'intervenir ou d'émettre un avis sur le travail d'un autre collègue en vertu des principes de subsidiarité et de confiance dont il convient d'étudier les effets sur les relations de travail.

II.2. LE FORMALISME HOLACRATIQUE AU PRINCIPE DE L'INDIVIDUALISATION DES RELATIONS DE TRAVAIL

La démarche de libération d'entreprise, en particulier dans sa déclinaison holacratique, peut se résumer à trois grands principes (Mélo, 2019) : la confiance – qui doit remplacer le contrôle ; la subsidiarité – celui qui sait, c'est celui qui fait ; et la construction d'un collectif, voire d'une communauté, à l'échelle de l'entreprise. Or on observe que la mise en œuvre de ces principes est à l'origine de l'individualisation des relations de travail et d'un affaiblissement des modes collectifs de régulation des rapports sociaux, comme ce fut déjà le cas pour les formes précédentes de management participatif (Tixier, 1986).

Le principe de subsidiarité repose en particulier sur l'idée que l'entreprise sera plus efficace dès lors que le pouvoir est donné à celui qui est au plus près de l'action à accomplir. Il consiste à favoriser la prise d'initiatives en insistant sur l'autonomie et la créativité des travailleurs considérés comme étant les plus compétents dans la résolution des problèmes rencontrés dans leurs activités, et en qui on doit donc avoir confiance. Il correspond par conséquent aux attentes d'un grand nombre de travailleurs soucieux d'avoir moins de contrôle, plus d'autonomie et de responsabilités dans leur travail. Toutefois, on peut aussi voir dans cette logique de subsidiarité une accentuation des logiques de compétences et de responsabilisation, dont il a été montré que les dispositifs concrets de mise en œuvre contribuent à individualiser la relation entre les entreprises et les salariés, et la relation de chacun à son travail (Linhart, 2015). En effet, les « démarches compétences » s'affranchissent « des contraintes de l'administration collective des postes de travail au profit d'une gestion plus individualisée et plus décentralisée des salariés. (…) Les démarches compétences déstabilisent les rôles traditionnels des partenaires de la régulation sociale dans l'entreprise » (Baraldi *et al.*, 2002, p. 11). Cette mise en avant de ce que J.-D. Reynaud appelle les « régulations autonomes » (1988) transforme sensiblement les enjeux de la régulation des rapports sociaux. Or le système holacratique repose sur l'autonomie des cercles mais aussi de leurs membres dont les rôles sont clairement définis et dans lesquels ils doivent être autonomes. Cela permet à la direction de contourner la discussion collective en renvoyant directement aux « individus-rôles » dans ces espaces fonctionnels :

> Enquêtrice : Et par rapport aux tensions que vous remontez, le directoire, il se les approprie un minimum, il essaie d'y répondre ?
> Salarié : Mais, comme le directoire c'était nos interlocuteurs légaux, mais que eux-mêmes étaient soumis à la constitution et donc à des rôles, ils se cachaient derrière en disant allez-vous reporter à telle autorité ou telle autorité. Oui mais non, en fait, c'est, c'est pas comme ça que ça marche. Donc on a réussi à leur faire comprendre ça, et maintenant on a des vraies réponses. Donc, certes, ils ont peut-être des, des questions à poser aux rôles concernés, mais au moins c'est eux qui nous donnent les réponses, c'est pas à nous d'aller chercher les réponses chez tel ou tel rôle. (…) Maintenant c'est réglé. Mais on a eu un moment où ça c'était, ils se cachaient derrière des rôles, et puis nous on s'est dit ça sert à rien, quoi, c'est une réunion de triage sans réponses, quoi. Ça sert à rien. À un moment donné, si ça avait duré on aurait tous démissionné, et puis c'était, c'était réglé, quoi. (Homme, 34 ans, 11 ans d'ancienneté, référent secteur, membre du CSE)

Les réunions de triage et de gouvernance sont certes des espaces de délibération où les individus peuvent s'exprimer et réagir collectivement, mais il apparaît malgré tout que le principe même des rôles renforce l'initiative individuelle et encourage les échanges bilatéraux :

> Nous, en holacratie, on encourage les gens à aller direct à la personne concernée en disant tu as le droit de lui demander de prendre ce projet-là, tu as le droit de lui demander dans combien de temps tu penses l'avoir fait. Voilà. Donc, obligatoirement, le dialogue social qui, dans une entreprise plus classique, passe par les représentants du personnel, parce que le seul moyen de discuter avec la, la GRH ou la direction c'est le canal CSE. Ce canal-là, nous, de par l'holacratie, on encourage les gens à l'avoir en direct. Et qu'eux ils ont le droit de le faire, et que personne n'a le droit de faire. Une fois que t'as pris ce, ce pli-là, en fait t'as moins besoin, puisqu'en fait tu, tu traites tes tensions en direct, ou tes problèmes en direct. Donc forcément t'as, t'as un besoin qui, ce dialogue là il existe mais t'es, t'es plus en besoin de passer, moins… On va pas dire, peut-être pas, plus, mais t'es moins en besoin de passer par ce canal, ce canal-là. Ce qui fait qu'obligatoirement, t'as peut-être moins de questions parce que tu les as traitées en amont, en fait. (Homme, 55 ans, 12 d'ancienneté, fonctions support, membre du directoire)

Paradoxalement, alors qu'il cherche à corriger les excès individualisants de l'autonomisation en revalorisant les fonctionnements collectifs, à l'instar des cercles, le système holacratique de remontée des tensions (des réunions de gouvernance et de triage jusque dans l'imposition d'un vocabulaire et de modalités d'échanges entre les salariés) est un dispositif qui a pour conséquence de contrôler l'expression collective des salariés dont les savoir-être deviennent tout aussi importants que les savoir-faire.

L'expression « savoir-être » est apparue à maintes reprises dans les entretiens ou les échanges informels laissant deviner l'importance d'adhérer au projet organisationnel pour se sentir bien et évoluer dans l'entreprise. Toutefois, tous les salariés ne souhaitent pas ou ne sont pas en mesure de développer ces savoir-être. Si l'enquête qualitative ne permet pas d'en donner une vision représentative, on peut observer que certaines variables expliquent que l'on parvienne à jouer plus ou moins bien le jeu holacratique. Il en va par exemple du statut d'emploi : un salarié en contrat court sera moins incité à s'approprier les procédures holacratiques qu'une personne en CDI qui pourra se projeter dans l'entreprise, et d'autant plus qu'il ne bénéficiera pas de formation renforcée à l'holacratie[11]. De la même manière, le métier ou la localisation

---

11 Le panel interrogé n'est pas représentatif de l'ensemble des salariés puisque les enquêtés sont tous en CDI. Le cas des CDD a cependant été abordé lors de discussions informelles et de certains entretiens pour souligner le fait qu'il serait trop lourd de former des salariés de passage à l'holacratie dont le fonctionnement est long à s'approprier comme le dit par exemple cette salariée depuis 5 ans en magasin (après avoir commencé elle-même par des

de l'activité ont des effets sur la participation au fonctionnement du système : remplir en continu le logiciel Holaspirit est ainsi plus simple pour qui travaille au siège devant un ordinateur sur des fonctions supports, que pour des employés en restaurant ou en magasin. La prise de parole dans les différentes réunions – quand bien même elle est donnée obligatoirement à tout le monde et dans un ordre prédéfini –, n'est pas aisée pour tous, selon les trajectoires sociales (et notamment scolaires et professionnelles) de chacun. Dès lors, on voit que les caractéristiques individuelles ont des effets décisifs sur la possibilité de participer à l'holacratie.

Si collectif il y a, c'est donc un collectif très particulier, celui de l'entreprise à la raison d'être de laquelle tout le monde doit adhérer et doit contribuer. Comme le montre D. Linhart, « les évolutions liées à la modernisation managériale ont transformé les salariés. Elles ont développé un rapport au travail plus personnalisé, où chacun est sollicité dans ses dimensions les plus intimes, avec ses désirs de reconnaissance, de réalisation, d'affirmation de soi, et ses extensions narcissiques. Si l'on veut donner plus d'autonomie aux salariés et miser sur la confiance, il faut être aussi en mesure de réguler leurs dimensions personnelles qui pourraient les conduire à perdre de vue les objectifs de leur direction » (Linhart, 2021, p. 202). On retrouve alors dans les organisations holacratiques les traits de ce que M. Darmon appelle une « institution enveloppante », soit une institution « puissante mais non totalitaire », « violente mais soucieuse du bien-être de ses membres » dans laquelle l'emprise exercée pour « mettre au travail » est d'autant plus forte qu'elle est sincère et moins brutale, et qu'elle « opère en individualisant plutôt qu'en homogénéisant » (Darmon, 2013). Or cette individualisation des relations sociales n'est pas sans effet et, combinées aux pratiques d'observation sociale très formalisées, elle est révélatrice, si ce n'est dans ses intentions du moins dans ses conséquences, d'une « managérialisation des stratégies patronales de neutralisation et de répression de l'action syndicale » (Giraud, 2013, p. 42) et, plus généralement, d'une

CDD) : « Donc, du coup 10 personnes en CDD, 10 personnes à former, à s'occuper. Et en fait, du coup l'holacratie, dans ces moments-là, on peut pas demander à des personnes qui viennent d'arriver sur le magasin, de connaître le langage holacratique, de comprendre tout, comment fonctionne, à qui appartient tel rôle, j'ai tel problème faut que j'appelle telle personne, c'est hyper compliqué ».

mobilisation collective dépolitisée dont la place accordée au CSE à COOP MANGER BIO est le symptôme.

III. L'INVISIBILISATION DU CSE AU PRINCIPE D'UNE DÉPOLITISATION DU DIALOGUE SOCIAL

III.1. FAVORISER LA PARTICIPATION DIRECTE : LA FAIBLE PRÉSENCE DES REPRÉSENTANTS TRADITIONNELS DU DIALOGUE SOCIAL

Les « coopéens » interrogés font plutôt état d'une certaine satisfaction à travailler à COOP MANGER BIO, satisfaction liée à leurs horaires de travail, leur rémunération, une ambiance dans les équipes généralement décrite comme bonne, et une adéquation entre leurs convictions personnelles et le projet politique défendu par la coopérative, autour de l'agriculture biologique. Comme le soulignent Joutard *et al.* (*op. cit.*), dans l'ESS, les salariés sont poussés par des motivations pro-sociales qui peuvent être extérieurement régulées, et qui renforcent les motivations intrinsèques, liées à l'intérêt du travail en lui-même ainsi qu'à l'appartenance à un collectif. Si le travail est individualisé, l'engagement, lui, s'inscrit dans un collectif auquel il est plus difficile de s'opposer au nom de valeurs communes. Toutefois, cette relative satisfaction exprimée n'empêche pas les conflits et des revendications pouvant nécessiter la mobilisation des représentants du personnel : des sujets comme l'octroi de primes d'intéressement ou d'avantages sociaux, le respect du Code du travail, l'annualisation du temps de travail, des demandes de justification sur les choix pris par le directoire, les salaires, etc., sont ainsi régulièrement évoqués. Le recours aux représentants du personnel apparaît d'autant plus utile que ces questions peuvent difficilement faire l'objet de « tensions », dans la mesure où elles ne concernent pas des cercles en particulier ou des rôles spécifiques (à part peut-être le cercle RH dont l'action pourrait alors être vue comme étant autoritaire).

On constate cependant qu'en encourageant et en organisant de manière extrêmement formalisée l'expression directe des « tensions », le système holacratique court-circuite la fonction des acteurs de la représentation collective quand bien même certains rôles ou fonctions ne sont pas prévus dans le dispositif : si les plaintes individuelles peuvent être abordées en CSE par l'intermédiaire des représentants du personnel, les questions relatives à la santé et à la sécurité sont généralement traitées sous la forme de projets suite à l'expression de tensions en réunions de triage. Les questions d'emploi et de salaires, elles, sont plutôt laissées à l'arbitrage du directoire dans la mesure où elles ne sont pas inscrites dans les fonctions des autres cercles ou rôles de l'entreprise mais qu'elles relèvent des propres rôles de ce dernier. Les salariés membres du CSE nous ont par ailleurs rapporté que l'obligation de consultation du CSE était régulièrement ignorée par le directoire, par exemple lorsque ce dernier a pris les décisions de passer des premiers liens aux leaders de cercle, de geler l'embauche de personnes en CDD pour faire face au déclin du chiffre d'affaires, ou encore d'ouvrir de nouveaux magasins.

La présence du CSE est, en effet, principalement envisagée par le directoire comme une mise en conformité juridique et non comme un lieu de débat autour des politiques de l'entreprise ou de règlement des problèmes des salariés puisque le dispositif holacratique doit permettre la résolution des tensions. On constate ainsi que dans le fonctionnement de l'holacratie, l'existence des rôles permet à la direction de renvoyer les questions potentiellement conflictuelles aux cercles et à leurs membres, vidant ainsi le CSE de sa fonction d'espace dans lequel la direction répond au collectif des salariés *via* leurs représentants élus. Tout se joue comme si l'autorité du CSE venait empiéter sur celle des cercles, alors que ces derniers sont supposés être les organes auxquels les salariés rapportent leurs demandes et revendications :

> Ça a été compliqué au départ, à faire le tri entre tout ce qui relevait des questions du CSE et ce qui relevait des questions où je devais répondre directement, sans empiéter sur les autorités de, des cercles. Par exemple, au niveau de, au niveau de la GRH, y a eu une demande de prise en charge totale des transports par COOP MANGER BIO. Dans ce cas-là, moi ce que je fais, parce que si je dis oui je suis d'accord, ou non je suis pas d'accord, puisqu'on en prend déjà une grosse partie en charge, mais je, en tout cas c'est, quelque part c'est pas à moi de prendre cette décision-là. Quelque part c'est au cercle GRH, ça appartient à, c'est de l'autorité du cercle GRH, donc je soumets à, aux différents cercles toutes les questions CSE qui touchent à leur autorité, et je les rapporte au CSE, en fait, pour le… Je suis, quelque part, le, le tunnel, finalement, le tunnel de, de réponse vis-à-vis, vis-à-vis des CSE. (Femme, 55 ans, 21 ans d'ancienneté, présidente du directoire)

Cette place est aussi remise en cause puisque le rôle des membres du CSE, élus par l'ensemble des salariés selon un scrutin de liste avec représentation proportionnelle à la plus forte moyenne, est, dans certaines de ses attributions, remplacé par les rôles rouages de l'holacratie : le facilitateur, le secrétaire et le second lien qui sont élus selon un principe d'élection sans candidat ou « Processus d'Élection Intégrative ». Selon ce principe, chaque membre du cercle propose la personne qu'il estime la plus adaptée à la fonction et justifie son choix. Elle est acceptée ou non par consentement des membres. Dans ce mode d'élection, tous les salariés sont susceptibles d'être élus, et aucun *quorum* n'est nécessaire. Lors d'une réunion de gouvernance du cercle « commerce » à laquelle nous assistions, le second lien (rôle chargé de remonter les tensions dans le cercle « supérieur ») a été élu alors que 5 membres seulement sur 23 étaient présents ; et il nous a été précisé que cette faible participation n'était pas un problème car cette décision pouvait tout le temps être remise en question[12]. On peut voir dans ce mode d'élections une forme de dépolitisation de la représentation dans la mesure où il n'y est pas question de représenter ses collègues, comme dans le cas des membres du CSE, mais bien de faire fonctionner le système holacratique. Comme le précisent T. Weil et A.-S. Dubey dans leur étude proposant des points de vigilance aux dirigeants souhaitant se lancer dans une démarche de libération de leur entreprise : « Les niveaux de participation sollicités sont variés mais ils dépassent généralement la simple consultation pour couvrir un spectre pouvant aller de la concertation à la codécision, en passant par la délibération, selon les objets traités. Il s'agit dans tous les cas de solliciter une participation directe des salariés qui ne soit pas "intermédiée" par le management, les institutions représentatives du personnel ou les syndicats. (...) Tout cela dessine des cellules, concentriques, superposées ou connectées, temporaires, évolutives ou permanentes, qui favorisent les appartenances croisées, le cumul de plusieurs fonctions ou rôles pour un même individu, et la construction progressive de relations décloisonnées et plus denses au sein des équipes comme de toute l'organisation » (Weil et Dubey, 2020, p. 71). Que ces « cellules » s'appellent « ateliers », « groupes d'amélioration » ou « cercles » dans le cas de l'holacratie, on retrouve chaque fois l'idée que toutes les questions – qu'elles soient fonctionnelles et techniques, de l'ordre des

---

12 Observation réalisée le 13 octobre 2020 au siège de COOP MANGER BIO.

valeurs de l'entreprise ou des ressources humaines, peuvent être traitées directement et de manière autonome par les salariés dès lors qu'ils font appel aux bonnes personnes dans les bons cercles sans avoir besoin de recourir à des managers ou à des représentants syndicaux.

III.2. LES « TENSIONS » AU PRINCIPE DE LA DÉPOLITISATION

Le système holacratique n'a pas pour principe explicite de neutraliser les conflits puisque la remontée systématique des « tensions » vise justement à mettre au jour les difficultés et à désamorcer le plus tôt possible les problèmes qui pourraient en découler. On s'aperçoit cependant que ses mécanismes font écho à des modes traditionnels de gestion des conflits ayant comme conséquence, si ce n'est comme objectif, de contourner l'action collective et politisée.

> Et en fait, je pense aussi que, et d'ailleurs on le voit, nous, dans nos questions, y a très peu de questions. Je veux dire, le fait, je sais pas si c'est lié au fait de fonctionner en holacratie, mais y a très peu de questions DP, vraiment, quoi.
>
> C'est, mais le côté DP y a très peu de questions, en fait. En fait les choses elles se traitent au fur et à mesure, directement, les rôles, voilà, les rôles le font. Alors on a quelques questions, si tu veux, et puis on demande au cercle GRH de nous apporter les, les réponses, et puis voilà, quoi. (Homme, 55 ans, 12 d'ancienneté, fonctions support, membre du directoire)

Deux symptômes de cette dépolitisation de la gestion collective des relations sociales peuvent être observés à COOP MANGER BIO : d'une part dans le type de sujets traités par le CSE et d'autre part dans l'absence de délégués syndicaux (DS)[13]. On a évoqué précédemment l'absence en CSE de questions relatives aux intérêts collectifs comme les salaires, le développement de l'entreprise ou la politique de l'emploi ; ces problématiques ont en effet laissé la place à des questions relevant de l'action sociale, de la « tension » individuelle (qui est alors renvoyée au cercle ou à la réunion de triage), voire de l'anecdote et sont généralement d'ordre plus opérationnel que stratégique :

> Salarié : On en arrive même où des fois, en fait, enfin moi je me dis y a un côté, être second lien c'est pas mal parce qu'on peut aller aux réunions, on

13 L'absence de DS s'explique ici en grande partie par l'effet taille de l'entreprise (qui n'est passée que très récemment à plus de 250 salariés), la mise en œuvre de l'holacratie agissant ici dans le sens d'une accentuation de ce phénomène.

apprend des choses. C'est bien, enfin la curiosité, moi je suis assez curieux, j'aime bien savoir des choses. Mais en fait, s'il faut remonter la tension de Tartempion, que c'est sa propre tension et que sérieusement, en fait, ça va bassiner tout le monde, c'est un peu casse-pied, quoi.
Enquêtrice : Oui. On a interrogé des seconds liens qui avaient ce discours.
Salarié : Alors qu'à un moment donné en réunion syndicale, enfin si Tartempion il a son problème et que tout le monde lui fait bien comprendre que son problème c'est que son problème et que faut arrêter de bassiner les gens.
(Homme, 33ans, 1 an d'ancienneté, magasin, syndiqué)

Le développement des formes de management participatif soulève la plupart du temps des interrogations quant au rôle des acteurs syndicaux dans la mesure où les entreprises peuvent faire participer les salariés directement sans passer par eux (De Coster et Pichault, 1998). Les entreprises holacratiques sont confrontées à ce questionnement. Leurs promoteurs interrogent d'ailleurs la « raison d'être » des syndicats, à l'instar de B.-M. Chiquet d'iGi Partner dans un article de *Contrepoints* au titre évocateur « Syndicats et salariat : chronique d'une mort annoncée[14] ? » où il écrit : « (N)ombre d'acteurs de la vie syndicale de nos entreprises sont parfaitement au fait du risque "mortel" qui menace leur rôle au sein de l'organisation. Certains d'entre eux sont ainsi souvent convaincus que le management constitutionnel, avec l'adoption de l'holacratie par exemple, est un levier inédit et essentiel pour servir les revendications qui sont les leurs. (…) Pourtant, la transmutation vers un management constitutionnel peut poser problème aux syndicats et à leurs représentants. Fruit du modèle conventionnel, la radicalité du changement porté par le nouveau système vient se heurter à un modèle mental inadapté. La nouvelle organisation est perçue comme une menace du "monopole de l'information" détenu jusque-là par les syndicats. (…) Dans ces conditions, on saisit mieux l'effort qui devra être accompli par les syndicats qui souhaitent répondre à ce changement de paradigme, aux enjeux qui sont ceux d'un salariat transcendé et d'une entreprise à l'organisation totalement réinventée. Incontestablement, syndicats et salariat tels que nous les connaissons avec l'organisation conventionnelle sont en sursis. À eux de se réinventer pour répondre à une réalité plus riche et complexe que jamais ».

---

14 Article publié le 24/07/2020 en ligne à l'adresse suivante (consultée le 03/05/2022) : https://www.contrepoints.org/.

De nombreux travaux ont déjà montré que l'émergence de nouveaux modes d'organisation du travail et d'encadrement de la main-d'œuvre avait autant pour objectif d'accroître la « motivation » des salariés que de les détourner de l'action syndicale (Béroud *et al.*, 2008). Si l'adoption de l'holacratie par les dirigeants de COOP MANGER BIO n'est pas motivée par des questions relatives au dialogue social, le système mis en œuvre dans le cadre d'un accompagnement par iGi Partner n'est pas sans rappeler les « recettes managériales » décrites par B. Giraud à partir d'une ethnographie de trois stages de formation organisés par des cabinets de conseil en management spécialisés dans le domaine de la gestion des relations sociales en entreprise. Il montre que ceux-ci « s'articulent en premier lieu à une vision dépolitisée des causes du mécontentement du personnel, consistant à dissocier les motifs "réels" de leur insatisfaction des motifs de revendications économiques et sociaux défendus par les syndicats. Si l'entreprise est un lieu de conflit, la mobilisation collective des salariés est, en effet, interprétée avant tout comme le résultat d'une accumulation de problèmes individuels protéiformes. (…) (L)es syndicalistes auraient le champ libre pour se saisir de ces problèmes, et en faire un levier pour enrôler les salariés dans un mouvement de protestation tout en retraduisant leurs griefs dans des registres de revendication plus collectifs et politiques » (Giraud, *op. cit.*, p. 31). Pour éviter cette politisation et faire en sorte que les « risques sociaux » n'alimentent pas l'action collective et syndicale, la gestion par la « tension » s'avère être un moyen si ce n'est premier, du moins induit et efficace, qui permet de se passer des IRP, et notamment de DS, susceptibles d'être à l'origine de revendications plus collectives et politiques potentiellement en opposition avec les orientations de la direction, et qui ne trouvent alors pas d'espace d'expression :

> Salarié : Et j'ai un peu cette impression que Coop Manger Bio, en fait, avec l'holacratie, eux ils considèrent que, en fait, le CSE il a pas tellement sa place. Y a pas besoin qu'il y ait une quelconque organisation syndicale, puisque y a l'holacratie, et que l'holacratie c'est le moyen de faire remonter ses tensions. Alors que dans l'holacratie, en fait, on fait juste remonter des, enfin c'est le triomphe de l'individualisme, en fait. Je viens, j'ai une tension et je vais la faire remonter.
> Enquêtrice : Oui.
> Salarié : Que par le, le biais syndical, le but c'est quand même d'avoir le maximum, l'objectif c'est toujours d'être un syndicat de masse, enfin c'est d'être plus nombreux pour construire une réflexion collective et l'emmener. (Homme, 33ans, 1 an d'ancienneté, magasin, syndiqué)

CONCLUSION

À travers cette étude de cas, nous montrons que les formes de participation des salariés observées dans une organisation holacratique s'inscrivent dans une longue tradition de management participatif qui n'est pas sans effet sur le dialogue social. Cette forme managériale couplée à un mode spécifique d'organisation du travail favorise en effet la participation directe des salariés tout en permettant un contrôle des relations sociales en entreprise. En mettant en avant l'expression directe des « tensions » et en s'appuyant sur le principe de subsidiarité, le système holacratique tend alors à favoriser une logique de compétences et de savoir-être qui contribue à l'individualisation des relations de travail. Cette individualisation se joue au détriment d'un dialogue social collectif et politisé, vidant de leurs fonctions les espaces traditionnels de représentation et d'expression des salariés.

Les promoteurs de l'holacratie s'accordent pour dire qu'il faut environ 10 ans pour que cet outil soit pleinement accepté au sein d'une structure et fonctionne de façon optimale. La structure étudiée ici se situe au milieu du gué. Face aux voix contestatrices qui s'expriment et à la perception des dysfonctionnements, la direction n'a eu de cesse d'ajuster le système depuis sa mise en place, mais davantage pour redéfinir le rôle des managers (les nouveaux « leaders de cercle » qui remplacent les premiers liens) que pour travailler des formes de dialogue social plus collectif. Et pourtant, les entreprises de l'ESS dont relève de manière revendiquée COOP MANGER BIO appellent, au moins dans leurs instances de représentation nationale, à une forme d'exemplarité notamment dans ce domaine vis-à-vis du monde économique « classique ». En édictant en 2017 le guide des bonnes pratiques de l'ESS, le Conseil Supérieur de l'ESS met en exergue la nécessité, pour les employeurs, de mettre en œuvre une gestion de leurs ressources humaines cohérente avec les valeurs défendues par le secteur, notamment dans le domaine du dialogue social et de la négociation collective, en allant au-delà des obligations légales ou conventionnelles. Or, en encourageant certains salariés à trouver des voix d'expression en dehors d'un système très formalisé où la critique est difficile à exprimer et la prise de parole contrainte bien que théoriquement encouragée, le CSE pourrait trouver un nouveau souffle, là où le dispositif organisationnel semblait l'avoir vidé d'une partie de ses fonctions.

Ainsi, la syndicalisation récente, à COOP MANGER BIO, d'une dizaine de salariés pourrait contraindre la direction à inscrire formellement sur son agenda le sujet de la négociation collective. Cette syndicalisation s'explique en grande partie par un malaise plus général qui touche le réseau national auquel appartient COOP MANGER BIO (réseau dont aucun autre membre n'est passé à l'holacratie). En effet, le réseau connaît depuis 2020 une série de conflits sociaux liés à la crise de croissance à laquelle de nombreux salariés attribuent des pratiques proches de la grande distribution qui éloignent l'enseigne de ses valeurs coopératives et sociales fondatrices. On peut toutefois également faire l'hypothèse que l'holacratie, en formalisant la consultation et l'échange entre les salariés autour de questions principalement opérationnelles, a contribué à encourager la syndicalisation de manière paradoxale dans une entreprise de l'ESS, pour répondre à des tensions que le système ne permet pas de prendre en charge. Comme ont pu l'évoquer certains de ces nouveaux syndiqués[15] lors de nos échanges, la syndicalisation apparaît comme une manière de porter collectivement des revendications pour décloisonner le système holacratique dans lequel ils se sentent cantonnés dans des rôles. S'il est impossible à ce stade de proposer une analyse sur les conséquences de cette syndicalisation récente à COOP MANGER BIO, les prochaines élections des représentants du personnel prévues en 2022 seront peut-être un moment décisif pour penser un nouveau mode d'articulation entre holacratie et dialogue social.

---

15 Une des personnes rencontrées était déjà syndiquée dans une section différente, le transport, avant son arrivée à COOP MANGER BIO, tandis que pour d'autres il s'agit d'une première syndicalisation.

RÉFÉRENCES BIBLIOGRAPHIQUES

Bacqué M., Biewener C., 2015, *L'empowerment, une pratique émancipatrice ?*, La Découverte.

Baraldi L., Durieux L., Monchatre S., 2002, « La gestion des compétences : quelle individualisation de la relation salariale ? », *in* Brochier D. (Coord.), *La gestion des compétences : acteurs et pratiques*, Economica, p. 113-135.

Béroud S., Denis J.-M., Desage G., Giraud B., Pélisse J., 2008, *La lutte continue ? Les conflits du travail dans la France contemporaine*, Éditions du Croquant.

Bidet É., 2003, « L'insoutenable grand écart de l'économie sociale Isomorphisme institutionnel et économie solidaire », *Revue du MAUSS*, 1(1), p. 162-178.

Bidet É., Filippi M., Richez-Battesti N., 2019, « Repenser l'entreprise de l'ESS à l'aune de la RSE et de la loi Pacte », *RECMA*, 353(3), p. 124-137.

Blondiaux L., Fourniau J., 2011, « Un bilan des recherches sur la participation du public en démocratie : beaucoup de bruit pour rien ? », *Participations*, 1, p. 8-35.

Bonnemaizon A., Béji-Bécheur A., 2018, « Démocratie du statut à l'action : Étude de cas d'une SCIC dans le secteur des musiques actuelles », *Revue française de gestion*, 7(7), p. 123-142.

Borivosa K., Rey F., 2014, « Conflits et régulations sociales dans les PME françaises », *Idées économiques et sociales*, 4, p. 19-26.

Bunel M, Dayan J.-L., Desage G., Perraudin C., Valeyre A., 2008, « Formes d'organisation du travail et relations de travail », *Rapport de recherche Centre d'Études de l'Emploi*, n° 53, décembre.

Colle R., Corbett-Etchevers I., Defelix C., Perea C., Richard D., 2017, « Innovation et qualité de vie au travail : les entreprises "libérées" tiennent-elles leurs promesses ? », *Management & Avenir*, 93(3), p. 161-183.

Darmon M., 2013, *Classes préparatoires. La fabrique d'une jeunesse dominante*, La Découverte, 280 p.

Dayan J., Desage G., Perraudin C., Valeyre A., 2008, « La pluralité des modèles d'organisation du travail, source de différenciation des relations de travail », *in* Amossé T. (éd.), *Les relations sociales en entreprise : Un portrait à partir des enquêtes « Relations professionnelles et négociations d'entreprise »*, La Découverte, p. 334-352.

De Coster M., Pichault F., 1998, *Traité de sociologie du travail*, De Boeck Supérieur.

Getz I., 2017, *L'entreprise libérée. Comment devenir un leadeur libérateur et se désintoxiquer des vieux modèles ?*, Fayard, 472 p.

Gibard W., Paccioni C., 2020, L'économie sociale et solidaire : un état des lieux et des interrogations, *Notes économiques*, CGT Pôle économique, Numéro 155, Septembre 2020, 12 p.

Gilbert P., Raulet-Croset N., Teglborg, A., 2017, « "L'entreprise libérée" : analyse de la diffusion d'un modèle managérial », *Revue internationale de psychosociologie et de gestion des comportements organisationnels*, vol. XXIII(56), p. 205-224.

Giraud B., 2013, « Derrière la vitrine du "dialogue social" : les techniques managériales de domestication des conflits du travail », *Agone*, 1(1), p. 33-63.

Jacob M.-R., Sanson D., 2019, « Dialogue social ou soliloque ? Quand se formalisent les négociations collectives en PME », *Annales des Mines – Gérer et comprendre*, 2019/2, p. 15-27.

Joutard X., Petrella F., Richez-Battesti N., 2017, « L'organisation du travail au sein des organisations de l'économie sociale et solidaire : des modèles de GRH plus participatifs et épanouissants ? », *XXVIIIe Congrès de l'Association francophone de Gestion des Ressources Humaines (AGRH), « GRH et alternatives »*, Aix-en-Provence, France.

Linhart D., 2015, *La comédie humaine du travail – De la déshumanisation taylorienne à la sur-humanisation managériale*, Éditions Érès, Coll. Sociologie Clinique.

Linhart D., 2021, « L'entreprise libérée : une libération en trompe-l'œil », *in* D. Linhart, *L'insoutenable subordination des salariés*, p. 183-220.

Maisonnasse J., Melnik K., Petrella F., Richez-Battesti N., 2010, « Quelle qualité de l'emploi dans l'économie sociale et solidaire ? Une perspective plurielle », *Rapport de recherche pour la région PACA, la Caisse des dépôts et consignations et l'Institut recherche de la Caisse des dépôts et consignations.*

Martin D., 1994, *Démocratie industrielle : la participation directe dans les entreprises*, PUF, Collection « Sociologies », 327 p.

Mélo D., 2019, « Un management qui libère les salariés ? Enquête sur l'entreprise libérée et ses "doubles" », *in* François Dubet (éd.), *Les mutations du travail.* La Découverte, p. 135-154.

Mermet L., 2007, « Débattre sans savoir pourquoi : la polychrésie du débat public appelle le pluralisme théorique de la part des chercheurs », *in* Revel M., Blatrix C., Blondiaux L., Fourniau J.-M., Hérard-Dubreuil B., Lefebvre R. (dir.), 2007, *Le débat public : une expérience française de démocratie participative*, La Découverte, p. 369-380.

Messonnier M., 2014, *Le bonheur au travail*, Film documentaire, Productions Campagne Première, Lux Fugit Films, ARTE France.

Pélisse J. (coord) avec Blavier P., François P., Gourgues G., Grimaud P., 2021, *Tensions et conflits du travail dans les établissements français depuis les années 2000*, Rapport d'études de la DARES, n° 08, septembre 2021.

Picard H., 2015, *« Entreprises libérées », parole libérée ? Lectures critiques de la participation comme projet managérial émancipateur*, Thèse de doctorat en gestion de l'Université Paris Dauphine.

Reynaud J.-D., 1988, « Les régulations dans les organisations : régulation de contrôle et régulation autonome », *Revue française de sociologie*, XXIX(1), p. 5-18.

Rivet G., 2012, « Le dialogue social dans les organisations de l'économie sociale », *Revue internationale de l'économie sociale*, 323, p. 82-95.

Romans F., 2018, « Les relations professionnelles en 2017 : un panorama contrasté du dialogue social dans les établissements ? », *Dares Analyses*, n° 015, avril.

Tixier P. É., 1986, « Management participatif et syndicalisme », *Sociologie du travail*, 28(3), p. 353-372.

Ughetto P., 2018, *Organiser l'autonomie au travail*, FYP Éditions.

Weil T., Dubey A.-S., 2020, *Au-delà de l'entreprise libérée : Enquête sur l'autonomie et ses contraintes*, Presses des Mines.

EXPOSITION AUX RISQUES PROFESSIONNELS ET PRÉVENTION DANS LE TRAVAIL EN SOUS-TRAITANCE

Quelle place pour la représentation collective[1] ?

Corinne PERRAUDIN
CES-UMR 8174, Université Paris 1

Nadine THÉVENOT
CES-UMR 8174, Université Paris 1

Si les travaux de terrain ont pu montrer les atteintes à la santé et la dangerosité du travail en sous-traitance, peu d'études existent au niveau quantitatif et agrégé. Les études sectorielles conduites par Jounin (2008) dans le bâtiment, Thébaut-Mony (2008) dans le nucléaire ou la chimie, Devetter et Valentin (2020) dans le nettoyage, ou encore Descolonges (2014) pour la sous-traitance internationale ont montré que les sous-traitants, en mobilisant des emplois ouvriers ou de services déqualifiés, étaient susceptibles de concentrer le travail pénible. En outre, les travaux de Jounin (*ibid.*) et Thébaut-Mony (*ibid.*) soulignent aussi que la sous-traitance est un moyen d'externaliser du travail pénible et dangereux.

Les études qui évaluent les risques professionnels sur l'ensemble des secteurs montrent que la présence de conditions de travail plus difficiles est associée à du travail dit d'exécution, davantage prescrit et contrôlé

1 Cet article s'inscrit dans le prolongement de deux recherches financées par la Dares (*cf.* Perraudin *et al.*, 2022 et Thévenot *et al.*, 2021). Nous remercions les équipes de la Dares et l'ensemble des autrices et auteur des rapports de recherche, ainsi que les évaluateurs de la revue *Socio-économie du travail*, les coordinatrices de ce numéro et les participants au séminaire STEP du CES.

dans les entreprises sous-traitantes, ainsi qu'à des rythmes de travail plus intenses (Algava et Amira, 2011 ; Perraudin *et al.*, 2014a). La plus forte occurrence d'accidents du travail en présence de sous-traitance est mise en avant dans des rapports publics pour alerter des risques et dangers de la désorganisation qu'elle implique pour les travailleurs (Grusenmeyer, 2007 ; Pompili, 2018). Face aux risques en matière de sûreté et de sécurité induits par le recours massif à la sous-traitance sur les installations nucléaires, les auteurs du rapport Pompili (*ibid.*) recommandent même de « favoriser la réintégration des compétences » chez les donneurs d'ordres.

Ces risques accrus au travail sont à mettre en regard de la prévention dont bénéficient en France les travailleurs en sous-traitance. La prévention des risques professionnels est une obligation légale de tout employeur consistant notamment, depuis 2001, en la rédaction ou la réévaluation au moins une fois par an d'un Document unique d'évaluation des risques professionnels (DUER) : celui-ci doit présenter un inventaire exhaustif des risques auxquels peuvent être exposés les salariés, ainsi que les mesures prises pour les réduire ou les supprimer. Pour autant, moins de la moitié des établissements déclarent avoir élaboré ou actualisé le DUER dans l'année (Amira, 2016) et les pratiques d'entreprise en matière de prévention des risques professionnels s'avèrent particulièrement hétérogènes (Amossé et Célérier, 2013), notamment en lien avec leur taille ou leur secteur d'activité (Amira, 2019).

Les obligations en matière de prévention s'appliquent à l'employeur de droit, et donc aux employeurs sous-traitants pour leurs propres salariés. Le droit prévoit néanmoins des règles spécifiques en ce qui concerne la co-activité dont la « sous-traitance interne » est un cas particulier (Abellard et Verkindt, 2013). En effet, celle-ci, parfois également qualifiée de « sous-traitance sur site », a pour caractéristique de faire travailler des salariés d'entreprises extérieures dans les locaux du donneur d'ordres. Dans ces situations, le donneur d'ordres est tenu d'assurer la coordination générale de l'information sur les risques et des mesures de prévention de la sécurité mises en œuvre par lui-même et ses sous-traitants[2]. La réglementation en matière de prévention des risques liés à l'intervention d'entreprises extérieures inclut donc des dispositions particulières destinées à détailler les obligations des employeurs concernés (Nivelet, 2018). Cependant, Morin (2014), dans une perspective juridique, souligne le

2 Article R4511-5 du Code du travail.

manque de protections en matière de prévention des risques professionnels des salariés d'entreprises sous-traitantes dans la mesure où les frontières des responsabilités en droit restent brouillées par le « travail en commun », caractéristique des situations de co-activité, mais plus généralement des situations de dépendance économique.

Concernant les instances de représentation du personnel (IRP), le droit du travail prévoit une information générale du comité d'entreprise (CE) sur le recours à la sous-traitance[3]. Par ailleurs, le Comité d'hygiène, de sécurité et de conditions de travail (CHSCT) jusqu'aux Ordonnances Macron de 2017, et le Comité Économique et Social (CSE) depuis, doivent procéder à l'analyse des risques professionnels et des facteurs de pénibilité auxquels sont exposés les salariés de leur établissement[4]. Seulement en cas de sous-traitance interne, les CSE des entreprises extérieures peuvent être impliqués dans les dispositifs de coordination mis en place par les donneurs d'ordres en matière de prévention[5].

L'objectif de cet article est d'évaluer les risques professionnels et leur prévention dans le travail en sous-traitance, qu'elle soit interne ou pas, pour l'ensemble des secteurs en France, en interrogeant les capacités d'action et les moyens des représentants du personnel (RP). L'hypothèse que l'on cherche à évaluer est celle de l'externalisation des risques professionnels par les donneurs d'ordres sans que les sous-traitants et leurs RP n'aient les moyens de mettre en place une politique de prévention correspondant à la forte exposition à laquelle font face leurs travailleurs.

Notre étude repose, d'une part sur une analyse quantitative des risques professionnels et de leur prévention et, d'autre part, sur une étude de terrain (encadré 1). Nous exploitons en effet l'enquête Conditions de travail-Risques psychosociaux 2016 (volet « employeurs ») de la DARES, afin d'évaluer l'exposition aux risques professionnels et les politiques de prévention des établissements de 10 salariés et plus de tout le secteur marchand et associatif, selon que les établissements sont preneurs d'ordres plutôt que donneurs d'ordres. Parallèlement, nous mobilisons une étude de cas d'une entreprise à la fois sous-traitante et donneur d'ordres de l'aéronautique, secteur industriel emblématique de l'externalisation auprès

3 Articles L2312-24 et L2312-36 du Code du travail, qui mentionnent « la sous-traitance » sans précision supplémentaire.

4 Article L4612-2 du Code du travail.

5 Articles R4514-1 à R4514-10 du Code du travail.

de sous-traitants de pans entiers de l'activité (Kechidi et Talbot, 2013 ; Ravix et Mouchnino, 2009). Ce cas permet d'approfondir le rôle de la dépendance économique dans laquelle se trouvent les établissements en position de sous-traitants, ainsi que l'hypothèse d'externalisation des risques professionnels que nous cherchons à tester. Comme nous le verrons, l'établissement enquêté, ci-après AERO, est riche en enseignements relatifs aux modalités par lesquelles des acteurs extérieurs à son périmètre juridique impactent la gestion de sa main-d'œuvre et son organisation du travail, alors même que les relations professionnelles restent circonscrites à l'échelle de l'établissement. Il fournit ainsi un cas qui illustre les difficultés que peuvent rencontrer les RP des sous-traitants.

1. Les sources de données mobilisées

Enquête Conditions de travail – Risques psychosociaux (CT-RPS) 2016 (DARES)

L'enquête Conditions de travail, menée auprès des salariés, existe depuis 1978. Depuis 2013, elle comporte, en plus du volet « actifs occupés », un volet « employeurs » où les responsables d'établissements sont interrogés sur les conditions de travail de leurs salariés et les politiques de prévention des risques professionnels mises en œuvre. Depuis 2016, elle inclut aussi des informations sur les risques psychosociaux (Gollac et Bodier, 2011). Elle renseigne également sur les pratiques des établissements en matière de sous-traitance (recours à la sous-traitance pour l'activité principale et travail en sous-traitance). La présente étude repose sur le volet « employeurs » et l'échantillon des établissements de 10 salariés et plus du secteur marchand et associatif (3 347 établissements).

Une monographie d'établissement (AERO)

Cette monographie est l'une des 6 monographies d'entreprises réalisées dans le cadre d'une recherche, menée à partir de post-enquêtes à l'enquête REPONSE 2017 pour le compte de la DARES, portant sur le périmètre de la représentation collective dans les entreprises dites « éclatées », ceci dans le contexte des ordonnances Macron (Thévenot *et al.*, 2021). Dans ce cadre, nous avons pu disposer de contacts de représentants de la direction et de représentants du personnel qui ont accepté de recevoir la visite d'un chercheur quand ils ont répondu à l'enquête REPONSE 2017.

AERO est une entreprise mono-établissement exerçant dans le secteur de l'aéronautique. Entreprise familiale, elle s'est développée par croissance interne et constitue un groupe depuis les années 2010 avec une filiale implantée en Europe. En 2019, elle emploie un peu plus de 300 salariés (environ 40 % d'ouvriers, 30 % de techniciens, plus de 10 % de cadres et moins de 10 % d'employés et agents de maitrise) ainsi qu'une quarantaine d'intérimaires. En matière d'IRP, en 2016, les salariés étaient représentés par des délégués du personnel, un comité d'entreprise, un

CHSCT. Deux syndicats sont implantés et se répartissent les sièges du CSE constitué lors des élections de 2018 (la CFDT et la CGT).

Nous avons pu réaliser cinq entretiens en face à face au cours du 2e semestre 2019 avec deux représentants de la direction (le directeur administratif et financier, désigné ci-dessous par RD-DAF, et la directrice des ressources humaines), la responsable du service Hygiène-Sécurité-Environnement (désignée par responsable HSE), ainsi que deux représentants du personnel de chacun des deux syndicats implantés (un délégué syndical depuis 5 ans, syndiqué depuis 10 ans, occupant un poste ouvrier d'approvisionneur, désigné par DS ; et un élu au CE puis au CSE, syndiqué depuis 6 ans, occupant un poste de technicien au service contrôle qualité, désigné par RP-CSE).

Après avoir présenté dans une première partie la représentation empirique et les enjeux des organisations du travail en sous-traitance pour penser les risques professionnels et les instances de représentation collective, nous évaluerons dans une deuxième partie la différenciation des risques professionnels selon la position des établissements dans la chaîne de sous-traitance dans l'ensemble des secteurs, ainsi que les ressorts à l'externalisation dans le cas d'AERO. La dernière partie questionnera les pratiques des entreprises et les moyens qu'ont les RP en matière de prévention des risques professionnels.

I. LES ORGANISATIONS DU TRAVAIL EN SOUS-TRAITANCE : DES LIENS DE DÉPENDANCE EN DEHORS DE LA REPRÉSENTATION COLLECTIVE

À la différence de la dépendance inscrite dans les liens financiers issus de l'appartenance à un groupe (Beaujolin-Bellet et Schmidt, 2012), celle relative aux relations de sous-traitance trouve sa source dans les processus-mêmes de production des donneurs et preneurs d'ordres : en amont du processus de production, par la planification qualitative et quantitative du travail à fournir (Sacchetti et Sugden, 2003) ; en aval du processus de production, en ce que le produit sous-traité doit être « assemblé » avec d'autres par le donneur d'ordres, pour obtenir un « produit fragmenté » (Vennin, 1975) valorisable sur le marché[6] ; et, enfin, l'exercice même de

6 Cette dimension de la dépendance économique des sous-traitants renvoie au fait que ces derniers ne détiennent pas la responsabilité économique finale du produit, celle-ci

cette planification implique que les donneurs d'ordres sont susceptibles d'intervenir dans l'organisation et le contrôle du travail de leurs preneurs d'ordres (Perraudin *et al.*, 2014b). Les pratiques de mise au travail par la sous-traitance conduisent ainsi des donneurs d'ordres à extérioriser une main-d'œuvre et à la contrôler sans en être responsable en droit tout en maintenant les sous-traitants en situation de dépendance économique (Barnier, 2021 ; Perraudin *et al.*, 2014a).

L'étude des sources de la dépendance effectuée dans le cadre des post-enquêtes REPONSE conduit, si ce n'est à opposer, du moins à distinguer, deux configurations « types » de mise en sous-traitance et de construction de la dépendance économique : d'une part, des relations de sous-traitance dans une logique d'intégration des processus productifs et, d'autre part, des relations de sous-traitance tendant à se rapprocher de relations de marché dans le cadre des stratégies d'externalisation de fonctions (Thévenot *et al.*, 2021). AERO illustre de manière assez « typique » la première configuration où les processus de production entre donneurs d'ordres et sous-traitants sont intégrés, le donneur d'ordres étant conduit à commander, contrôler et évaluer le travail de sous-traitants qui se trouvent en-dehors de ses frontières juridiques et capitalistiques.

Dans un premier temps, il s'agit de repérer les établissements selon leur position vis-à-vis de la sous-traitance à partir de l'enquête CT-RPS et de discuter le périmètre de leurs IRP (I.1). Dans un second temps, le travail monographique nous permettra de donner du contenu aux notions de dépendance économique au-delà de la seule position de l'établissement telle qu'elle est renseignée dans les enquêtes CT-RPS ou REPONSE. Le terrain nous permet en effet de nous pencher sur les situations concrètes de travail pour rendre compte des dimensions d'autonomie, de contrôle et de rapports de domination qui s'exercent entre des entités donneurs et preneurs d'ordres, alors même que l'action des RP reste pensée à l'échelle de l'établissement (I.2).

I.1. REPRÉSENTATION EMPIRIQUE DE LA *CHAÎNE* DE SOUS-TRAITANCE

Les informations du volet « employeurs » du secteur marchand et associatif de l'enquête CT-RPS 2016 nous permettent de repérer, d'une part,

---

revenant au donneur d'ordres. On peut se référer à la définition de la sous-traitance de l'AFNOR (Association française de normalisation), qui explicite cette dimension.

les établissements preneurs d'ordres (PO), qui travaillent en sous-traitance et, d'autre part, les établissements donneurs d'ordres qui recourent à la sous-traitance pour leur activité principale ou cœur de métier (DOAP). À partir de ces informations, nous construisons une chaîne de sous-traitance sur le champ des établissements de 10 salariés et plus. Nous identifions les établissements qui ne sont que donneur d'ordres – pour leur activité principale (DOAP), ceux qui sont preneur d'ordres tout en étant également donneur d'ordres (PO-DOAP) et enfin ceux qui ne sont que preneur d'ordres (PO)[7]. Il reste enfin les établissements qui ne sont pas concernés par la sous-traitance (au moins pour le cœur de métier).

D'après l'enquête CT-RPS 2016, 28 % des établissements travaillent en sous-traitance soit en tant que PO (11 %) soit en tant que PO-DOAP (17 %) pour le compte de donneurs d'ordres. Les DOAP sont quant à eux 14 % (*cf.* Annexe 1). Au total, plus de 4 établissements sur 10 sont impliqués dans la sous-traitance.

Les établissements dans la chaîne de sous-traitance ne se distinguent que très peu en matière de taille, bien que les DOAP, mais aussi les PO, soient un peu plus souvent des grands établissements, et que les PO-DOAP soient plutôt de taille moyenne. On trouve des établissements de la chaîne de sous-traitance dans tous les secteurs d'activité (*cf.* Annexe 1).

La sous-traitance conduit ainsi à l'éclatement des collectifs de travail. En matière d'instances interentreprises de représentation professionnelle, seule l'Unité Économique et Sociale (UES) et son CSE pourraient être à même de reconstituer ces collectifs de travail « éclatés » (Blanc-Jouvan, 2005). L'enquête CT-RPS ne contient pas d'informations sur les instances centrales mais, à partir de l'enquête REPONSE 2017 de la Dares, Thévenot *et al.* (*op. cit.*) indiquent que la présence d'un comité d'entreprise d'UES concerne moins de 10 % des établissements de plus de 50 salariés et, parmi eux, davantage des établissements appartenant à une même entreprise multi-établissements ou à un même groupe, que des établissements impliqués dans la sous-traitance. Il ressort ainsi de cette étude que la constitution d'une instance de représentation rassemblant les collectifs « éclatés » est relativement rare dans la sous-traitance. Le cas d'AERO est illustratif d'une telle entreprise se trouvant au cœur d'une organisation du travail en sous-traitance, alors

7 L'enquête ne fournit pas d'information sur les liens de sous-traitance entre établissements (qui est sous-traitant de quel donneur d'ordres).

que ses instances de représentation collective sont restées au niveau de son périmètre juridique[8].

I.2. LES SOURCES DE LA DÉPENDANCE ÉCONOMIQUE D'UN PO-DOAP : AERO

AERO illustre une organisation du travail impliquant des donneurs et preneurs d'ordres de manière très intégrée en s'inscrivant dans une configuration de sous-traitance en cascade par laquelle les entreprises sous-traitantes en situation de dépendance économique se trouvent elles-mêmes donneurs d'ordres en reportant sur d'autres preneurs d'ordres une partie des contraintes (Appay, 2005). Son cœur de métier est la production d'ensembles aéronautiques, sur des fabrications complexes impliquant une production en petites cadences et à forte valeur ajoutée. Des pièces élémentaires sont fabriquées, contrôlées, assemblées. En tant que sous-traitant de rang 1, AERO a une position de preneur d'ordres vis-à-vis de clients avionneurs, et de donneur d'ordres vis-à-vis de toute une série de sous-traitants de rangs inférieurs[9]. Il peut aussi être en position de sous-traitant de rang 2 sur certaines commandes.

Malgré son assise technologique, la dépendance d'AERO vis-à-vis de ses clients s'apprécie sur plusieurs niveaux, que nous présentons ci-dessous.

I.2.1 *La quantité de travail commandé*

Par rapport à une relation de vente, le procès de travail dans l'entreprise sous-traitante ne commence qu'« à la commande ». Chez AERO, plus de 80 % de son activité dépend des commandes de deux clients seulement qui conçoivent eux-mêmes le produit, définissent le cahier des charges, imposent des contraintes de qualité. Cette mise au travail du sous-traitant par son donneur d'ordres et la dépendance économique qui s'en suit ont des conséquences importantes en matière d'emploi, d'organisation et de conditions de travail. Les variations d'activité semblent totalement subies pour les sous-traitants, qui rencontrent des difficultés pour recruter lorsque les commandes repartent et voient un effondrement des cadences quand des commandes s'arrêtent avec suppression d'effectifs. C'est un constat que l'on retrouve aussi dans

8 Il n'a ainsi ni constitué une UES ni un comité de groupe avec sa filiale sous-traitante.

9 Un RP nous a indiqué qu'environ 500 sous-traitants répondaient aux commandes d'AERO.

l'industrie automobile (Gorgeu et Mathieu, 2013) et qui est amplifié le long de la chaîne de sous-traitance. Le RD-DAF d'AERO estime que son entreprise est encore relativement préservée de par la spécificité de son activité et de sa position « intermédiaire » entre les grands donneurs d'ordres de la filière et les plus petits sous-traitants. Mais il insiste sur le rapport de force dégradé dans lequel se trouvent les sous-traitants du secteur qui subissent des clauses contractuelles de plus en plus dures.

> Vous avez un ascendant des clients qui est tel qu'aujourd'hui, c'est un problème. Alors, des clients finaux vers les sous-traitants de rang 1, c'est déjà vrai, mais ensuite vous continuez l'aval de la chaîne et puis ça devient vraiment problématique. Vous avez des tas de petites entreprises aujourd'hui qui sont à vendre parce qu'elles n'arrivent pas à tenir le rythme de la tendance dans laquelle on les emmène en fait. (RD-DAF)

I.2.2 *L'organisation de la « supply chain »*

C'est le concepteur du haut de la chaîne qui décide des fournisseurs et sous-traitants auprès desquels AERO, ou tout autre sous-traitant du milieu de la chaîne, peut s'approvisionner en leur attribuant une qualification, une habilitation préalable. AERO ne choisit ainsi pas tous ses sous-traitants, mais doit travailler avec ceux qui ont été habilités et mentionnés par le donneur d'ordres principal. Le DS expose cette organisation en la décrivant comme une situation de fait dans l'aéronautique.

> Sachez aussi, ça c'est un truc un peu spécial dans l'aéronautique, on ne peut pas faire des pièces n'importe où. Il y a ce qui s'appelle des qualifications. Si vous employez des peintures spéciales, il y a peut-être très peu de sous-traitants en France qui savent le faire, ou à l'étranger. Et on est obligé nous, à cause du client, parce qu'ils les ont qualifiés, de passer par eux. (DS)

Ces qualifications dépendent des résultats obtenus au niveau d'indicateurs relatifs au respect des délais et de la qualité, que AERO va également reproduire à l'attention de ses propres sous-traitants. On trouve ici la présence d'une chaîne de sous-traitance où les sous-traitants de rangs supérieurs reportent leurs contraintes sur ceux de rangs inférieurs, le premier donneur d'ordres contrôlant l'ensemble de la chaîne[10].

---

10 La fragmentation des processus de production s'inscrit également dans un processus de sous-traitance internationale et d'échanges intra-firmes dans les multinationales de

D'après le RD-DAF, cette organisation, dans laquelle le concepteur a la responsabilité finale et décide dans son programme de la liste des sous-traitants qualifiés à y intervenir, se retrouve dans les secteurs à forte dominante technologique (ferroviaire et nucléaire notamment) du fait de coûts irréversibles qu'il qualifie « d'inertie ».

I.2.3 *Le contrôle et l'évaluation du travail*

Des services entiers des donneurs d'ordres sont dédiés au contrôle qualité : cela va d'un contrôle à la réception des pièces à des actions chez leurs sous-traitants consistant à vérifier que les contraintes qui ont été fixées sont bien déployées chez les sous-traitants. En conséquence, chaque service du sous-traitant est évalué et a des objectifs en interne en matière de délais et de qualité. Ces pratiques d'évaluation permanente sur la base d'indicateurs scrutés par des groupes ou donneurs d'ordres ont été mises en évidence dès la fin des années 1990 dans le cadre de la gouvernance des restructurations (Beaujolin-Bellet et Schmidt, *op. cit.*) ou des situations d'autonomie contrôlée (Appay, *op. cit.* ; Coutrot, 2002).

Dans le cas d'AERO, l'évaluation du travail se fait sur la base d'indicateurs de délais et de qualité qui sont déterminés par produit, par ligne et par client. Le premier indicateur, qui sert de sélection des sous-traitants, met en jeu le respect des délais de livraison. L'OTD (*On Time Delivery*) rapporte ainsi le nombre de lignes de commandes livrées à l'heure au nombre total de lignes de commandes. Le second a trait à la qualité : l'OQD (*On Quality Delivery*) rapporte le nombre de non-conformités décelées par le client sur les produits livrés au nombre de lignes commandées. Ces indicateurs sont suivis « *tout le temps, tous les mois, pour tout le monde* » (RD-DAF). Le coût paraît accessoire parce qu'il est négocié dans le contrat. Concernant la qualité, les sous-traitants sont « classés » et ceux qui ont de mauvais résultats en matière de conformité des pièces font l'objet de davantage de contrôles de la part de leurs donneurs d'ordres. C'est l'indicateur de délai qui semble le plus important dans la sélection des sous-traitants et le contrôle du travail.

> Sachant qu'ils (les OTD) sont éliminatoires. Si vous voulez faire un business avec un client dans l'aéronautique et que vous n'avez pas un bon OTD, on

---

l'aéronautique (*cf.* Durand *et al.*, 2018 pour une revue de la littérature sur les chaînes globales de valeur).

> ne vous appelle pas. Vous ne pouvez même pas soumettre votre offre, elle est écartée tout de suite. (RD-DAF)

Les délais à respecter au niveau d'AERO se répercutent également sur les sous-traitants de rangs inférieurs. Le service approvisionnement est ainsi chargé de suivre la production et de contrôler le bon acheminement des pièces dans les délais impartis. Au sein du service approvisionnement d'AERO, chaque salarié a un certain nombre de sous-traitants à « gérer » et non un certain nombre de programmes de fabrication. Cette nouvelle organisation aurait été construite pour permettre de mieux contrôler le travail chez les sous-traitants en ayant une vue sur l'ensemble des commandes qui leur sont attribuées. Le DS, qui travaille au service approvisionnement, doit suivre les commandes de 35 sous-traitants. Des objectifs sont déterminés pour ces indicateurs, qui doivent être atteints par service, mais qui s'avèrent, d'après lui, hors d'atteinte.

> Nous, on a des objectifs à atteindre. Toutes les lignes de commande sont analysées, tout ce qui arrive à l'heure, ben c'est bon et tout ce qui arrive en retard, ben c'est pas bon. Et c'est entre guillemets notre faute. (...) On doit avoir 95 %, ça c'est l'objectif. On doit être à 60 %. On y est arrivé, moi depuis 15 ans, j'y suis arrivé 2 fois à 95 %, sur 1 mois. (DS)

La nécessité de respecter ce délai pour le service approvisionnement d'AERO implique que le service va reporter la contrainte sur ses propres sous-traitants pour qu'ils livrent les commandes dans les délais. L'interdépendance des process de travail « éclatés » et la gestion en flux tendus a pour conséquence une « course à la montre » où chacun met la pression sur ses sous-traitants, qui peuvent être les mêmes, pour qu'ils tiennent les délais. Le DS, en poste au service approvisionnement, en est bien conscient : il nous relate les coups de téléphone quotidiens entre services pour mesurer l'avancée du travail à réaliser, les menaces de recours à la hiérarchie pour mettre la pression, afin d'être en mesure de respecter leurs propres délais. Comme tout le monde pratique cette course, la pression est la plus forte là où le sous-traitant est dans une position la moins favorable. Le DS nous raconte qu'il peut se trouver dans un rapport de force défavorable vis-à-vis de ses propres sous-traitants et « ne pas faire le poids » si ces derniers doivent répondre à des commandes de la part de clients « plus gros ».

I.2.4 *La sous-traitance intra-groupe*

AERO, en tant que groupe, tient également le rôle de donneurs d'ordres vis-à-vis de sa filiale. On constate ici un « enchevêtrement » des liens de dépendance par lesquels une tête de groupe exerce une domination sur sa filiale/preneur d'ordres. AERO joue en effet le rôle de « maison-mère » dans la mesure où l'activité de sa filiale étrangère est déterminée par AERO qui lui « déleste de l'activité » (RD-DAF). Si le responsable du site à l'étranger peut recruter la main-d'œuvre locale, c'est AERO, *via* son comité de direction, qui dirige la filiale du point de vue de son activité, de son système qualité, des formations et de sa comptabilité.

> En fait, ils ne sont pas du tout autonomes puisqu'ils sont voués à être un atelier de fabrication déporté dans PAYS mais c'est clairement AERO qui les *drive* dans tous les sens du terme. Au sens économique, puisque c'est nous qui leur fournissons l'activité qu'ils ont en charge ; au sens qualité puisque c'est notre système qualité qui est appliqué dans PAYS (...) ; au sens des règles de fonctionnement ; au sens de « comptabilité » (...). C'est vraiment une extension locale dans PAYS d'AERO, on peut le dire comme ça. (RD-DAF)

Du côté des RP, lorsqu'on interroge le RP-CSE sur les déplacements des dirigeants de la filiale étrangère dans les locaux d'AERO, il mentionne spontanément le personnel plus large de la filiale :

> Pas que les dirigeants, parce qu'il y a le contrôleur qui vient souvent ici, parce qu'il y a eu des problèmes là-bas qu'il faut qu'il règle ici. Après, il y a quelques compagnons qui viennent se former ici pour amener le travail là-bas. Ils viennent voir comment ça se passe et après ils repartent avec une ligne de boulot. Il y a quand même pas mal d'échanges avec PAYS... (RP-CSE)

Pour autant, aucun des deux RP que nous avons rencontrés ne dispose des ressources (en termes d'information, de temps, de relais syndical avec les autres RP) pour envisager de créer une instance de représentation professionnelle commune, au sein d'un comité de groupe impliquant la filiale, ou d'un comité d'UES impliquant d'autres PO ou DO.

Lallier (2009), ancien secrétaire d'un CHSCT d'une entreprise du nucléaire, considérait ainsi : « Il n'y a pratiquement pas, ou peu, de structures syndicales où puissent se retrouver l'ensemble de la représentation sociale des salariés. (...) Il n'y a donc aucune négociation qui puisse se réaliser entre l'entreprise primaire qui fixe l'ensemble des contraintes sociales et la totalité des salariés qui les subissent. Dans la majorité des cas, une telle structure nécessiterait des coopérations entre les diverses fédérations de métiers au sein des organisations syndicales » (p. 361). L'implantation syndicale peut être rendue difficile en présence de sous-traitance en raison des ruptures de solidarité entre salariés des donneurs d'ordres et des sous-traitants, les rapports pouvant être calqués sur les rapports de domination et de subordination entre entreprises.

La sous-traitance, en désorganisant le travail, porte ainsi atteinte aux contre-pouvoirs alors même qu'elle accroit les risques professionnels et les accidents du travail (Quinlan et Thébaud-Mony, 2015). Les travaux coordonnés par Thébaud-Mony *et al.* (2015) dans l'ouvrage *Les risques du travail*, ont pu montrer que le droit du travail et de la représentation professionnelle avait encore peu de prise sur les rapports de domination dans la sous-traitance. Or l'enjeu est considérable lorsque la sous-traitance conduit à externaliser les risques professionnels.

II. L'EXPOSITION AUX RISQUES PROFESSIONNELS DANS LES ORGANISATIONS DU TRAVAIL EN SOUS-TRAITANCE

Si le recours à la sous-traitance, en organisant/planifiant le processus de production, permet aux donneurs d'ordres de contrôler le travail des sous-traitants, il s'agit ici d'évaluer ses conséquences en termes d'externalisation des risques professionnels. Cette hypothèse a été largement étayée dans des travaux de nature qualitative (Thébaut-Mony *et al.*, 2015 ; Abellard et Verkindt, *op. cit.* ; Hery, 2002). À l'aide de l'enquête CT-RPS 2016, nous testons l'hypothèse selon laquelle l'exposition des salariés aux risques professionnels est plus répandue pour les preneurs d'ordres que pour les donneurs d'ordres pour l'ensemble des secteurs (II.1). Le cas d'AERO, en illustrant une situation à la fois de donneur et de preneur d'ordres dans un secteur exposé aux risques, permet ensuite de préciser les ressorts de cette différenciation et d'illustrer le processus d'externalisation des risques sur lequel les RP peinent à avoir prise (II.2).

II.1. UNE ÉVALUATION EMPIRIQUE DE L'EXPOSITION AUX RISQUES PROFESSIONNELS

La présence de risques répandus est évaluée par les représentants de la direction qui renseignent, dans l'enquête CT-RPS, le pourcentage de salariés concernés par huit risques physiques (encadré 2). En 2016, près de deux établissements sur cinq présentent au moins une situation de risques répandus pour leurs salariés parmi les huit risques renseignés[11] (*cf.* TAB. 1).

2. Méthodologie empirique de l'analyse des risques professionnels

L'exposition aux risques professionnels est évaluée à partir de l'étendue des risques parmi les salariés telle qu'elle est déclarée par les représentants de la direction. Huit risques physiques sont renseignés : manutention manuelle de charges lourdes, postures pénibles, agents chimiques dangereux, températures extrêmes, bruits et vibrations, travail de nuit, travail en équipes alternantes et travail à la chaîne ou répétitif. Pour repérer les établissements tout particulièrement concernés par une exposition « répandue » des risques pour leurs salariés, nous avons retenu deux seuils différents (plus de 50 % et au moins 10 % de salariés concernés dans l'établissement) selon l'incidence des risques. Nous avons également créé un indicateur composite qui regroupe les huit risques : avoir au moins 1 situation parmi les expositions répandues aux 8 risques précédents.

Pour chaque type de risques, nous étudions la proportion d'établissements concernés selon leur position dans la chaîne de sous-traitance (y compris ceux qui sont en dehors) en statistiques descriptives. Afin de tester l'hypothèse selon laquelle les salariés des établissements PO sont plus fréquemment exposés que ceux des PO-DOAP et des DOAP, nous restreignons ensuite le champ de l'étude aux seuls établissements de la chaîne de sous-traitance et nous estimons des modèles Logit, permettant d'évaluer si des différences entre établissements subsistent au-delà d'effets liés à la taille et au secteur d'activité des établissements. Les estimations sont pondérées par le poids de l'établissement permettant de rendre l'échantillon représentatif des établissements de 10 salariés et plus du secteur marchand et associatif.

Ce sont les preneurs d'ordres qui déclarent le plus fréquemment que leurs salariés sont exposés de manière répandue à chacun des risques

11 C'est même sans doute davantage puisque Desjonquères (2019) montre, à partir d'une étude sur les écarts de perception de l'exposition aux risques professionnels entre les salariés et leur employeur dans l'enquête CT 2013, que les employeurs ont tendance à sous-estimer les risques physiques et psychosociaux par rapport à la perception qu'en ont les salariés.

physiques, et pour certains risques, les PO-DOAP sont presque autant concernés : c'est tout particulièrement le cas pour la manutention de charges lourdes (16 % des PO, 15 % des PO-DOAP contre 7 % des DOAP), l'exposition au bruit (20 % des PO, 18 % des PO-DOAP contre 12 % des DOAP) mais aussi aux postures pénibles (19 % des PO, 13 % des PO-DOAP contre 9 % des DOAP). L'exposition aux agents chimiques dangereux est également plus répandue chez les PO que chez les DOAP, bien que l'écart soit moins marqué (15 % pour les PO, 13 % pour les DOAP). Au total, près d'un établissement PO sur deux déclare au moins une situation de risques répandus parmi les salariés contre seulement un tiers chez les DOAP. Les établissements situés en dehors de la chaîne de sous-traitance semblent davantage préservés que ceux impliqués dans la sous-traitance.

TAB. 1 – Exposition répandue aux risques physiques selon la chaîne de sous-traitance (en % d'établissements).

	Manutention manuelle de charges lourdes (+50% salariés)	Postures pénibles (+50% salariés)	Agents chimiques dangereux (+10% salariés)	Températures extrêmes (+10% salariés)	Bruits > à 85dB, vibrations mécaniques (+10% salariés)	Travail de nuit (entre 21h et 6h) (+10% salariés)	Travail en équipes alternantes (+10% salariés)	Travail à la chaîne ou répétitif (+10% salariés)	Au moins une situation parmi les 8 précédentes
PO	16	19	15	9	20	23	14	8	49
PO-DOAP	15	13	14	4	18	11	13	6	45
DOAP	7	9	13	8	12	15	12	7	34
Hors chaine	8	7	8	4	6	14	13	4	34
Ensemble	10	10	11	5	11	14	13	5	37

Source : enquête CT-RPS 2016 (DARES) ; volet « employeurs ».
Champ : établissements de 10 salariés et plus, secteur marchand et associatif.
Lecture : dans les établissements de 10 salariés et plus, 10 % des représentants de la direction déclarent que plus de 50 % de leurs salariés font de la manutention manuelle de charges lourdes, et ils sont 16 % parmi les PO.

Certains risques, comme la manutention de charges lourdes ou les postures pénibles, sont davantage répandus dans les secteurs de la construction ou des transports et entreposage, qui sont par ailleurs des secteurs où la proportion de preneurs d'ordres est importante. Cependant, les résultats d'estimation indiquent qu'au-delà des effets liés à la taille de l'établissement ou au secteur d'activité, l'exposition répandue aux risques physiques est significativement plus fréquente dans les établissements PO que dans les établissements DOAP, et cela pour la manutention de charges lourdes, les postures pénibles, les agents chimiques dangereux ou l'exposition à un bruit intense (*cf.* TAB. 2). Par ailleurs, le report le long de la chaîne de sous-traitance joue pour un certain nombre de risques (charges lourdes, postures pénibles, températures extrêmes, bruit intense, travail de nuit), puisque les PO ont une probabilité significativement plus importante que les PO-DOAP, et encore plus importante que les DOAP, d'avoir ces risques répandus. Seul le travail à la chaîne répandu ne se différencie pas entre les établissements de la chaîne de sous-traitance.

TAB. 2 – Résultats d'estimation de l'exposition répandue aux risques physiques.

	Manutention manuelle de charges lourdes (+50% salariés)	Postures pénibles (+50% salariés)	Agents chimiques dangereux (+10% salariés)	Températures extrêmes (+10% salariés)	Bruits > à 85dB, vibrations mécaniques (+10% salariés)	Travail de nuit (entre 21h et 6h) (+10% salariés)	Travail en équipes alternantes (+10% salariés)	Travail à la chaîne ou répétitif (+10% salariés)	Au moins une situation parmi les 8 précédentes
Constante	-2,91 ***	-3,85 ***	-1,69 ***	-4,44 ***	-1,66 ***	-3,34 ***	-2,76 ***	-3,66 ***	-0,65 ***
Taille de l'établissement									
De 10 à 19 salariés	0,52 ***	0,91 ***	0,26 **	1,04 ***	0,48 ***	0,28 **	-0,03	0,24	0,35 ***
De 20 à 49 salariés	ref	ref	ref	ref	ref	ref	ref	ref	ref
De 50 à 199 salariés	0,32 *	0,36 **	0,54 ***	0,56 **	0,58 ***	0,55 ***	0,73 ***	0,64 ***	0,69 ***
200 salariés et plus	0,18	0,18	0,95 ***	0,48	0,72 ***	0,74 **	1,22 ***	0,54 *	1,16 ***
Secteur d'activité									
Agriculture	0,56	0,95	0,12	0,75	-0,10	-0,90	1,20 **	3,40 ***	1,18 ***
Industrie	0,23	1,71 ***	0,39 ***	2,07 ***	0,72 ***	2,23 ***	1,81 ***	2,08 ***	0,92 ***
Construction	1,94 ***	2,59 ***	0,23	1,93 ***	0,42 **	-0,82 *	-2,30 ***	-0,69	0,24 *
Commerce	ref	ref	ref	ref	ref	ref	ref	ref	ref
Transports et entreposage	1,66 ***	2,27 ***	-2,23 ***	1,85 ***	-0,26	3,14 ***	-0,09	0,68 *	0,90 ***
Hébergement-restauration	0,09	2,84 ***	0,91 ***	1,96 ***	-0,51	3,73 ***	2,49 ***	-0,42	1,92 ***
Info-comm,finance,immo	-0,54	-1,02	-2,57 ***	0,39	-1,08 ***	0,26	-0,28	0,86 **	-1,57 ***
Act scient, tech, soutien	0,15	0,69 *	-1,39 ***	0,23	-1,29 ***	1,06 ***	-0,39	0,03	-1,03 ***
Ens, santé, sociale, autre	1,31 ***	2,14 ***	-1,17 ***	-2,91 *	-0,75 ***	1,47 ***	0,69 ***	0,17	-0,05
Chaine de sous-traitance									
DOAP	-0,89 ***	-0,73 ***	-0,24 *	0,03	-0,73 ***	-0,16	-0,12	-0,20	-0,53 ***
PO-DOAP	-0,25 *	-0,50 ***	-0,20	-0,92 ***	-0,28 **	-0,62 ***	0,23 *	-0,19	-0,03
PO	ref	ref	ref	ref	ref	ref	ref	ref	ref
Pseudo R2	0,089	0,096	0,081	0,062	0,069	0,173	0,148	0,069	0,150

Source : enquête CT-RPS 2016 (DARES) ; volet « employeurs ».
Champ : établissements de 10 salariés et plus, secteur marchand et associatif ; établissements liés à la sous-traitance.
Lecture : chaque colonne donne les coefficients de l'estimation d'un modèle Logit expliquant la probabilité qu'un établissement ait une exposition répandue au facteur de risques, en fonction de la position de l'établissement dans la chaîne de sous-traitance, de sa taille et de son secteur d'activité. Les estimations sont menées en tenant compte de la variable de pondération.
*, **, *** correspond à un effet significatif à 10 %, 5 %, 1 %.

Si la concentration du travail pénible et dangereux sur le travail ouvrier est reconnue et renseignée sur l'ensemble des secteurs (Labarthe et Mauroux, 2016 ; Beque et Mauroux, 2017), ces résultats permettent de mettre au jour le rôle joué par la sous-traitance et de généraliser, à l'ensemble des secteurs marchand et associatif, les travaux sectoriels sur le sujet cités précédemment. En effet, les relations de sous-traitance, en influençant la répartition des tâches entre entreprises, modifient la structure des qualifications d'une entreprise à l'autre.

Les établissements en haut de la chaîne de sous-traitance emploient le plus de salariés très qualifiés, et plus on descend dans la chaîne, plus les établissements emploient des travailleurs peu ou pas qualifiés (Perraudin *et al.*, 2014a)[12].

Si les résultats de l'estimation permettent de différencier l'exposition aux risques physiques des salariés selon la position de leur établissement dans la chaîne de sous-traitance, la situation d'AERO, qui est à la fois donneur et preneur d'ordres, permet d'en préciser les ressorts.

II.2. L'HYPOTHÈSE D'EXTERNALISATION DES RISQUES PROFESSIONNELS À L'ÉPREUVE CHEZ AERO

Les salariés d'AERO sont exposés à la quasi-totalité des risques physiques définis précédemment à partir de l'enquête CT-RPS. La manutention manuelle de charges lourdes, les postures pénibles, la présence d'agents chimiques dangereux ainsi que des bruits importants, le travail en équipes alternantes exposent les salariés à des risques d'accidents du travail et de maladies professionnelles que le RD associe « aux risques du métier[13] ».

> On a pas mal de postures qui sont un petit peu compliquées. Comme on est un ensemblier, on a aussi un métier de chaudronnier, donc on a des problèmes à plein de chocs répétés, donc là aussi ce sont des troubles musculo-squelettiques (TMS), mais d'un autre type. (…) Après, nous, on a un risque chimique aussi, puisqu'on travaille avec (pas beaucoup mais) quelques produits chimiques que tous les professionnels du secteur utilisent. On parle essentiellement de dissolvants et de peintures cancérigènes. (RD-DAF)

Les entretiens font apparaître le rôle des donneurs d'ordres d'AERO qui, en commandant le travail des sous-traitants, peuvent imposer l'utilisation de certains produits, y compris dangereux, comme des produits chimiques cancérigènes. Ce faisant, ils reportent sur le sous-traitant à la fois les risques et le coût de la mise en place des protections en matière de sécurité que leur usage implique. La responsable HSE mentionne les injonctions des donneurs d'ordres et leurs conséquences sur les mesures de prévention qu'elle doit mettre en place :

---

12 Par ailleurs, les salariés des PO subissent un nombre de risques physiques significativement plus élevé que ceux des DOAP, au-delà de l'effet de leur catégorie socioprofessionnelle (Perraudin, Thévenot et Dessein, 2021).

13 Sur la construction sociale des conditions de travail, *cf.* Gollac et Volkoff (2007).

> Par exemple j'ai un produit chimique, je sais qu'il est cancérigène, qu'est-ce que je vais essayer de faire déjà ? Est-ce qu'on peut substituer ce produit ? On va aller voir notre donneur d'ordres en lui disant, moi j'ai telle peinture, elle est cancérigène. Le donneur d'ordres dit, on ne peut pas le supprimer. Nous, sous-traitants, on est pieds et poings liés des fois, on se demande des fois. (...) On ne peut pas le supprimer alors, avant de faire mettre un masque toute la journée à notre opérateur, comment on va faire ? Est-ce qu'on n'a pas la protection collective, est-ce qu'on ne peut pas mettre une cabine de ponçage où on met la pièce ? On ne peut pas mettre de cabine de ponçage parce que la pièce, on ne peut pas la bouger. Qu'est-ce qu'on va mettre ? On va mettre de l'aspiration à la source avec un aspirateur, on va faire des mesures, on est bon. (Responsable HSE)

AERO a lui-même été amené à sous-traiter des procédés utilisant des produits dangereux en raison de l'importance des réglementations. C'est ce qui s'est produit sur l'activité de traitement de surface des pièces, qui implique l'utilisation de bains chimiques pour traiter les pièces métalliques avant qu'elles ne soient assemblées.

> Il y a très très longtemps, AERO avait ses propres bains pour tremper ses pièces. Mais à partir du moment où c'est devenu très compliqué pour cette activité-là, on s'est délesté de cette possibilité-là. Quand je dis que c'est compliqué, c'est parce qu'il faut avoir des bains d'une capacité suffisante en dimensionnel, donc ça ce n'est pas évident, il faut être capable de respecter la réglementation... (RD-DAF)

Sans avoir la possibilité de planifier le procédé, AERO étant un sous-traitant, c'est cependant le respect de la réglementation, ainsi que la responsabilité qui va avec, qui ont été extériorisés.

> Vous avez par exemple des grosses sociétés de décapage avec des bains de traitement et autres, nous on ne le fait pas. On le fait faire chez eux en fait, nous on le sous-traite. Mais c'est eux qui ont la responsabilité de... (...) Après moi je ne leur impose pas quoi que ce soit en fait, c'est à eux de se mettre en règle avec la réglementation. (Responsable HSE)

Le recours à la sous-traitance conduit ainsi à reporter sur les preneurs d'ordres les risques ainsi que la prise en charge du coût de la sécurité, et à extérioriser la responsabilité, quand les risques sont trop importants. Les normes de qualité ou certifications techniques jouent ici un rôle ambigu dans la mesure où les donneurs d'ordres, comme gage de leur implication dans la prévention, peuvent exiger des sous-traitants d'en disposer, alors même que ces dernières sont parfois très éloignées du travail réel et du droit du travail[14]. Ce faisant, les donneurs d'ordres transfèrent ainsi la responsabilité en cas de malfaçon ou d'accident vers les sous-traitants (Lallier, *op. cit.*).

La responsable HSE décrit l'utilisation qui est faite du DUER pour faire prendre conscience à la direction des risques et responsabilités qui peuvent exister. Et quand les risques sont jugés trop importants, la direction peut décider de faire-faire, autrement dit d'externaliser les risques et la responsabilité de la prévention afférente, plutôt que de supporter le coût de faire en interne et de mettre en place les actions de prévention nécessaires.

> Tous nos risques sont retranscrits dans un document unique. (…) On voit notre direction et on voit avec eux, on leur établit tous nos risques et à ce moment-là, ils nous disent : « on fait ou on ne fait pas ». C'est eux qui tranchent si on fait, si on fait sous-traiter ou si on ne fait pas. (Responsable HSE)

Outre les économies de coûts relatifs à la mise en conformité aux réglementations sur l'utilisation de produits dangereux et la mise en sécurité du personnel travaillant sur ces activités, la sous-traitance peut aussi être un moyen de reporter sur le sous-traitant la responsabilité de la prise en charge du risque d'accidents.

> Il y a des situations où ils (l'équipe de direction) nous disent « on ne fait pas », on fait sous-traiter à des entreprises qui ont des moyens de levage ou autres. Il y a des risques des fois, on ne va pas le faire souvent, mais le jour où on le fait, on a un risque mortel par exemple. Donc ils préfèrent le faire sous-traiter parce que les moyens de levage ou autres coûtent très, très cher. (Responsable HSE)

Le recours à la sous-traitance apparait ainsi comme un moyen d'externaliser les risques physiques quand ils sont trop importants, trop coûteux ou trop contraignants, sans que la décision de sous-traiter ne soit prise en concertation avec les IRP. Pourtant, plusieurs des travaux menés par les auteurs de l'ouvrage *Les risques du travail* (Thébaut-Mony *et al.*, *op. cit.*) montrent à quel point il est nécessaire que les RP et le mouvement syndical contribuent à l'évaluation des risques et l'élaboration des normes dans la protection des travailleurs dans la mesure où ils sont les plus informés sur leurs conditions de travail.

---

14 Une étude du ministère du Travail au milieu des années 2000 portant sur les pratiques de désamiantage relevait ainsi que 70 % des chantiers ne respectaient pas les règles en matière de prévention, alors que toutes les entreprises sous-traitantes intervenant sur les chantiers étaient certifiées (Quinlan et Thébaud-Mony, *op. cit.*).

L'évaluation des risques, pour qu'elle puisse servir leur prévention, doit prendre en compte l'organisation du travail impliquant le travail extériorisé. Cela suppose, d'une part que les RP au CHSCT soient non seulement informés du DUER mais qu'ils puissent également développer une expertise afin d'intervenir sur son contenu et disposer d'une évaluation propre à confronter à celle des directions (Jamet et Mias, 2012 ; Vogel, 2015), et, d'autre part, que les IRP des preneurs d'ordres puissent peser sur les décisions des donneurs d'ordres. Dans un cas de sous-traitance interne, Barnier (2016) explique que les CHSCT ne sont pas en mesure de se poser en interlocuteurs face aux compagnies aériennes et aux réglementations codifiées et strictes et qu'au final, la résistance des salariés visant à peser sur l'organisation du travail reste clandestine.

Dans le même ordre d'idées, les normes techniques (par exemple celles ayant trait aux équipements de protection individuelle) constituent un enjeu pour la prévention des risques à la condition qu'elles soient élaborées au plus près du travail réel et non utilisées comme un outil stratégique par les industriels. Les syndicats, peu présents dans les comités de normalisation au niveau européen, auraient pourtant un rôle décisif à jouer dans l'élaboration des normes et dans la limitation de leur extension face aux dangers d'une recodification du droit du travail par la norme (Hauert, 2015).

Concernant AERO, les RP ne sont pas associés aux décisions de sous-traitance. S'ils reconnaissent qu'elles ont pu réduire certains risques pour leur entreprise, ils ont conscience de leur report sur autrui. À propos de la sous-traitance d'une activité impliquant de la peinture cancérigène, un RP considère « qu'ici, il n'y a plus ce genre de produits. Donc on a fait que déplacer le problème en fait. (…) On ne sait pas ce qui se passe ailleurs. C'est un peu chacun fait sa cuisine dans son coin » (RP-CSE).

On retrouve ici le problème du manque d'instances inter-entreprises dans un contexte où le travail en sous-traitance affaiblit les solidarités entre salariés des donneurs d'ordres et des sous-traitants (Guillemy, 2009) et leur capacité d'intervention, tant individuelle que collective (Barnier, 2021), toutes deux étant nécessaires pour limiter les risques professionnels. Ce problème est renforcé en cas de sous-traitance sur site où « on y retrouve un lien de subordination (entre les salariés) qui s'oppose aux solidarités nécessaires à l'action syndicale commune » (Lallier, *op. cit.*, p. 362).

Si les risques professionnels sont plus répandus et plus importants chez les sous-traitants, on peut alors se demander si les politiques de prévention sont plus développées chez les sous-traitants que chez les donneurs d'ordres et le rôle que les IRP sont amenées à jouer.

III. LES PRATIQUES DE PRÉVENTION DES RISQUES PROFESSIONNELS DANS LES ORGANISATIONS DE TRAVAIL EN SOUS-TRAITANCE

La présence de risques professionnels accrus dans les établissements sous-traitants pose la question des moyens et ressources dont disposent ces établissements pour mettre en place des politiques de prévention. L'objectif est d'étudier comment les pratiques des établissements et les moyens à disposition des RP en matière de prévention des risques professionnels peuvent différer selon l'ancrage des établissements dans des rapports de dépendance économique par la sous-traitance. Après une analyse quantitative sur l'ensemble des secteurs (III.1), nous reviendrons sur le cas AERO (III.2).

III.1. MESURES DE PRÉVENTION ET CHSCT : UNE ÉVALUATION EMPIRIQUE

Si la proportion d'établissements prenant des mesures pour prévenir les risques psychosociaux a progressé ces dernières années, tout en ne concernant qu'environ un tiers des établissements d'un salarié et plus en 2016, on constate une diminution des mesures qui ont été prises concernant les risques physiques, notamment dans les établissements de moins de 50 salariés (Amira, 2016 et 2019).

L'enquête CT-RPS 2016 indique que près de 80 % des établissements de 10 salariés et plus ont mis en œuvre au moins une action de prévention des risques physiques dans l'année, poursuivant le plus souvent les actions antérieures (pour 54 % des établissements, *cf.* Annexe 2). Cependant, l'éventail des mesures répertoriées dans l'enquête (sept au total) est relativement large, allant de ce qui relève des obligations légales telles que l'élaboration ou l'actualisation d'un DUER ou le respect de normes relatives aux équipements de protection individuelle (EPI), à la formation à la sécurité ou à des modifications de plus grande ampleur touchant à l'organisation du travail. La formation à la sécurité du personnel et la mise à disposition de nouveaux EPI[15] sont les mesures les plus courantes (plus d'un tiers des établissements), alors que le recours à un expert extérieur ne concerne que 7 % des établissements. Nous avons construit un indicateur composite qui vise à rendre compte de l'activité de la politique de prévention : avoir réalisé au moins deux actions de prévention parmi les sept proposées. Cela concerne 51 % des établissements. Alors que les pratiques des preneurs d'ordres apparaissent à première vue équivalentes à celles des donneurs d'ordres quand on se situe sur le champ de l'ensemble des établissements (58 à 59 % d'entre eux ont réalisé au moins deux actions de prévention), elles sont relativement moins fréquentes quand on se limite aux établissements qui déclarent une exposition répandue à au moins un risque physique parmi leurs salariés[16] (66 % pour les PO *vs* 84 % pour les DOAP) (*cf.* Annexe 2).

Le rôle des CHSCT, instance obligatoire dans les entreprises de 50 salariés et plus jusqu'à la mise en place des Ordonnances Macron en 2017, dans la prévention des risques est bien connu (Bouville, 2019 ; Coutrot, 2009 ; Jamet et Mias, *op. cit*[17].). Ainsi, Coutrot (*ibid.*) décrit deux types de mécanismes qui expliqueraient l'efficacité des RP en matière de santé et sécurité. D'un côté, l'existence de CHSCT peut favoriser, par une meilleure information, la prise de conscience des risques et impulser la mise en place de politiques de prévention[18]. De l'autre, les RP peuvent être amenés à faire pression pour que les questions de santé et sécurité soient prises en compte et que les directions mettent en place des actions.

15 Il faut rester prudent sur l'efficacité de ces dispositifs. En effet, les EPI ne sont pas toujours protecteurs s'ils gênent l'activité de travail et créent d'autres sources de pénibilité, voire de dangerosité s'ils ne sont pas adaptés (Garrigou et Le Frious, 2015). La participation du CHSCT au choix des EPI ou à leurs alternatives apparaît donc essentielle dans l'élaboration des politiques de prévention.

16 Il s'agit de l'indicateur composite présenté dans la partie II.1.

17 Les auteurs précisent que le CHSCT doit être consulté préalablement à toute décision modifiant les conditions de travail, il doit disposer de différents documents, DUER, plan de prévention, bilans et programmes annuels, fiches de prévention des expositions à la pénibilité, rapport du médecin du travail, et il dispose de droits comme les visites d'inspection des lieux de travail, le droit d'alerte en cas de danger grave et imminent ou le droit de recourir à un expert agréé en cas de danger grave ou à l'occasion d'un projet important modifiant les conditions de travail.

18 Bouffartigue *et al.* (2010) pointent le rôle essentiel à jouer par les CHSCT dans la prise de conscience des risques professionnels par les travailleurs de la sous-traitance qui font face à une surexposition qu'ils sous-estiment.

L'étude du lien entre exposition à des risques professionnels, prévention des risques et existence d'un CHSCT pose également la question du sens de la causalité. En effet, l'existence de risques professionnels accrus devrait augmenter la présence de CHSCT afin de développer la protection de la santé des salariés et de respecter la loi. Mais à l'inverse, la présence d'un CHSCT qui a réussi à impulser des politiques de prévention devrait s'accompagner d'une baisse des risques professionnels. D'après les résultats de Coutrot (*ibid.*), les CHSCT apparaissent plus efficaces pour mettre en place des politiques de prévention des risques chimiques et biologiques, que pour conduire la prévention des risques physiques, organisationnels et psychosociaux. L'articulation des liens entre CHSCT et prévention des risques est par ailleurs « compliquée » par le recours à la sous-traitance. En effet, si les donneurs d'ordres ayant un CHSCT externalisent leurs risques professionnels auprès de petites entreprises de la sous-traitance qui n'en ont pas (Bongiorno, 2015), on devrait également constater une baisse de la prévention des risques chez les preneurs d'ordres, et des CHSCT davantage présents chez les donneurs d'ordres (alors même qu'ils ont externalisé les risques les plus élevés).

Afin d'évaluer l'hypothèse selon laquelle les donneurs d'ordres ont externalisé les risques physiques sans que la prévention n'ait suivi, nous testons le fait que la probabilité d'avoir mis en place des mesures de prévention soit plus élevée pour les DO que pour les PO, sur le sous-échantillon des établissements qui ont déclaré une exposition répandue à au moins un facteur de risques. Les estimations sont réalisées en tenant compte de l'existence et du fonctionnement du CHSCT (évalué par le nombre de réunions par an, supérieur ou inférieur à 4) et de l'existence et de la diffusion du DUER, en plus de la taille et du secteur de l'établissement.

Les résultats reportés dans le tableau 3 indiquent que l'activité de la politique de prévention (*i.e.* probabilité d'avoir mis en place au moins deux mesures de prévention des risques) est significativement plus élevée pour les DOAP que pour les PO (qu'ils soient également DOAP ou pas), ce qui va dans le sens d'une externalisation des risques sans la prévention dimensionnée[19].

---

19 On retrouve par ailleurs le résultat documenté dans la littérature selon lequel les mesures de prévention sont plus fréquemment mises en œuvre dans les plus grandes entreprises (Amira, 2016 et 2019).

TAB. 3 – Résultats d'estimations de l'activité de la politique de prévention des risques.

	2 actions ou plus parmi les précédentes	
Constante	0,03	
Chaine de sous-traitance		
PO	ref	
PO-DOAP	-0,09	
DOAP	0,85	***
Présence d'un CHCST		
Se réunissant + de 4 fois	1,08	***
Se réunissant 4 fois ou moins	0,49	***
NSP	0,06	
Pas	ref	
DUER		
Diffusé à l'ens. du personnel	0,85	***
Non diffusé	0,29	
Pas de DUER	ref	
Taille de l'établissement		
De 10 à 19 salariés	-0,08	
De 20 à 49 salariés	ref	
De 50 à 199 salariés	1,01	***
200 salariés et plus	0,38	
Secteur d'activité		
Agriculture	-1,29	**
Industrie	0,11	
Construction	0,09	
Commerce	ref	
Transports et entreposage	-1,14	***
Hébergement-restauration	0,92	**
Info-comm,finance,immo	-1,87	***
Act scient, tech, soutien	0,46	
Ens, santé, sociale, autres	-0,29	
Pseudo R2	0,163	

Source : enquête CT-RPS 2016 (DARES) ; volet « employeurs ».

Champ : établissements de 10 salariés et plus, secteur marchand et associatif ; établissements liés à la sous-traitance et ayant déclaré avoir au moins une situation d'exposition répandue aux risques physiques (1 665 établissements).

Lecture : le tableau donne les coefficients de l'estimation d'un modèle Logit expliquant la probabilité qu'un établissement ait mis en place au moins deux mesures de prévention, en fonction de la position de l'établissement dans la chaîne de sous-traitance, de sa taille, de son secteur d'activité, de la présence d'un CHSCT et d'un DUER dans l'établissement. L'estimation est menée en tenant compte de la variable de pondération.

*, **, *** correspond à un effet significatif à 10 %, 5 %, 1 %.

Les obligations légales que sont les CHSCT ou le DUER jouent également un rôle significatif dans la prévention des risques. L'activité de la politique de prévention est associée à la présence d'un CHSCT, et cela de manière plus marquée quand il se réunit davantage que le minimum légal (*cf.* TAB. 3). Pour le DUER, plus que son existence, c'est sa diffusion à l'ensemble du personnel qui est associée à une politique de prévention active.

Si l'action des élus aux CHSCT, d'autant plus si cette instance se réunit fréquemment, et la diffusion du DUER à l'ensemble du personnel, sont bien associées à des pratiques de prévention des risques, on peut craindre néanmoins pour les conséquences sur la santé et la sécurité des salariés d'une plus faible présence de CHSCT, mais aussi de DS, chez les PO par rapport aux DOAP quand il y a des risques répandus (*cf.* TAB. 4). En effet, sur le champ de l'ensemble des établissements, les PO et les DOAP sont dans une situation comparable, alors que sur celui des établissements qui déclarent une exposition répandue à au moins un risque physique, la présence de DS est nettement moins importante pour les sous-traitants (27 % pour les PO et 25 % pour les PO-DOAP *vs* 36 % pour les DOAP), l'absence de CHSCT est plus fréquente (61 % pour les PO, 60 % pour les PO-DOAP *vs* 39 % pour les DOAP), de même que l'absence de DUER (25 % et 12 % *vs* 19 %), et cela de manière significative une fois contrôlé des effets taille et secteur[20]. Les sous-traitants, en présence de risques, auraient alors des moyens affaiblis relativement aux DO pour agir sur les politiques en matière de prévention des risques.

20 *Cf.* Annexe 3.

TAB. 4 – Présence de DS, de CHSCT et de DUER selon la position de l'établissement (en % d'établissements).

	Pour l'ensemble des établissements					En présence de risques répandus				
	PO	PO-DOAP	DOAP	Hors chaine	Ensemble	PO	PO-DOAP	DOAP	Hors chaine	Ensemble
Présence de DS	27	21	26	28	27	27	25	36	32	31
Présence d'un CHSCT										
Se réunissant plus de 4 fois	13	9	11	13	12	15	9	15	14	13
Se réunissant 4 fois ou moins	21	23	24	20	21	21	26	31	24	25
Ne sait pas	6	9	10	10	9	3	5	14	12	9
Pas de CHSCT	59	60	55	57	58	61	60	39	50	52
DUER élaboré ou actualisé										
Diffusé à l'ensemble du personnel	59	68	47	52	55	59	66	57	52	57
Non diffusé	16	20	24	19	19	16	21	24	27	24
Pas de DUER	25	13	29	29	26	25	12	19	20	19
% d'établissements concernés	11	17	14	59	100	14	20	12	53	100
Proportion d'établissements parmi les établissements de 10 salariés et plus						49	45	34	34	37

Source : enquête CT-RPS 2016 (DARES) ; volet « employeurs ».
Champ : établissements de 10 salariés et plus, secteur marchand et associatif.
Lecture : un DS est présent dans 27 % des établissements de 10 salariés et plus, et dans 26 % des établissements DOAP. 34 % des DOAP ont déclaré une exposition répandue à au moins un facteur de risques, contre 37 % dans l'ensemble des établissements (colonnes « En présence de risques répandus »). Sur ce champ, les DOAP représentent 12 % des établissements. La présence d'un DS concerne 36 % de ces établissements DOAP.

Jamet et Mias (*op. cit.*) montrent que si les CHSCT sont incontournables en matière de santé au travail, la loi leur confiant un rôle de plus en plus large, ces règles en font toutefois une instance fragile puisque l'efficacité de la prévention qui peut en découler va dépendre de la capacité des RP à intervenir, ce qui nécessite de très nombreuses compétences spécifiques : il s'agit non seulement de parvenir à obtenir les informations mais également d'être en capacité de les utiliser, éventuellement de les contester et les mobiliser. Au-delà de la question de la formation des RP, cela soulève les difficultés accrues pour mener ces missions dans les situations de sous-traitance, où les informations nécessaires peuvent concerner des acteurs extérieurs comme les donneurs d'ordres[21].

III.2. L'ILLUSTRATION D'UNE POLITIQUE DE PRÉVENTION D'UN PO-DO : QUELLE PLACE POUR LES RP ?

AERO étant à la fois PO et DO, on pourrait s'attendre à trouver plusieurs parties prenantes dans l'élaboration de sa politique de

21 Les auteurs montrent que la tâche peut s'avérer particulièrement difficile dans le cas de CHSCT élargis, mis en place dans les situations de sous-traitance sur site, où les RP d'entreprises sous-traitantes qui y siègent « peinent à obtenir certains documents, dont les résultats de l'analyse du risque chimique de l'entreprise cliente » (Guillemy, *op. cit.*).

prévention : l'équipe de direction d'AERO, et celle de ses donneurs d'ordres et sous-traitants, lorsque du personnel des uns travaillent dans les locaux des autres ; les responsables en charge de la sécurité et de la santé au travail ; les RP, ainsi que les salariés eux-mêmes. Dans les faits, l'entreprise dispose d'un service Hygiène Santé Environnement (HSE) et d'un CHSCT[22] auquel participe des RP, la direction d'AERO, la responsable HSE, une infirmière, ainsi que des membres invités (CARSAT, Direccte, médecin du travail).

La responsable HSE nous a décrit une politique en matière de sécurité que l'on pourrait qualifier de politique au service des objectifs managériaux de la direction (Barnier *et al.*, 2020). Elle tient en effet un discours volontariste sur la prévention en matière de risques professionnels dont le « programme » se décline sur trois registres : le respect du code du travail, l'instauration d'une « culture de la sécurité » dans l'entreprise, la limitation des responsabilités dans des périmètres circonscrits face au brouillage causé par le recours à la sous-traitance.

En matière de conformité au droit du travail, AERO établit un DUER et met en place un plan de prévention. La responsable HSE communique sur les risques et les mesures visant à réduire les accidents du travail au travers d'un document interne « SQCDP » (Sécurité, Qualité, Coûts, Délais, Personnel) élaboré à partir de la pyramide de Bird qui identifie et classe les situations de travail à risque selon leur gravité, allant de l'incident nécessitant des soins aux accidents du travail avec ou sans arrêts, jusqu'aux accidents mortels. Le SQCDP est un panneau d'affichage où sont recensés les accidents, blessures, soins dans chaque programme de production.

Un plan d'action concernant la prévention des TMS a été mis en place, mais n'en est pour l'instant qu'à la phase du « diagnostic » et à la fourniture d'EPI tels que des gants ou des bouchons d'oreille, à tel point que la direction estime ainsi que son entreprise s'engage dans la prévention.

> Vous avez un outil de travail qui est quand même de bonne qualité, on a une équipe HSE qui fait bien son travail. Il y a de la prévention. On a une politique en termes de respect du port des EPI qui s'améliore beaucoup ces dernières années. On a commencé par les chaussures de sécurité, maintenant

---

22 Depuis octobre 2018 et la mise en place d'un CSE, la Commission Santé, Sécurité et Conditions de travail (CSSCT) se réunit 4 fois par an.

> c'est devenu les gants, les bouchons d'oreille. Enfin voilà progressivement, on met de l'exigence là où il n'y en avait pas avant, donc le niveau s'améliore effectivement. (RD-DAF)

Les accidents du travail restent relativement fréquents (une vingtaine par an en moyenne) ainsi que les arrêts de travail liés à des problèmes lombaires ou de cervicales. Le taux de fréquence est, selon les dires du RD-DAF, plus élevé que celui de la moyenne nationale, mais le taux de gravité plus faible, ce qui est aussi l'avis de l'un des RP.

> C'est-à-dire qu'en général, ce sont des petits bobos, ce sont des gens qui se cognent la tête, qui se percent un petit peu le doigt, des choses comme ça, mais ça reste relativement marginal en termes de gravité. (RD-DAF)
> Principalement, ce sont des petits incidents. Parce que l'on n'a pas non plus des accidents très graves : tout ce qui est perçage de doigts avec un foret, les copeaux dans l'œil… (RP-CSE)

Les interlocuteurs s'entendent pour dire que les réunions du CHSCT (ou de la CSSCT plus récemment) sont l'occasion de communiquer sur les incidents et accidents survenus, ainsi que sur les mesures mises en place. Mais la responsable du service HSE regrette la faiblesse de l'implication des RP et des salariés.

En effet, elle met en avant les difficultés qu'elle dit rencontrer pour « sensibiliser » et « responsabiliser » le personnel vis-à-vis de la sécurité. Selon elle, ce sont aux salariés eux-mêmes « de faire de la sécurité » ; tandis que le CHSCT ou la CSSCT devraient être amenés à « travailler sur les postes de travail », en allouant leurs heures de délégation à observer les postes et à jouer un rôle de relais avec les ateliers. Mais cela ne se passe pas comme ça selon elle, et elle regrette l'absence de culture sécurité dont elle attribue la cause aux formations syndicales.

> Les gens ne comprennent pas que du coup la sécurité, c'est eux qui doivent la faire, moi je ne peux pas savoir tous les risques qu'il y a au poste de travail, je ne peux pas faire tout toute seule, il y a beaucoup, beaucoup de postes de travail. Donc en fait, ces gens du CSSCT doivent être des relais et c'est ce que je veux essayer de faire avec eux. Mais quand ils sont issus de formations syndicales, déjà ils partent d'un mauvais chemin en fait. (Responsable HSE)

Ces propos illustrent les tensions mises en évidence par Barnier *et al.* (*op. cit.*) : tensions entre une logique d'intégration des IRP à la politique de prévention et une logique de conflit employeur/salariés dans laquelle c'est le management qui prend en charge la sécurité par l'élaboration de procédures. Or, la « culture sécurité » que la responsable HSE appelle de ses vœux supposerait une « co-construction de la sécurité » dans laquelle le management se serait attaché à construire des rapports sociaux plus équilibrés (Boissières et Heldt, 2015). On retrouve ici une configuration discutée par Jamet et Mias (*op. cit.*, p. 93) de l'instrumentalisation du CHSCT par le service HSE, qui le réduit à un dispositif d'alerte des dysfonctionnements où les « responsables HSE font comme s'il suffisait aux RP de tendre l'oreille pour entendre la voix du travail réel ». Face à une politique managériale de la prévention dont les orientations ne sont pas discutées, les RP peinent à avoir ou à prendre le rôle de contre-pouvoir exerçant un contrôle sur la direction.

C'est plutôt dans cette configuration que s'inscrit le RP-CSE en poste au service qualité en reconnaissant les améliorations liées à la politique de prévention avec la mise en place de dispositifs de type protection individuelle face aux outils ou produits dangereux (comme la peinture) :

> Ah, il y a eu beaucoup de choses faites. (Ce qui est discuté en CSSCT concerne) par exemple, le bruit, les températures extrêmes, et puis tout ce qui est produits un peu cancérigènes, tout ce qui est toxique, manipulations des mastics, des peintures, et ce qui est mis en place pour améliorer les conditions de travail sur ces points-là (…). Après, il y a toujours des petits détails, on ne peut pas non plus aller ramasser le grain de sable qui traîne. Quand on perce, il y a des copeaux par terre, on ne peut pas dire non plus que ce sont des conditions de travail indécentes. (…) Il faut relativiser les choses. (RP-CSE)

Le DS, en poste au service approvisionnement et membre d'un syndicat revendicatif, dénonce, quant à lui, un manque de considération des conditions de travail, qu'il s'agisse de la sécurité, ou des risques psychosociaux, dans un climat tendu avec la direction. Face à ce constat, c'est le manque de collectif sur lequel s'appuyer pour mener des revendications qui est pointé du doigt. Notamment, le CHSCT n'a jamais réussi à obtenir le recours à un expert extérieur et le nouveau CSE n'a pas voté le recours à l'expert-comptable.

> On a toujours la suspicion qu'ils (la direction) trafiquent, on n'a pas confiance. On n'a jamais osé aller au clash en demandant une expertise CHSCT. (…) Avec le CSE, ça a changé, c'est le CSE qui va payer une grosse partie, alors

> bien sûr, on réfléchit (…). Mais moi, je trouve que c'est nécessaire. Mais le CSE a dit non, comme moi je n'en fais pas partie… (DS)

Enfin, la politique de prévention a aussi pour fonction de délimiter les responsabilités. La responsable HSE donne ainsi au plan de prévention le rôle de protéger la responsabilité de l'entreprise en cas d'accidents du travail, notamment dans les situations de sous-traitance sur site ou de salariés en détachement sur le site de donneur d'ordres qui ne mettent pas forcément en place les moyens de prévention nécessaires. L'enjeu est de savoir qui est responsable en cas d'accident d'un salarié d'AERO chez un de ses donneurs d'ordres : l'employé qui n'a pas suivi les règles de sécurité (prévues dans le plan de prévention), ou l'employé mal « informé », ou bien l'employeur, ou encore le donneur d'ordres qui a commandé et organisé le travail[23].

> Le plan de prévention était fait, j'avais évalué les risques en lui disant, il faut s'accrocher là, il faut la ligne de vie, il faut ça, il faut ça, il faut ça. Moi je ne peux pas être tout le temps derrière. S'il est tombé, du coup l'inspection du travail, vous êtes sûrs que dans les 2 heures ils sont là. Qu'est-ce qu'ils vont regarder ? Ce que vous avez fait au niveau du plan de prévention ! Qu'est-ce que l'opérateur a bien fait, a fait, n'a pas fait, pour rejeter la faute soit sur sa société soit sur la nôtre. (Responsable HSE)

CONCLUSION

Dans la lignée de plusieurs travaux de terrain sectoriels, cette étude permet d'étayer l'hypothèse de la mise en sous-traitance du travail pénible et dangereux pour l'ensemble des secteurs. Nos résultats indiquent en effet que les risques physiques associés à un travail d'exécution sont externalisés par les DOAP vers les sous-traitants sans qu'une politique de prévention active ne suive. Le CHSCT, et plus particulièrement quand il se réunit fréquemment, favorise la mise en place d'actions de prévention notamment en présence de risques « répandus ». Sa présence

23 Un arrêt de la cour d'appel de Reims du 24 novembre 2021 et celui de la cour de cassation du 7 mai 2019 confirment le rôle du plan de prévention dans le partage des responsabilités entre donneur d'ordres et sous-traitants dans des cas d'accidents du travail mortels.

moins fréquente chez les sous-traitants par rapport aux donneurs d'ordres témoigne d'emblée de moyens affaiblis pour les RP des sous-traitants. Et par ailleurs, le fonctionnement du CHSCT et le rôle joué par les RP sont en grande partie dépendants des enjeux de connaissance qui peuvent être rendus plus complexes dans les situations de sous-traitance (Jamet et Mias, *op. cit.*). Le terrain étudié donne une illustration d'une situation où le CHSCT « accompagne » la politique de prévention établie par la direction sans participer à la définition de son contenu.

La fusion des instances lors de la mise en place des Ordonnances Macron laisse craindre un amoindrissement du rôle de la CSSCT dans la mesure où, comme l'avaient déjà signalé les auteurs du rapport sur les Ordonnances pour la Dares (Farvaque *et al.*, 2019), les questions de santé au travail risquent de se trouver diluées dans les thématiques du CSE. Ces problèmes peuvent se poser de manière encore plus criante dans les établissements de moins de 300 salariés ne disposant plus d'instances dédiées aux questions de conditions de travail, ou encore dans la prévention des risques psychosociaux (Mias et Wolmark, 2018).

Alors que les relations d'AERO avec ses donneurs d'ordres principaux et ses sous-traitants sont très intégrées, aucune instance de représentation collective n'a été créée pour structurer un dialogue social à une échelle inter-entreprises. L'organisation en sous-traitance fragilise les IRP qui ne couvrent pas l'ensemble du collectif de travail. Elle pose en outre la question des responsabilités vis-à-vis de la sécurité et des accidents du travail en sous-traitance. Ainsi, plusieurs travaux discutent de la nécessité d'étendre la responsabilité du donneur d'ordres en matière de prévention des risques dans la sous-traitance (Morin, 2005 ; Barnier, 2021 ; Guillemy, *op. cit.*). Les CHSCT élargis, qui peuvent être mis en place en situation de sous-traitance interne, pourraient constituer un cadre pour penser la responsabilisation des donneurs d'ordres dans toutes les situations de sous-traitance. Néanmoins, reste à définir les conditions d'une action solidaire des représentants du personnel apte à exercer un contre-pouvoir pour la protection des collectifs éclatés par la sous-traitance.

RÉFÉRENCES BIBLIOGRAPHIQUES

Abellard S., Verkindt P-Y., 2013, « Prévenir les atteintes à la santé des travailleurs dans les opérations de sous-traitance et de mise à disposition », *Les Cahiers de droit*, vol. 54 (2-3), June-September, p. 489-509.

Algava E., Amira S., 2011, « Sous-traitance : des conditions de travail plus difficiles chez les preneurs d'ordres », *Dares Analyses*, n° 011, février.

Amira S., 2016, « La prévention des risques professionnels. Les mesures mises en œuvre par les employeurs publics et privés », *Dares Analyses*, n° 013, mars.

Amira S., 2019, « La prévention des risques professionnels en 2016. Des résultats contrastés selon les secteurs et les risques », *Dares Analyses*, n° 029, juin.

Amossé T., Célérier S., 2013, « Pratiques d'entreprises en santé et sécurité – un panorama de la situation française depuis une double perspective, quantitative et qualitative », *Pistes*, 15-3.

Appay B., 2005, *La dictature du succès, le paradoxe de l'autonomie contrôlée et de la précarisation*, L'Harmattan.

Barnier L-M., 2016, « Sous-traitance, un droit clandestin à négocier le travail. Étude de cas dans le travail aéroportuaire », *Chroniques du travail*, n° 6, décembre 2016, p. 14-28.

Barnier L-M., 2021, « L'entreprise éclatée contre la santé au travail », *in* Le Garrec S., *Les servitudes du bien-être au travail. Impacts sur la santé*, p. 207-221.

Barnier L-M., Bouffartigue P., Granaux S., Pendaries J-R., 2020, « Entre "culture de prévention" et contre-pouvoir : la formation en santé au travail des représentants du personnel », *La Revue de l'IRES*, vol. 2 (101-102), p. 99-125.

Beaujolin-Bellet R., Schmidt G. (2012), *Les restructurations d'entreprises*, Paris, La Découverte.

Beque M., Mauroux A., 2017, « Quelles sont les évolutions récentes des conditions de travail et des risques psychosociaux », *Dares Analyses*, n° 082, décembre.

Blanc-Jouvan G., 2005, « L'unité économique et sociale et la notion d'entreprise », *Droit social*, n° 1, janvier, p. 68-79.

Boissières I., Heldt B., 2015, « La sécurité industrielle, une affaire de métier et de management », *in* Thébaud-Mony A., Davezies P., Vogel L., Volkoff S., *Les risques du travail. Pour ne pas perdre sa vie à la gagner*, p. 192-195.

Bongiorno Y., 2015, « Le rôle du comité d'hygiène, de sécurité et des conditions de travail », *in* Thébaud-Mony A., Davezies P., Vogel L., Volkoff S., *Les risques du travail. Pour ne pas perdre sa vie à la gagner*, p. 399-406.

Bouffartigue P., Pendaries J-R., Bouteiller J., 2010, « Virilité, métier et rapport aux risques professionnels : le cas des travailleurs de la sous-traitance », *Perspectives interdisciplinaires sur le travail et la santé*, vol. 12 (3), p. 1-24.

Bouville G., 2019, « Le rôle du CHSCT dans la mise en œuvre de politiques de prévention des risques professionnels », *in* Petit, J., Dugué, B, Lerouge, L. (coord.), *La représentation du personnel à l'épreuve de la santé au travail*, L'Harmattan, p. 31-49.

Coutrot T., 2002, *Critique de l'organisation du travail*, Paris, La Découverte.

Coutrot T., 2009, « Le rôle des comités d'hygiène, de sécurité et des conditions de travail en France. Une analyse empirique », *Travail et Emploi*, n° 117, p. 25-38.

Descolonges M., 2014, *Des travailleurs à protéger. L'action collective au sein de la sous-traitance*, Hermann/ADAPT Éditions, 149 p.

Desjonquères A., 2019, « L'exposition aux risques du travail : quels écarts de perception entre les salariés et leurs employeurs ? Une analyse comparée des volets "salariés" et "employeurs" de l'enquête Conditions de travail 2013 », *Document d'études n° 230*, DARES, Avril.

Devetter F.-X., Valentin J., 2020, « Polarisation et bas salaires : comment sortir certains emplois de l'impasse ? Une analyse de la situation des salariés affectés aux tâches d'entretien », *Revue de l'OFCE*, n° 169, 2020/5, p. 5-38.

Durand C., Flacher D., Frigant V., 2018, « Étudier les chaînes globales de valeur comme une forme d'organisation industrielle », *Revue d'économie industrielle*, vol. 3 (163), p. 13-34.

Farvaque N., Boulnois M., Capelier T., Chevrier V., Cibois V., Martines J.-S., Messaoudi D., Orly G., Smaguine A.-L., 2019, « Appropriation et mise en œuvre des ordonnances du 22 septembre 2017 réformant le droit du travail. Étude de terrain qualitative », *Rapport pour la DARES*, 23 septembre.

Garrigou A., Le Frious P., 2015, « Les équipements individuels : protecteurs, mais pas toujours », *in* Thébaud-Mony A., Davezies P., Vogel L., Volkoff S., *Les risques du travail. Pour ne pas perdre sa vie à la gagner*, p. 500-503.

Gollac M., Bodier M., 2011, « Mesurer les facteurs psychosociaux de risques pour les maîtriser », *Rapport du Collège d'expertise sur le suivi des risques psychosociaux au travail*, Ministère du travail, de l'emploi et de la santé, 223 p.

Gollac M., Volkoff S., 2007, *Les conditions de travail*, La Découverte, coll. « Repères ».

Gorgeu A., Mathieu R., 2013, « Les suppressions d'emploi dans la filière automobile : l'impact négatif sur les conditions de travail et la qualification ouvrière », *Formation Emploi*, n° 124, p. 87-103.

Grusenmeyer C., 2007, « Sous-traitance et accidents. Exploitation de la base de données Epicéa », *Note scientifique et technique INRS*, NS 266, Janvier.

Guillemy N., 2009, « Sous-traitance et réglementation du travail », *in* Héry M., *La sous-traitance interne*, EDP Sciences, p. 25-40.

Hauert, C., 2015, « Le rôle des normes techniques », *in* Thébaud-Mony A., Davezies P., Vogel L., Volkoff S., *Les risques du travail. Pour ne pas perdre sa vie à la gagner*, p. 491-494.

Hery M., 2002, « Besoins de recherche en santé au travail pour les salariés d'entreprises de sous-traitance interne », *Perspectives interdisciplinaires sur le travail et la santé*, vol. 4 (1), p. 1-13.

Jamet L., Mias A., 2012, « Les CHSCT : une institution en mal de connaissances ? Le cas des risques cancérogènes, mutagènes et toxiques pour la reproduction », *La Revue de l'IRES*, n° 74, p. 75-102.

Jounin N., 2008, *Chantier interdit au public. Enquête parmi les travailleurs du bâtiment*, La Découverte, coll. « Textes à l'appui », 274 p.

Kechidi M., Talbot D., 2013, « Les mutations de l'industrie aéronautique civile française : concentration, externalisation et firme-pivot », *Entreprises et Histoire*, vol. 4 (73), p. 75-88.

Labarthe G., Mauroux A., 2016, « Exposition aux facteurs de pénibilité dans le travail », in Mauroux A. (coord), « Chiffres clés sur les conditions de travail et la santé au travail », *Dares Synthèse. Stat'*, n° 22, novembre.

Lallier M., 2009, « La sous-traitance de site. Exemple du nucléaire », *in* Héry M., *La sous-traitance interne*, EDP Sciences, p. 350-365.

Mias A., Wolmark C. (dir.), 2018, *Agir sur la santé au travail*, Octares Édition, Toulouse.

Morin M-L., 2005, « Le droit du travail face aux nouvelles formes d'organisation des entreprises », *Revue internationale du travail*, vol. 144 (1), p. 5-30.

Morin C., 2014, « Quelle coordination et quelle solidarité dans la prévention des risques professionnels pour les salariés d'entreprises sous-traitantes ? », *Chroniques du Travail*, n° 4, p. 134-155.

Nivelet T., 2018, « Plan de prévention : que prévoit la réglementation ? », *Travail & sécurité*, INRS, n° 797, septembre.

Perraudin C., Petit H., Thévenot N., Tinel B. et Valentin J., 2014a, « Interfirm Dependency and Employment Inequalities : Theoretical Hypotheses and Empirical Tests on French Subcontracting Relationships », *Review of Radical Political Economics*, vol. 42 (2), p. 199-220.

Perraudin C., Petit H., Thévenot N., Tinel B. et Valentin J., 2014b, « Les rapports de force au cœur des relations de sous-traitance : conséquences sur les relations de travail », *Document de travail du CES*, 2014-89, 156 p.

Perraudin C., Thévenot N., Dessein S., 2021, *Conditions de travail et prévention des risques professionnels dans le travail en sous-traitance : une étude quantitative*, Rapport d'études pour la Dares n° 033, septembre.

Pompili B., 2018, *Rapport de la Commission d'enquête sur la sûreté et la sécurité des installations nucléaires*, Rapport n° 1122, Assemblée Nationale, 28 juin.

Quinlan M., Thébaud-Mony A., 2015, « La sous-traitance : un outil majeur de la transformation du système productif », *in* Thébaud-Mony A., Davezies P., Vogel L., Volkoff S., *Les risques du travail. Pour ne pas perdre sa vie à la gagner*, p. 44-52.

Ravix J-T., Mouchnino N., 2009, « L'évolution de l'industrie aéronautique : les incidences de la production modulaire », *La Revue de l'IRES*, vol. 3 (62), p. 135-157.

Sacchetti S., Sugden R., 2003, « The governance of networks and economic power : the nature and impact of subcontracting relationships », *Journal of Economic Surveys*, vol. 17 (5), p. 669-691.

Thébaut-Mony A., 2008, *Travailler peut nuire gravement à votre santé*, La Découverte, coll. « Poche », 291 p.

Thébaut-Mony A., Davezies P., Vogel L., Volkoff S., 2015, *Les risques du travail, Pour ne pas perdre sa vie à la gagner*, La Découverte.

Thévenot N. (coord.), Geymond M., Perez C., Perraudin C., Valentin J., Devetter F.-X., 2021, *Entreprise « éclatée » et périmètre de la représentation collective*, Rapport d'études de la DARES, n° 9, 24 septembre.

Vennin B., 1975, « Pratiques et signification de la sous-traitance dans l'industrie automobile en France », *Revue économique*, vol. 26 (2), p. 280-306.

Vogel L., 2015, « L'évaluation des risques », *in* Thébaud-Mony A., Davezies P., Vogel L., Volkoff S., *Les risques du travail. Pour ne pas perdre sa vie à la gagner*, p. 427-430.

ANNEXE 1
Caractéristiques des établissements selon la chaîne de sous-traitance (en % d'établissements)

	PO	PO-DOAP	DOAP	Hors chaîne	Ensemble
Taille d'effectif de l'établissement					
De 10 à 19 salariés	47	43	51	52	50
De 20 à 49 salariés	32	38	28	32	33
De 50 à 199 salariés	17	16	17	13	14
Plus de 200 salariés	4	3	4	3	3
Secteur d'activité de l'établissement					
Agriculture	1	1	1	2	1
Industrie	21	21	21	11	15
Construction	11	32	16	3	10
Commerce et réparation auto	12	7	19	26	20
Transports et entreposage	17	10	5	5	7
Hébergement-restauration	5	1	3	9	6
Info-comm,finance,immo	5	9	7	11	9
Act scient, tech, soutien	13	13	17	12	13
Ens, santé, sociale, autres	15	6	11	23	18
Appartenance à un groupe	39	46	43	38	40
Dimension du marché					
Locale	54	57	55	66	62
Nationale	20	30	20	18	21
Internationale	19	12	22	12	14
Ne sait pas	1	0	1	1	1
Sans réponse	5	2	3	3	3
Variation de l'activité au cours des 12 derniers mois					
Croissante	12	7	11	7	8
Décroissante	10	19	17	12	13
Croissante et décroissante	45	42	34	33	36
Stable	31	31	38	46	41
Sans réponse	3	2	0	1	1
Evolution de l'effectif total au cours des 12 derniers mois					
Baisse	11	17	18	14	15
Hausse	31	26	24	19	22
Stable	57	55	56	66	62
Sans réponse	1	1	1	2	2
Total	11	17	14	59	100

Source : enquête CT-RPS 2016 (DARES); volet « employeurs ».
Champ : établissements de 10 salariés et plus, secteur marchand et associatif.

ANNEXE 2
Dispositifs de prévention des risques selon la chaîne de sous-traitance (en % d'établissements)

	Pour l'ensemble des établissements					En présence de risques répandus				
	PO	PO-DOAP	DOAP	Hors chaine	Ensemble	PO	PO-DOAP	DOAP	Hors chaine	Ensemble
Au moins une action de prévention	83	82	78	76	78	90	88	94	81	85
Poursuite des actions antérieures	59	61	59	50	54	67	67	74	55	61
Nouveau plan de prévention	26	20	18	16	18	32	23	30	19	23
Modification de l'orga du travail	15	10	22	14	15	20	13	37	20	21
Modification des locaux, équipements ou produits	33	28	38	25	28	43	40	50	29	36
Mise à disposition de nouveaux EPI	40	44	40	27	33	48	49	62	37	44
Formation à la sécurité du personnel	40	40	40	35	37	46	44	52	46	46
Recours à un expert extérieur	7	8	10	7	7	10	8	8	8	8
2 actions ou plus parmi les précédentes	58	59	59	46	51	66	67	84	56	63
% d'établissements concernés	11	17	14	59	100	14	20	12	53	100
Proportion d'établissements parmi les établissements de 10 salariés et plus						49	45	34	34	37

Source : enquête CT-RPS 2016 (DARES); volet « employeurs ».
Champ : établissements de 10 salariés et plus, secteur marchand et associatif.
Lecture : sur le champ de l'ensemble des établissements de 10 salariés et plus, 51 % ont mis en place 2 actions de prévention ou plus; alors que c'est le cas de 58 % des PO. 49 % des PO ont déclaré une exposition répandue à au moins un facteur de risques, contre 37 % pour l'ensemble (colonnes « En présence de risques répandus »). Sur le champ des établissements qui ont déclaré une exposition répandue à au moins un facteur de risques, parmi les PO, qui représentent 14 % des établissements, 66 % ont mis en place 2 actions de prévention ou plus.

ANNEXE 3
Résultats d'estimation de la présence de CHSCT et de DS

	Ensemble des établissements				En présence de risques répandus			
	CHSCT		DS		CHSCT		DS	
Constante	-1,03	***	-1,59	***	-0,49	***	-1,33	***
Taille de l'établissement								
De 10 à 19 salariés	-0,73	***	-0,81	***	-1,16	***	-1,38	***
De 20 à 49 salariés	ref		ref		ref		ref	
De 50 à 199 salariés	2,36	***	1,33	***	2,20	***	1,20	***
200 salariés et plus	4,41	***	3,01	***	4,24	***	2,75	***
Secteur d'activité								
Agriculture	-1,39	***	0,14		-1,82	***	-2,59	***
Industrie	0,25	**	0,67	***	-0,09		0,52	***
Construction	-0,17		-0,13		-0,65	***	-0,76	***
Commerce	ref		ref		ref		ref	
Transports et entreposage	0,23	*	0,94	***	-0,31	*	0,80	***
Hébergement-restauration	-0,18		0,23		-0,63	***	-0,16	
Info-comm,finance,immo	0,67	***	0,93	***	-0,29		0,65	**
Act scient, tech, soutien	-0,32	***	-0,15		-0,71	***	-0,03	
Ens, santé, sociale, autres	0,38	***	0,93	***	-0,06		0,55	***
Chaine de sous-traitance								
PO	ref		ref		ref		ref	
PO-DOAP	-0,10		-0,26	**	0,04		0,08	
DOAP	0,06		0,06		0,64	***	0,67	***
Hors chaine	0,12		0,24	**	0,31	**	0,56	***
Nombre d'observations	7219		7219		3209		3209	
Pseudo R2	0,251		0,182		0,309		0,260	

Source : enquête CT-RPS 2016 (DARES) ; volet « employeurs ».
Champ : établissements de 10 salariés et plus, secteur marchand et associatif.
Lecture : chaque colonne donne les coefficients de l'estimation d'un modèle Logit expliquant la probabilité qu'un établissement ait un CHSCT (ou un DS), en fonction de la position de l'établissement dans la chaîne de sous-traitance, de sa taille et de son secteur d'activité. Les estimations sont menées en tenant compte de la variable de pondération.
*, **, *** correspond à un effet significatif à 10 %, 5 %, 1 %.

COMPTES RENDUS DE LECTURE

Le dialogue social. L'avènement d'un modèle ?, Frédéric Géa et Anne Stévenot (dir.), Bruxelles, Bruylant, Collection Paradigme, 2021.

Jacques Freyssinet
IRES

Il n'est pas facile de rendre compte d'un ouvrage qui, en 700 pages et en petits caractères, réunit quarante-et-une contributions de spécialistes appartenant à des disciplines différentes. Le lecteur hésite d'autant plus devant la tâche lorsqu'il s'agit d'un thème sur lequel la littérature est déjà fort abondante. Cependant, l'effort mérite d'être accompli car il est largement récompensé. D'une part, le livre est le produit d'une démarche pluridisciplinaire élaborée ; d'autre part, il est construit sur la base d'une hypothèse de recherche originale.

Nous ne sommes pas en présence d'une classique juxtaposition d'éclairages apportés par des spécialistes de disciplines différentes, mais de textes construits à partir d'une problématique commune et qui « ont donné lieu à des échanges féconds entre les contributeurs au cours de deux journées riches, foisonnantes et stimulantes (…) loin des monologues (ou soliloques) habituels » (p. 9). Cette rencontre et ce dialogue doivent être salués sans pourtant en surestimer l'ambition : dix-huit contributions sont signées par des juristes, treize relèvent des sciences de gestion. Les autres disciplines n'occupent qu'une place réduite : trois sociologues, deux économistes, un politiste. L'élément nouveau et riche est donc constitué, sur un thème souvent dominé par les spécialistes des relations professionnelles, par une confrontation approfondie entre les approches du droit et de la gestion dont les deux responsables de la publication proposent des synthèses. De plus, les auteurs ont sollicité des contributions d'acteurs éminents du dialogue social.

Le second aspect original de l'ouvrage réside dans sa construction qui est conçue comme un itinéraire d'exploration d'une hypothèse directrice. Le chemin est fortement balisé par Frédéric Géa qui a rédigé le chapitre introductif et le chapitre conclusif, ainsi que de substantielles introductions au début de chaque partie. Au départ, il énonce l'hypothèse de « l'avènement d'un modèle de dialogue social » (p. 28) inspiré par la reconnaissance de la centralité acquise par cette notion au cours des dernières décennies. Elle est en effet promue par de nombreux gouvernements et par de grandes organisations internationales, aux premiers rangs desquels figurent l'Organisation Internationale du Travail (OIT), l'Organisation de Coopération et de Développement Économiques (OCDE) ou l'Union européenne. Les acteurs sociaux s'y sont massivement ralliés, avec quelques exceptions au sein du mouvement syndical. La démarche ainsi enclenchée s'inscrit dans une double dynamique largement observée, d'une part, de recomposition des positions respectives de la loi et de la négociation collective et, d'autre part, de réordonnancement des niveaux de négociation. Il est donc légitime de tester à ce propos l'hypothèse de l'émergence d'un modèle en étudiant les évolutions entamées dans différents contextes puis, dans une démarche prospective, en examinant les conditions de possibilité de l'avènement d'un tel modèle.

Les auteurs reconnaissent la polysémie des usages de la notion de dialogue. La première exigence est donc de lui donner un contenu conceptuel. Ainsi que l'écrit Frédéric Géa : « plus qu'un mot ou une notion, c'est d'un concept qu'il s'agit » (p. 58). La source principale est fournie par les écrits de Francis Jacques et Mikhaïl Bakhtine (Geneviève Pignard, « En guise d'ouverture ») : le dialogue implique à la fois des échanges interpersonnels créateurs de sens et des interactions entre les discours. D'autres contributions se réfèrent aux conditions d'un dialogue vrai à visée d'entente telles qu'elles sont énoncées par Jürgen Habermas : publicité et inclusion, égalité, exclusion de la mystification, absence de contrainte (Anne Stévenot, « Dialogue ou monologue en sciences de gestion ? »). Le dialogue social tel qu'il est concrètement pratiqué répond-t-il à ces exigences ?

Les auteurs n'ignorent pas mais rejettent une première objection qui pourrait leur être adressée : à leurs yeux, « le dialogue social ne se réduit pas à une expression fourre-tout, autorisant à englober sans nuances ni limites ce qui se rapporterait aux relations de travail se déployant sur un registre collectif » (p. 39). Il est vrai que la question peut être légitimement posée lorsqu'on lit la définition proposée par l'OIT : « le dialogue social englobe toutes formes de négociation, de consultation ou d'échange d'informations entre représentants des gouvernements, des employeurs et des travailleurs sur des questions d'intérêt commun liées à la politique économique et sociale » (Cyril Cosme, « Qu'est-ce que le dialogue social international ? »). L'Union européenne n'est qu'à peine plus précise : « Le dialogue social européen englobe les discussions, les consultations, les négociations et les actions communes entreprises régulièrement par des partenaires sociaux tels que les employeurs et les organisations syndicales. Il porte sur une grande variété de thèmes sociaux et professionnels. Il revêt deux grandes formes : un dialogue tripartite avec les autorités publiques ; un dialogue bipartite entre les organisations syndicales et les employeurs européens » (Jean-Philippe Lhernould, « La conception du dialogue social en droit de l'Union européenne »). L'hypothèse « fourre-tout » mérite donc d'être discutée.

Une seconde objection n'est pas non plus ignorée par les auteurs : l'hypothèse d'un modèle de dialogue social ne relève-t-elle pas « de l'illusion, voire de la mystification ? » (p. 39). N'aurait-elle pas pour fonction de faire disparaître le conflit ? À leurs yeux, dialogue et conflit ne sont pas incompatibles. Ils ont certainement raison sur le fond, mais les choix de vocabulaire ne sont pas neutres. Il est difficile d'ignorer que l'omniprésence de la promotion du dialogue social peut s'inscrire dans le cadre d'une stratégie de « pacification » des rapports sociaux et que le mot de conflit est absent de toutes les définitions officielles de ce dialogue social. « L'invocation du dialogue – et, en l'occurrence, du dialogue social – a pu être dénoncée comme une mystification dissimulant le dessein d'une politique qualifiée de néolibérale (...). Cette lecture porte, à coup sûr, une part de vérité (...). Et pourtant, à prendre ce mot (et ce concept) de dialogue au sérieux, une autre interprétation devient possible » (Frédéric Géa, p. 82-83).

Rappelons que les auteurs présentent leur démarche comme la mise à l'épreuve d'une hypothèse. Est-il possible, à la lecture des nombreuses contributions, d'évaluer son degré de pertinence ? Globalement, les indices favorables ne sont pas inexistants, mais ils paraissent limités.

En premier lieu, plusieurs contributions invoquent le caractère « fourre-tout » pour expliquer le caractère quasi universel de l'adhésion au dialogue social. Ainsi, Jean-Philippe Lhernould, déjà cité à propos du dialogue social en droit de l'Union européenne, évoque-t-il « un ensemble *a priori* hétéroclite et protéiforme qui se distingue par sa pluralité d'acteurs, sa multitude d'instruments d'action et sa multiplicité de fonctions » (p. 135). Ainsi, Barbara Palli, qui propose une typologie des modèles de dialogue social sur la base d'une comparaison internationale, observe-t-elle : « Il y aurait sans doute plusieurs conceptions du dialogue social, presqu'autant qu'il y a de pays dans le monde qui le pratiquent » (p. 148). Dans le cas de la France, Marcel Grignard, expert en ce domaine, choisit comme sous-titre : « Dialogue social : confusion à tous les étages » (p. 338).

En second lieu, le risque d'instrumentalisation du dialogue social dans l'entreprise pour le mettre au service du management est mis en évidence par plusieurs contributions émanant notamment des sciences de gestion (par exemple, outre la contribution d'Anne Stévenot, déjà citée, celles d'Yves Moulin et Anne Stévenot, « Les espaces de discussion, condition du dialogue social » et de Rémi Bourguignon, « Le management est-il soluble dans le dialogue social ? »). Un autre aspect négatif au niveau de l'entreprise est souligné par Jean-François Pilliard, ancien Délégué général de l'UIMM (Union des Industries et Métiers de la Métallurgie) et ancien Vice-président du MEDEF (Mouvement des entreprises de France) en charge du pôle social : « Le dialogue social profite globalement à ceux et à celles qui sont en CDI avec des statuts élevés, laissant ainsi largement de côté les personnes en situation de précarité (salariés en CDD, travailleurs des plateformes…) » (p. 530). À juste titre, après avoir rappelé les conditions d'un dialogue véritable, Frédéric Géa conclut-il : « À défaut de s'inscrire dans une telle optique, le dialogue social peut s'apparenter à une mystification, ouvrant sur une manipulation, sinon même un acte de violence » (p. 203).

En troisième lieu, les évolutions actuelles n'offrent que des perspectives positives incertaines. Le dernier sous-titre de l'ouvrage, intitulé : « Un renouveau du dialogue social ? » explore trois dynamiques contemporaines. Il s'agit d'abord, avec Arnaud Casado et Mathilde Despax, de la montée en puissance du dialogue social environnemental. Si, en conclusion, les auteurs y voient « à n'en pas douter un futur chapitre du dialogue social » (p. 639), ils constatent préalablement que « si le dialogue social environnemental est une prérogative en devenir pour la représentation élue du personnel, il est une prérogative dont le potentiel reste à conquérir » (p. 627). Ensuite, Marguerite Kocher étudie les expériences de négociation sur la qualité de vie au travail dans le cadre de démarches de responsabilité sociale des entreprises. Ici encore, on découvre « une formidable dynamique de nature à donner à la négociation collective un nouveau visage » (p. 650), mais après avoir constaté que « peu lisible, peu accessible, elle se réduit trop souvent à un exercice formel de *reporting* ou de *compliance* éloigné des réalités de terrain » (p. 642). Enfin, Stéphane Vernac, s'intéresse à la transformation de la gouvernance et des représentations de l'entreprise, en particulier sur la base de la présence de représentants des salariés dans les instances de direction. Il invite « à repenser le dialogue social autour d'un objet, l'entreprise, envisagée comme un engagement collectif autour d'un "inconnu désirable" et d'y associer l'ensemble des parties qui la constituent, dont les salariés » (p. 657). Si la perspective est stimulante, force est de reconnaître que deux contributions précédentes (Gilles Auzero, ainsi que Nicolas Aubert et Xavier Hollandts) ont mis en évidence les oppositions patronales et les contradictions intra-syndicales qu'engendrait la présence, encore symbolique, d'administrateurs salariés.

Il ne faut cependant pas négliger, dans tous ces domaines, la contribution positive qu'apportent les juges à l'amélioration de la qualité du dialogue social grâce à l'importance croissante qu'ils accordent à la vérification de la loyauté dans le déroulement de la négociation collective (Laurence Pécaut-Rivolier, « Le juge et le dialogue social »).

Frédéric Géa conclut l'ouvrage sur « les voies du renouveau » : « Le dialogue social se pose en alternative par rapport à un modèle légicentriste, qui a dans une large mesure vécu, et un modèle de dérégulation inféodé aux impératifs économiques, aveugle à certains enjeux et sans égard pour le bien public ». L'alternative serait « un modèle reposant sur la coopération et donnant du sens. Par le dialogue » (p. 680). Adhérer à une telle perspective n'implique pas que l'on trouve dans les évolutions contemporaines les indices d'une dynamique qui porterait clairement dans cette direction.

L'accent qui a été mis ici sur les termes d'un débat qui est essentiel pour l'avenir des relations professionnelles et sociales a conduit à ne pas souligner l'intérêt de tout un ensemble de contributions qui présentent tantôt « l'état de l'art », tantôt les résultats de recherches récentes dans de nombreux autres domaines, par exemple, l'ingénierie du dialogue social, son rôle dans la performance des entreprises, les enjeux liés à la création du comité social et économique, aux négociations qui portent sur les plans de sauvegarde de l'emploi, sur l'égalité professionnelle femmes/hommes ou encore sur le télétravail. Autant d'arguments pour se plonger dans ce volumineux ouvrage.

*

* *

En luttes ! Les possibles d'un syndicalisme de contestation, Sophie Béroud et Martin Thibault, Raisons d'Agir, 2021.

Agathe FOUDI
Clersé, Université de Lille

Il est fréquent que des formations politiques, des associations et des syndicats établissent des communiqués communs ou appellent collectivement à manifester. À la mi-novembre 2020, par exemple, 187 organisations s'étaient associées autour d'un texte adressé aux parlementaires pour s'opposer à trois dispositions de la loi « sécurité globale » et défendre ainsi le droit à manifester[1]. De même, en mai 2021, un large ensemble d'organisations, parmi lesquelles la CGT, Solidaires et la FSU, ATTAC, la LDH et le CRAN, La France Insoumise, Génération.s et le NPA établissaient un communiqué appelant à manifester « pour les libertés, contre les idées d'extrême-droite[2] ». Dans un contexte politique particulièrement tendu, ces différentes initiatives peuvent être considérées comme un produit de ce pôle de contestation sociale dont la politiste Sophie Béroud et le sociologue Martin Thibault tentent de définir les contours et les conditions de réalisation.

Leur ouvrage s'ancre dans la dynamique des mouvements sociaux qui se sont déroulés en France ces vingt dernières années et, partant du constat d'une « faiblesse structurelle » (p. 12) des forces syndicales, il

1 On pourra retrouver l'intégralité de la lettre à l'adresse suivante (consultée le 13/04/2022) : https://www.laquadrature.net/2020/11/12/55-organisations-contre-la-securite-globale/.

2 On pourra retrouver l'intégralité de l'appel en question à l'adresse suivante (consultée le 13/04/2022) : https://www.appelpourleslibertes.com/.

interroge leur place et l'efficacité de leur action. La thèse de S. Béroud et M. Thibault consiste ainsi à considérer qu'un pôle contestataire formé autour de quelques organisations a émergé dans le champ syndical et semble désormais pouvoir se développer. Pour dégager les conditions de ce possible développement, les auteurs prennent appui sur l'étude des syndicats SUD et de l'Union syndicale Solidaires. L'intérêt de se focaliser sur ces acteurs du champ syndical est assez évident : puisque leur apparition s'est inscrite dans un contexte d'affaiblissement général du syndicalisme et de forte désyndicalisation, l'analyse de leur développement permet de questionner « l'espace disponible pour un syndicalisme de contestation sociale, ouvertement opposé aux politiques néolibérales et souhaitant œuvrer à différentes formes d'émancipation. » (p. 14).

Partant de cela, la réflexion de S. Béroud et M. Thibault se structure autour de l'idée selon laquelle la pérennité d'un tel syndicalisme tient non seulement au positionnement des organisations syndicales face aux différentes réformes, mais aussi et surtout au travail ordinaire et quotidien de « politisation du combat syndical » (p. 150-151) qu'elles mènent. Suivant cette logique, leur ouvrage articule ainsi « l'analyse des stratégies des organisations dans le champ syndical » (plutôt réalisée dans les chapitres 1 et 2) à celle « des trajectoires de militants sur le terrain » (plutôt réalisée dans les chapitres 3 et 4).

Destiné à fournir un cadrage socio-historique, le premier chapitre est centré sur l'analyse des effets provoqués par l'arrivée des SUD et de l'Union syndicale Solidaires sur la structure du champ syndical et les pratiques de ses acteurs. Selon les auteurs, alors que la « première vie » des SUD, au début des années 1990, s'est déroulée à la lisière du champ syndical et en a peu affecté l'ordre des positions, la création de l'Union syndicale Solidaires en 1998 a en revanche nettement changé la donne puisque la fédération est progressivement parvenue à acquérir une place importante dans le champ syndical et à s'imposer comme une force susceptible d'y rebattre les cartes. Mais, si ces organisations ont réussi à modifier les équilibres du champ, S. Béroud et M. Thibault font valoir qu'elles y ont également importé des pratiques innovantes, telles que l'autogestion ou le principe des assemblées générales locales décisionnaires, et ont ainsi pu apparaître comme porteuses de « nouveaux modèles [syndicaux] » (p. 38) susceptibles de fragiliser les anciens.

Ce cadre ayant été posé, le chapitre 2 explore les voies par lesquelles Solidaires s'est durablement intégrée dans le champ syndical et s'y est progressivement légitimée. Les auteurs avancent tout d'abord que son intégration dans ce champ serait assez largement le produit de l'engagement dont les organisations qui s'y rattachent ont fait preuve dans le cadre intersyndical : la fédération a en effet assez largement bénéficié de la participation de ses militants à des luttes emblématiques comme celles engagées contre le Contrat Première Embauche-Contrat Nouvelle Embauche (CPE-CNE). Une autre voie d'intégration et de légitimation de Solidaires aurait résidé dans sa capacité à promouvoir une conception de la lutte ouverte à des enjeux extérieurs à la sphère professionnelle (antifascisme, lutte contre les violences policières, lutte contre le racisme, etc.). Cette position « à l'interface de différents espaces de lutte » (p. 79) aurait en effet permis à Solidaires de s'émanciper de la domination de la CGT au sein de l'intersyndicale tout en affirmant sa présence dans « l'espace de la gauche "radicale" » (p. 84). Enfin, du fait des transformations des règles de la représentativité syndicale impulsées par la loi du 20 août 2008 portant rénovation de la démocratie sociale et réforme du temps de travail, c'est aussi par le jeu électoral que l'organisation serait parvenue – avec un succès plus ou moins important selon les secteurs professionnels néanmoins[3] – à peser au sein même des lieux de travail.

Déplaçant la focale de l'organisation vers les militants, S. Béroud et M. Thibault cherchent à éclairer dans le troisième chapitre les processus par lesquels s'opèrent l'apprentissage du syndicalisme et la politisation ordinaire du combat syndical. Depuis l'exploration et l'analyse de trajectoires de jeunes militants de SUD Rail, les auteurs soulignent que le défi majeur pour Solidaires aujourd'hui ne serait « plus de faire entrer de nouveaux militants, mais de réussir à les faire rester » (p. 124). En effet, le traitement discriminatoire dont les syndicalistes font l'objet, l'individualisation des carrières ainsi que la précarisation des conditions de travail et d'emploi, fragilisent objectivement et subjectivement l'engagement syndical et contribuent à le rendre plus incertain. Dans un tel cadre, ce serait alors surtout la faible politisation de la jeune génération de syndiqués qui pèserait sur la pérennité des forces syndicales car,

3 Solidaires est bien implantée dans la fonction publique. Dans les entreprises, elle est désormais confrontée aux mêmes difficultés que les autres organisations syndicales en matière de syndicalisation.

pour faire face à ces difficultés, il semble indispensable que les militants soient « capables de penser leur engagement au-delà de leur quotidien professionnel » (p. 152). Un des enjeux clef pour Sud-Solidaires serait donc à présent de travailler à une socialisation syndicale qui *politise* ses militants.

En prenant là encore appui sur l'étude de parcours de militants – ceux de Leïla et Bernard, à la fois syndicalistes et Gilets Jaunes –, S. Béroud et M. Thibault s'interrogent alors dans le quatrième et dernier chapitre sur les possibles recompositions d'un pôle contestataire de luttes. Le rapport à l'engagement de ces deux militants – constant sur le terrain mais distant des appareils syndicaux – ainsi que les pratiques militantes qu'ils ont pu adopter – investissement dans des actions interprofessionnelles, importance accordée aux discussions – permettent aux auteurs de réfléchir aux voies de revitalisation du pôle syndical contestataire par la base. Dans cette perspective, S. Béroud et M. Thibault promeuvent la formation d'« espaces de rencontre » inspirés des ronds-points des Gilets Jaunes (p. 182) et proposent de faire des unions locales des syndicats des « ronds-points permanents » (p. 183). Par rapport aux espaces syndicaux classiques où dominent les mieux dotés en ressources culturelles, ce genre d'innovations serait favorable à l'investissement dans les mouvements sociaux de groupes de population particulièrement « éloignés des formes militantes institutionnalisées » (p. 183). Ces espaces permettraient ainsi à ceux « qui ont des horaires éclatés et qui ne connaissent pas de syndicats dans leur activité professionnelle de s'y retrouver et de s'y investir dans des luttes » (p. 183) ; ce que les auteurs conçoivent comme un levier efficace de la politisation militante et donc comme une réponse au problème rencontré par Solidaires et d'autres syndicats.

Au final, *En luttes !* apparaît comme un ouvrage destiné à un public sensible aux problématiques liées à la place du syndicalisme dans la société et, plus largement, aux mouvements sociaux. Assis sur une enquête au long cours entamée en 2008, cet essai vise en effet à faire état des multiples difficultés (en termes de moyens, de modalités d'organisation et d'action, de stratégies) rencontrées par les organisations syndicales qui s'inscrivent dans un syndicalisme de contestation pour défendre les droits des travailleurs. Si l'ouvrage de S. Béroud et M. Thibault parvient à fournir une analyse objective et scientifiquement fondée de la force sociale de ce syndicalisme, il offre dans le même temps aux militants et cadres syndicaux un éclairage sur quelques-unes des voies qui pourraient être empruntées pour améliorer le potentiel mobilisateur et contestataire de l'action syndicale. De ce point de vue, l'analyse des trajectoires militantes apparaît très fructueuse en ce qu'elle permet de rendre compte des éléments susceptibles d'élargir la base militante et/ou de favoriser un militantisme durable. À l'heure où certains se complaisent à délégitimer l'action syndicale pour affaiblir plus encore le nombre de contre-pouvoirs à l'autoritarisme montant, on ne peut voir dans cet essai, fidèle à la tonalité des Raisons d'Agir, qu'un ouvrage profondément salutaire et souffle d'espoir pour celles et ceux qui croient dans l'efficacité d'un syndicalisme de lutte.

*

* *

Travail et ambition sociale. Plaidoyer pour une refondation du syndicalisme, Paul Santelmann, L'autreface, 2021.

Jean-Michel Denis
ISST/IDHES
Université Paris 1 Panthéon
Sorbonne

On dit communément d'une instruction judiciaire dominée par un parti-pris qu'elle est menée à charge et non à charge et à décharge. Tel est le sentiment qui ressort une fois la dernière page de l'ouvrage de Paul Santelmann tournée. La charge à l'encontre du mouvement syndical français, conduite par cet ancien contrôleur du travail, qui a consacré une longue partie de sa carrière à la question de la formation professionnelle d'abord à la Délégation à la Formation Professionnelle, puis à l'AFPA – dont il a été le directeur de la prospective entre 1997 et 2020 –, et qui se présente aujourd'hui comme consultant en ingénierie des compétences, est effectivement rude ; elle est aussi menée sans répit, du début à la fin du livre. Elle n'est surtout que très rarement contrebalancée par des arguments plus en faveur du syndicalisme, même si cela n'est pas ce que l'on demande à un livre d'analyse, pour rappeler que celui-ci continue, malgré tout, de jouer un rôle important et nécessaire pour tenter de redresser, au profit des travailleurs, l'asymétrie intrinsèque à la relation de travail. Cette absence conduit à douter du sous-titre du livre *Plaidoyer pour une refondation du syndicalisme*, tant l'écriture prend plus la forme d'un réquisitoire, et l'on se demande ce qui reste à sauver du syndicalisme qui est présenté comme un édifice lézardé du sol au plafond.

Court de 159 pages, *Travail et ambition sociale. Plaidoyer pour une refondation du syndicalisme* est publié dans une nouvelle maison d'édition, consacrée aux humanités, et dont le nom, éponyme, *L'autre face*, dit le projet d'aborder, synthétiquement, l'envers des phénomènes et problèmes sociaux. L'ouvrage est composé de douze chapitres, d'une petite dizaine de pages chacun, appuyé systématiquement par une très courte bibliographie. Si son sous-titre, malgré son caractère trompeur, est explicite sur l'ambition de l'ouvrage, ce n'est pas le cas de son titre : *travail et ambition sociale*. Il le devient au fur et à mesure de la lecture. Il exprime en fin de compte la thèse de l'auteur, qui n'est pas nouvelle : le syndicalisme s'est éloigné du travail et des travailleurs. Dans les deux cas, cette prise de distance serait multifactorielle et la conséquence paradoxale d'un mouvement de rétractation et de méfiance montré par le mouvement syndical à l'égard de l'activité (de travail), du cadre dans laquelle elle se livre (l'entreprise) et de ceux qui l'exercent (les salariés). D'où, selon l'auteur, cette perte de légitimité de l'action syndicale, celle-ci ne pouvant retrouver sa signification réelle qu'en replaçant le travail au cœur « *d'une nouvelle ambition sociale* ».

Mais comment en est-on arrivé là ? Cette question constitue le fil conducteur de l'ouvrage qui peut être divisé en trois parties inégales : une première, très courte, dresse un état des lieux de « *l'assèchement syndical* » (chapitre 1) ; la deuxième, la plus volumineuse, en établit les causes (chapitre 2 à 9) ; et la dernière, énonce les enjeux auxquels le syndicalisme doit se confronter s'il veut retrouver force et crédibilité (chapitre 9 à 12 et conclusion). Passons sur les éléments de diagnostic concernant la faiblesse du taux de syndicalisation, en particulier dans le secteur privé, la fragmentation et la division syndicale. Outre qu'ils sont énoncés en moins de 8 pages, ils n'ont d'autres objectifs que d'alimenter les antiennes sur la bureaucratisation et l'institutionnalisation du syndicalisme, largement repris par la suite de l'ouvrage.

Classiquement, les analyses qui reprennent la thèse de la crise du syndicalisme distinguent deux grandes séries de causes : les causes exogènes, qui agissent comme des contraintes exercées à son encontre (transformation du tissu productif, éclatement du salariat, fragilisation des statuts d'emploi, etc.), et les causes endogènes, produites par le mouvement syndical lui-même, et qui en font un acteur majeur de sa propre crise. On retrouve partiellement cette grille de lecture dans l'ouvrage de Paul Santelmann, même s'il insiste fortement sur la responsabilité du syndicalisme français dans les difficultés qu'il connaît depuis plusieurs décennies. D'autant que, dans le livre, les contraintes extérieures sont moins abordées par les effets qu'elles génèrent sur celui-ci que par l'incapacité du syndicalisme à s'y confronter voire à y répondre. Double responsabilité donc. Surtout, parmi ces facteurs extérieurs, un retient particulièrement l'attention de l'auteur, au point de lui consacrer dans l'analyse une place au moins aussi importante que celle accordée au mouvement syndical. Contre toute attente, ce n'est pas de la transformation du travail sous toutes ses déclinaisons dont il s'agit mais de l'étreinte délétère exercée par l'État dans le champ des relations professionnelles. Comme si le syndicalisme était tombé dans tous les pièges dressés, volontairement ou non, par ce dernier et ne parvenait pas à s'en défaire. Le rapide retour historique entrepris par l'auteur, ainsi que le balayage qu'il effectue des grands thèmes ou problématiques auxquels est confronté le syndicalisme (le dialogue social et la négociation collective, le rapport avec la classe politique, la lutte contre le chômage, la formation, etc.), lui permettent de dénoncer ce parasitage mortifère de l'action syndicale par l'acteur public. Tous les domaines énoncés ci-dessus en portent le stigmate : la négociation collective neutralisée par « *la façon dont l'État a occupé le champ économique et social pendant plusieurs décennies par le biais du tripartisme* » (p. 61) ; la lutte contre le chômage, du fait de la subordination du champ paritaire de la gestion de l'emploi à l'intervention publique (p. 71) ; la formation professionnelle « *dossier emblématique de la stérilisation du dialogue social par l'État* » (p. 81) ; jusqu'à sa participation à la mise en place d'un néo-corporatisme avec les syndicats du secteur public (p. 32) ; sans compter son application trop tatillonne de la règlementation du travail par « *un code du travail trop invasif* » (p. 105) et des mécanismes de contrôle du travail trop insidieux « *sous prétexte de transparence* » (*idem*).

Indirectement, pour avoir joué un rôle non négligeable dans l'intégration institutionnelle du syndicalisme – y compris en prenant en charge une partie de son financement –, et donc en favorisant et en consolidant la constitution d'une bureaucratie syndicale « *installée au niveau des confédérations et des instances paritaires relayée par un système de représentation institutionnelle* » (p. 19), l'État serait en partie responsable de la coupure du syndicalisme vis-à-vis du monde du travail. Mais en partie seulement. Car il aurait été aidé en cela par les organisations syndicales elles-mêmes, ou plus exactement par la place et le rôle croissant joué en leur sein par les syndicats du secteur public – compte tenu de l'étiolement du syndicalisme dans le secteur privé –, et par la porosité existante entre les structures exécutives des syndicats et les structures technocratiques de l'État – l'auteur parle à ce sujet de « *convergence sociologique et culturelle* » (p. 48). Cette collusion ne serait pas si grave si elle se limitait à l'édification d'un néo-corporatisme au niveau de l'État centré sur la gestion des carrières des fonctionnaires. Mais si elle l'est, pour l'auteur, c'est pour au moins trois raisons : tout d'abord parce qu'elle a permis la mainmise des syndicats du public sur les directions syndicales, « *les syndicalistes du privé* [laissant tendanciellement la place] *aux syndicalistes du public plus disponibles pour occuper les directions intersectorielles, interprofessionnelles, nationales et même départementales de l'activité syndicale hors-entreprise, précisément là où l'État est lui-même organisé* » (p. 61-62) ; ensuite, et corrélativement, parce que cette domination s'est traduite par une insuffisante prise en compte des apports et des intérêts des salariés du secteur marchand, doublée d'une vision faussée des réalités de celui-ci ainsi que des effets de la mondialisation sur le travail et son évolution ; enfin, parce que l'orientation plus idéologique et combative des syndicats du public a définitivement sapé « *tout potentiel de développement d'un courant réformiste combinant stratégie syndicale, prise en compte des orientations patronales et politique gouvernementale* » (p. 60) ou, pour le dire autrement, « *toute perspective de cogestion à l'allemande* » (p. 42). Pour Paul Santelmann, cette double identité, idéologique et militante, du syndicalisme français, qui est sa marque de fabrique, est ce qui explique cet éloignement réciproque avec le monde du travail : le premier, par éloignement ou par méfiance, est incapable de prendre en compte les évolutions qui marquent le second (il peut être ainsi considéré comme en partie responsable de la dévaluation du travail et de l'emploi) ; et le second ne se reconnait plus dans les visions portées par le premier – d'autant qu'elles sont génératrices de divisions –, ni dans les actions et les combats qui leurs sont liées. On le voit, la critique n'est pas légère et prend souvent la forme de la dénonciation : celle, par exemple, de la pénétration et de la diffusion de longue date des « idées gauchistes » au sein du mouvement syndical, qui se combineraient aujourd'hui à l'influence du Rassemblement National et de La France Insoumise, le tout étant mis dans le même sac (p. 52). Voire de la caricature : lorsqu'il explique le conservatisme patronal comme résultant non de ses idées propres, mais comme le contrecoup des positions syndicales imperméables au compromis et par leur suivisme du dirigisme étatique.

Alors, comment sortir le syndicalisme de sa crise ? La réponse à cette question fait l'objet des derniers chapitres du livre qui abordent les différents défis auxquels doit se confronter le mouvement syndical s'il veut renouer avec le monde du travail. Parmi eux : la mise en place d'un « *nouveau pacte éducatif et social* » pour réévaluer l'emploi et le travail *via* « *la refondation d'une politique du travail et de la formation* » (p. 115) et la reconsidération du rôle joué par les syndicats dans l'entreprise ; la confrontation à la révolution des temps, des espaces et des processus de travail, qui nécessite de repenser les organisations et les nouvelles modalités d'exercice du travail (p. 127) ; l'économie verte, en intégrant dans la conduite des entreprises les contraintes et enjeux environnementaux.

Si globalement, on ne peut qu'être d'accord avec l'auteur sur ces enjeux, peu de choses sont dites en revanche sur le rôle et les positions que doivent tenir les syndicats dans le cadre de ces processus. D'autant que l'auteur reprend d'une main ce qu'il donne de l'autre. On ne peut pas considérer qu'il s'agit là de thématiques auxquelles les syndicats doivent impérativement se confronter tout en leur reprochant dans le même mouvement de ne pas le faire, de critiquer leur immobilisme et leur surdité vis-à-vis des opinions exprimées par les salariés sur ces dernières. Au final, le doute exprimé au début de cette note à propos du projet de l'auteur de proposer des éléments contributifs à la refondation du syndicalisme est confirmé par la conclusion du livre. Ce que propose l'auteur correspond moins à un projet de refondation du syndicalisme qu'à une reconstruction totale sur le plan de son organisation, de son fonctionnement, de ses pratiques d'action et de représentation, mais aussi de son idéologie.

Analyser l'objet syndical en privilégiant une entrée par le travail est un choix pertinent. C'est du reste celui effectué par nombre de spécialistes des relations professionnelles, quelle que soit leur discipline, qui défendent une conception *travailliste* de celles-ci – ce qui ne les empêche pas de voir que le monde du travail est également transformé par des mutations économiques et des politiques publiques du travail, en particulier en France, qui lui sont en partie extérieures. Mais cela requiert une analyse plus détaillée et surtout moins univoque de la manière dont le syndicalisme a été bousculé par les mutations du travail depuis plusieurs décennies. Car, c'est un truisme de le rappeler, à travers cette transformation, qui intègre celle de l'entreprise, du droit, etc., c'est tout un ensemble de pratiques sociales et de rapports sociaux de travail qui s'en trouvent bouleversés. Si la frilosité du syndicalisme à l'égard de la question du travail au profit de celles de l'emploi et du salaire, pour ne prendre que cet exemple, a pu correspondre à une certaine réalité historique – et encore serait-il nécessaire de la circonstancier et de la détailler en ce qu'elle n'a jamais reflétée une position syndicale unique et homogène –, celle-ci n'a réellement plus cours. Si le « retour sur le métier, la corporation, l'unité de travail », en réaction à la mise à mal du travail par une certaine forme de capitalisme a été effectivement l'œuvre, en premier lieu, des principaux concernés, à savoir les salariés eux-mêmes, cela fait plusieurs décennies que les syndicats se sont engagés dans la réappropriation empirique de ces enjeux[1]. Il suffit de parcourir les thèmes proposés dans les cahiers de formation syndicale pour s'en convaincre. Analyser le rapport syndical au travail, c'est non seulement l'aborder dans sa dimension processuelle mais également interactive, c'est-à-dire en en faisant le produit des rapports entre les acteurs. C'est ainsi montrer que l'organisation du travail, parmi l'ensemble des thématiques abordées par les syndicats avec les directions d'entreprise, est celle sur laquelle ces dernières sont les plus réticentes à négocier, sans parler d'intégrer les représentants des salariés à y réfléchir en amont de tout processus de décision. Et de comprendre que si le salaire reste de loin le thème majeur de la négociation collective, il dissimule souvent celui des conditions de travail[2].

---

1 Stéphane Rozès (2006), « La question syndicale à l'épreuve du nouveau cours du syndicalisme », *Mouvements*, 1/43, p. 96-107.

2 Sans compter que les deux accords nationaux interprofessionnels signés en 2020 concernent le télétravail et la santé au travail.

L'affaiblissement du syndicalisme est réel, la fragilité de son implantation dans le secteur privé est indéniable, sa capacité à interférer sur les choix économiques et sociaux, de l'entreprise à l'interprofessionnel, s'est réduite au fil du temps. « En même temps », paradoxalement, les syndicats continuent de peser et de jouer un rôle dans la régulation collective du travail, même si celle-ci laisse de côté un pan du salariat. C'est toute l'ambivalence du cadre français des relations professionnelles que l'on aurait aimé voir rappeler dans cet ouvrage.

*

*   *

Deux millions de travailleurs et des poussières. L'avenir des emplois du nettoyage dans une société juste, François-Xavier Devetter et Julie Valentin, Éditions « Les petits matins », 2021.

Maroua SBYEA
Université de Lausanne

Les mobilisations professionnelles dans le secteur du nettoyage font actuellement l'objet d'une couverture médiatique de plus en plus prégnante. Plus particulièrement, les grèves de femmes de chambre dans le nettoyage hôtelier ont fait l'objet d'une forte médiatisation, du fait de la diversité de leurs modes d'actions collectifs et de leurs modalités d'organisation syndicale. Un exemple récent très médiatisé est celui du mouvement des femmes de chambre de l'Ibis-Batignolles, qui s'est achevé par une victoire relative des grévistes, à la suite d'une mobilisation de près de deux ans. Il est caractérisé par la construction d'une narration médiatique centrée sur les grévistes et leur parcours de femmes immigrées, de mères de famille, ainsi que sur leurs revendications face à leur employeur, un sous-traitant employé par l'entreprise Accor.

Par leur récurrence, ces mobilisations professionnelles mettent en évidence la nécessité d'analyses en sociologie et en économie du travail des dysfonctionnements internes au secteur du nettoyage, qui compromettent les processus de dialogue social dans le secteur du nettoyage en sous-traitance et nuisent aux possibilités de représentation syndicale des salariées.

Rédigé par François-Xavier Devetter et Julie Valentin (tous deux économistes), cet ouvrage propose une réflexion fournie sur le statut et les conditions de travail des salariées du nettoyage, ainsi que sur les perspectives d'évolution de leur situation professionnelle, dans un contexte sectoriel où la sous-traitance demeure le mode d'organisation du travail le plus hégémonique. Des travaux antérieurs ont bien offert des analyses sur le statut des travailleuses du nettoyage, notamment sous l'angle des effets de la sous-traitance sur les salariées. L'on pense notamment aux travaux d'Isabelle Puech[1], de Carine Eff[2], et ceux de Christine Guégnard et Sylvie-Anne Mériot[3] sur les mobilisations de femmes de chambre au début des années 2000 et la précarité au travail des nettoyeuses sous l'angle du genre. D'autres travaux, comme ceux de Sylvie Montchatre[4] ont apporté un éclairage sur l'évolution même du statut des nettoyeuses dans le cadre de la sous-traitance vers une précarité pluridimensionnelle. D'autres auteurs, comme Jean-Michel Denis[5] et Cristina Nizzoli[6] offrent des analyses diverses sur l'évolution de la syndicalisation dans le secteur et la difficulté d'accès des travailleuses du nettoyage à une forme de représentation salariale satisfaisante, et complètent ainsi des analyses de socio-histoire s'intéressant plus généralement aux mobilisations au travail des classes populaires (Guy Groux[7], Sophie Béroud[8]). Enfin, des travaux plus généraux sur la construction du *lean management* dans les

1 Isabelle Puech, « Le temps du remue-ménage. Conditions d'emploi et de travail de femmes de chambre », *Sociologie du Travail*, vol. 46, n° 2, avril-juin 2004, p. 150-167.

2 Carine Eff, « Journal d'une femme de chambre. La lutte improbable des salariées d'Arcade », *Vacarme*, vol. 22, n° 1, 2003, p. 60-66.

3 Christine Guégnard, Sylvie-Anne Mériot, « Régulation et précarisation : l'exemple des femmes de chambre », *Communication au XIe journées internationales de sociologie du travail*, Londres 20-22 juin 2007.

4 Sylvie Monchatre, « Ce que l'évaluation fait au travail. Normalisation du client et mobilisation différentielle des collectifs dans les chaînes hôtelières », *Actes de la recherche en sciences sociales*, 2011/4 (n° 189), 2011, p. 42-57.

5 Jean-Michel Denis, « Conventions collectives : quelle protection pour les salariés précaires. Le cas de la branche du nettoyage industriel », *Travail et emploi*, 2008/4 (n° 116), p. 45-56.

6 Cristina Nizzoli, *C'est du propre ! Syndicalisme et travailleurs du « bas de l'échelle » (Marseille et Bologne)*. Presses Universitaires de France, « Partage du savoir », 2015, 212 p.

7 Guy Groux, « L'individu protestataire et l'entreprise. Un nouvel enjeu contractuel », *Négociations*, 2009/2 (n° 12), 2009, p. 171-182.

8 Sophie Béroud, « Les classes populaires au travail. Quelle représentation ? », *Savoir/Agir*, 2019/3 (n° 49), p. 65-72 ; Sophie Béroud, « Les syndicats, c'est fini ? », *in* Fondation Copernic

entreprises françaises (Fabrice Bourgeois, Annie Thébaud-Mony) ont permis de mettre en évidence le paradigme économique qui a pu motiver les entreprises donneuses d'ordre à privilégier le recours à la sous-traitance pour leurs activités de nettoyage, malgré les risques psychosociaux et la précarisation des salariées qui lui sont associés.

Si ces travaux ont contribué à l'analyse des conditions de travail des agents de nettoyage (que ce soit dans le nettoyage en entreprise, le travail hôtelier ou dans le service public), le présent ouvrage en fait un bilan actualisé, tout en discutant les analyses purement économiques qui tendent à réduire le travail des agents de nettoyage à des tâches subalternes, peu qualifiées et improductives. Les auteurs mobilisent, outre des données statistiques récentes sur les salariées du secteur, ainsi que sur les coûts et les profits liés à la sous-traitance, des entretiens menés avec des agents de nettoyage, des salariées à des postes élevés chez des sous-traitants, ainsi que d'autres dans des établissements publics chargés du recrutement de ces agents.

Le premier chapitre du livre s'attache à développer plusieurs éléments statistiques autour des conditions de travail des salariées du secteur du nettoyage. Les auteurs y présentent des données sur la pénibilité des tâches attribuées aux salariées et sur les nombreuses maladies professionnelles qui caractérisent ces emplois. Malgré leur pénibilité, les emplois dans ce secteur connaissent une forte augmentation de leurs effectifs, en parallèle d'une importante dégradation des conditions et de la qualité de vie au travail pour les salariées. Les auteurs soulignent tout particulièrement le rôle joué par les pouvoirs publics dans cette évolution du secteur du nettoyage, et mettent en évidence le poids de l'État dans la légitimation de l'externalisation du nettoyage, que ce soit en tant que financeur du service, ou en tant qu'employeur.

Le deuxième chapitre fait un état des lieux des risques psychosociaux et des pénibilités associées aux travailleuses du nettoyage et offre un éclairage sur le rôle de l'externalisation dans l'aggravation des difficultés des travailleuses et leur précarisation économique et sociale. Rappelant d'abord les éléments constitutifs qui font du nettoyage un « sale boulot » par excellence, puis les risques psychosociaux qui lui sont associés,

---

(éd.), *Manuel indocile de sciences sociales. Pour des savoirs résistants.* Paris, La Découverte, « Hors collection Sciences Humaines », 2019, p. 507-514.

l'ouvrage souligne aussi la faiblesse des rémunérations, qui ne prennent en compte ni heures supplémentaires ni temps de trajet (temps longs pour les salariées, habitant souvent en périphérie des chantiers auxquels elles sont affectées). Les employeurs n'accordent, en outre, que peu de pauses pendant les heures de travail malgré la pénibilité physique. Est également rappelée la faiblesse du statut accordé aux salariées, notamment par le recours au temps partiel qui les précarise et les conforte hiérarchiquement en bas de l'échelle des métiers. Ce chapitre est aussi l'occasion d'introduire le rôle de la sous-traitance dans l'intensification de ces dynamiques et l'aggravation de la dégradation des conditions de travail des agents de nettoyage. Il distingue ainsi entre les salariées du nettoyage employées directement par des entreprises ou des établissements publics (qui sont donc insérées dans ces structures et reconnues comme des salariées à part entière) et les salariées externalisées, embauchées par un sous-traitant et mises au service d'une entreprise ou d'un établissement public, le donneur d'ordre. Cet ajout d'un intermédiaire, le sous-traitant, fait toute la différence pour les salariées : il se traduit par une diminution de la rémunération, une différence de statut au sein de l'entreprise donneuse d'ordre, de retraite (elles ne sont pas couvertes par les conventions collectives qui régissent le secteur du nettoyage, et sont bien moins rémunérées que les salariées internalisées), ainsi qu'une moindre représentation syndicale du fait de contrats instables et de durées variables d'affectation sur chantier.

Le troisième chapitre approfondit la réflexion autour des coûts réels de la sous-traitance dans le secteur du nettoyage, et ainsi des potentielles économies réalisées par les bénéficiaires de ces services. À travers la mobilisation de données chiffrées, les auteurs font le constat suivant : globalement, l'externalisation ne permet pas de diminuer le coût global associé aux services de nettoyage. Les principaux perdants de ce calcul économique sont les travailleuses, qui voient leur statut se précariser et leurs conditions de travail se dégrader. Si le coût de la main-d'œuvre est lui réduit par le biais de l'externalisation, l'absence de protection syndicale affecte la qualité des conditions de travail des salariées externalisées et conduit à une dégradation de la qualité même du service de nettoyage fourni. En outre, il n'y a que peu de différences entre les coûts de gestion dans les deux cas de figure : la faiblesse des taux d'encadrement dans le cas de l'externalisation, associé à un fort absentéisme et à un *turnover* conséquent (qui caractérise particulièrement la population fragile employée en sous-traitance), ne permettent pas d'établir une supériorité de l'externalisation du secteur du nettoyage sur un modèle internalisé. Bien plus encore, étant donné le report des coûts sociaux, dans le cas de l'externalisation, sur les caisses de Sécurité Sociale, les sous-traitants n'absorbent pas ce coût supplémentaire associé notamment à l'absentéisme du secteur. Les auteurs concluent ainsi à une égalité, en matière d'économies réalisées, entre l'externalisation et l'internalisation des services de nettoyage : ils insistent surtout sur la différence radicale que le passage de l'un à l'autre constitue pour les travailleuses du secteur.

Le quatrième chapitre apporte des éléments de définition importants sur le nettoyage, les tâches qui lui sont associées, ainsi que sur les identités professionnelles qui le constituent. Ce chapitre s'attarde principalement sur les effets de l'externalisation sur la configuration de ces identités. Il insiste particulièrement sur le fait que, si la sous-traitance doit produire un service à un moindre coût, cela passe forcément par des sacrifices en termes de qualité du service et de santé au travail pour ses salariées. Les auteurs montrent que la sous-traitance n'offre en réalité pas de gains de productivité ou d'efficacité accrus par rapport aux autres modes de production, et que ses modalités de déploiement pèsent négativement sur les exigences fixées dans les cahiers des charges établis par les donneurs d'ordre. En outre, elle s'accompagne d'une perte d'autonomie pour les travailleuses, et efface les possibilités de configuration d'une identité professionnelle définie par le collectif de travail des salariées du nettoyage.

Cette réflexion est poussée et appuyée par des données chiffrées dans le chapitre cinq, qui développe les raisons pour lesquelles le recours à la sous-traitance se poursuit, malgré des économies de coûts moins avantageuses que souhaitées. Les auteurs distinguent quatre mécanismes, jouant en faveur de ce que l'on peut qualifier d'acharnement pro-externalisation. D'abord, ils évoquent une motivation idéologique, dans la lignée de la pensée néolibérale, favorisant la réduction des coûts et la flexibilisation du marché du travail. Une autre raison avancée par les auteurs est liée à cette première motivation, et concerne la pression exercée par les lobbyistes du secteur (prestataires, consultants accompagnant la transition des entreprises vers l'externalisation, etc.) sur de potentielles réformes qui pourraient mettre en danger les profits liés à l'externalisation. En outre, une autre motivation à l'externalisation se retrouve dans le processus même de prise de décision dans les structures qui choisissent de faire la transition : la nécessité d'arbitrer entre un maintien du nettoyage en interne et le passage à l'externalisation est soumise à des enjeux de restriction budgétaire et de prise de décision morcelée, éclatée, sans vision globale. Ces contraintes poussent souvent à préférer l'externalisation, bien que ce choix ne soit pas forcément plus avantageux au niveau de l'entreprise ou de l'administration publique concernée. Enfin, une dernière motivation à la sous-traitance concerne la perception des salariées du nettoyage. L'externalisation permet, pour les entreprises, de mettre à distance ces travailleuses, principalement des femmes, socialement et économiquement subalternes, âgées, et considérées comme difficiles à gérer et particulièrement absentéistes. L'externalisation est à ce titre perçue comme une solution de facilité pour les managers, et un moyen simple de recentrer les activités de l'entreprise et de mettre à distance, d'extérioriser des activités perçues comme périphériques.

Le dernier chapitre ouvre des pistes d'améliorations potentielles, en envisageant notamment des politiques publiques qui permettraient d'améliorer le statut des agents de nettoyage, aussi bien du point de vue des conditions de travail que de celui de leur inclusion dans une identité professionnelle mieux définie et plus épanouissante. Une des pistes d'intérêt avancée concerne la réforme du statut des nettoyeuses : les auteurs appellent notamment de leurs vœux la mise en place de protections juridiques décentes pour les salariées, à la charge des donneurs d'ordre. Malgré les marges de manœuvre limitées associées au marché de prestation qui caractérise le secteur du nettoyage, les entreprises donneuses d'ordre peuvent contrôler les conditions de travail du secteur, le respect de la législation du travail et le recours à de meilleurs produits de nettoyage pour la santé de leurs salariées. Ces entreprises peuvent également donner le ton aux prestataires en refusant les offres les plus basses de services de nettoyage, et apporter un soutien aux revendications salariales des travailleuses. Des pistes plus directes d'amélioration des conditions de travail des salariées du nettoyage concernent notamment l'augmentation de leur rémunération, la revalorisation de leurs heures de travail pour compenser leurs horaires atypiques, et plus globalement transformer leur vision du nettoyage en tant que travail productif et essentiel.

Au total, la principale force de ce livre réside dans la synthèse conceptuelle et méthodologique des enjeux de l'externalisation des services de nettoyage, hégémonique dans ce secteur. L'ouvrage présente également une approche assez complète des conditions de travail des salariées du secteur et une réflexion originale sur les effets de la sous-traitance. Il s'agit d'une synthèse essentielle, permettant d'actualiser les travaux en sociologie et en économie du travail autour du nettoyage et de ses spécificités. Dans les pistes d'améliorations proposées par les auteurs, la question de la ré-internalisation des travailleuses du nettoyage est évoquée comme une piste viable, confirmée en cela par la récurrence des grèves dans le secteur contre la sous-traitance, et les issues de ces grèves (se soldant souvent par une internalisation, ou au moins par une amélioration globale des conditions de travail et des rémunérations). La volonté généraliste et synthétique de l'ouvrage nuit toutefois par moment à la précision de certaines analyses, notamment autour des enjeux spécifiques au secteur du nettoyage et les effets délétères de la sous-traitance sur cette population aux vulnérabilités spécifiques, à l'intersection du genre et de la race. Les auteurs évoquent, sans le développer, cet enjeu double de genre et de race, alors même que la majorité des salariées du secteur sont des nettoyeuses, issues de l'immigration africaine. Peu de travaux en sociologie du travail et de l'immigration ont produit des analyses sur le travail des femmes immigrées de première génération. Quelques travaux comme ceux de Sabah Chaïb[9], ainsi que ceux de Magali Boumaza[10], apportent des analyses ciblées respectivement sur les femmes immigrées au travail ainsi que sur la construction du travailleur précaire comme nouvelle figure des mobilisations socio-professionnelles. L'on regrette toutefois le manque d'analyses plus récentes centrées sur cette intersection entre race et genre, très typique du nettoyage en sous-traitance, et qu'il conviendrait de développer à la lumière des mobilisations les plus récentes du secteur.

9 Sabah Chaïb, « Femmes, migration et marché du travail en France », *Les cahiers du CEDREF*, 12|2004, p. 211-237.

10 Magali Boumaza, « 64. Nouvelles figures des luttes sociales : les précaires », Michel Pigenet (éd.), *Histoire des mouvements sociaux en France. De 1814 à nos jours.*, La Découverte, 2014, p. 696-701.

RÉSUMÉS/*ABSTRACTS*

Coralie PEREZ, Camille SIGNORETTO, « Le “dialogue social” en pratiques et en contextes. Introduction du numéro »

Prenant acte du caractère polysémique et polémique de l'expression « dialogue social », ce numéro revient sur ce qu'il recouvre en pratiques selon les contextes (institutionnels, territoriaux, économiques…) dans lesquels il se déploie. Cette actualisation semble d'autant plus nécessaire que l'environnement institutionnel et économique a fortement évolué au cours de la dernière décennie. Les articles qui composent ce numéro ont en commun de saisir le « dialogue social » principalement dans le contexte de l'entreprise, en interrogeant les capacités et modalités d'action des représentants du personnel à ce niveau. Ce faisant, ils montrent la pertinence et donc la nécessité à saisir les relations professionnelles – dans la diversité des pratiques – « en contextes », c'est-à-dire en lien avec les configurations socio-productives, les modes de gouvernance et les spécificités sectorielles.

Mots-clés : dialogue social, relations professionnelles, syndicats, représentant du personnel, négociations collectives.

Codes JEL : J5, L2.

Coralie PEREZ, Camille SIGNORETTO, “*‘Social dialogue’ in practices and contexts. Special issue: introduction*”

Taking note of the polysemic and controversial nature of the concept “social dialogue”, this issue revisits what it covers in practices, according to the contexts (institutional, territorial, economic…) in which it is implemented. This update seems all the more necessary as the institutional and economic environment has changed significantly over the last decade. The articles that constitute this issue have in common that they deal with “social dialogue” mainly in the context of the firm, by questioning the capacities and modalities of action of employee representatives at this level. In doing so, they all show the relevance and the necessity of understanding industrial relations – in the diversity of practices – “in context”, i.e. in relation to socio-productive configurations, modes of governance and sectoral specificities.

Keywords: social dialogue, industrial relations, trade unions, employee representatives, collective bargaining.

Baptiste GIRAUD, François ALFANDARI, « La variété du rôle des représentants du personnel au regard des contextes socio-productifs »

L'article interroge la manière dont s'articulent le fonctionnement des systèmes locaux des relations professionnelles et la dynamique des contextes socio-productifs dans lesquels ils s'inscrivent. Combinant une approche statistique et qualitative, il rend compte des formes différentes que prennent, dans les entreprises, les modalités de la domination patronale, de la représentation du personnel et les compromis sociaux qui s'y réalisent. Au-delà des effets liés au capital militant des élus du personnel, à la taille et au secteur d'activité des entreprises, l'article montre dans quelle mesure le type de marché, le profil de la main-d'œuvre et les modes d'organisation du travail, caractéristiques des différents modèles socio-productifs, structurent différemment ce qui fait l'objet de conflits et de négociation dans les relations de travail, et la capacité des représentants des salariés à s'en emparer.

Mots-clés : dialogue social, négociation collective, représentation du personnel, modèle socio-productif.

Codes JEL : J51, J53, L23.

Baptiste GIRAUD, François ALFANDARI, *"The variety of the role of workers' representatives according to the socio-productive contexts"*

This article examines the way in which local systems of industrial relations and the dynamics of the socio-productive contexts in which they are embedded are articulated. Combining a statistical and qualitative approach, it aims to identify original ways of understanding the different forms of employer domination, employee representation and social compromises that are made in companies. Beyond the effects linked to the militant capital of employee representatives, to the size and to the sector of the companies, the article shows to what extent the type of market, the profile of the workforce and the modes of work organization, which are characteristic of the different socio-productive models, structure differently what is the subject of conflicts and negotiation in labor relations, and the capacity of employee representatives to take them on.

Keywords: social dialogue, collective bargaining, employee representation, socio-productive model.

Delphine BROCHARD, Clémentine COTTINEAU, Claude DIDRY, Camille DUPUY, Denis GIORDANO, Jules SIMHA, « La négociation d'"entreprise" en pratiques. Pluralité des configurations et stratégies des acteurs »

La promotion de la négociation collective d'entreprise est au cœur des réformes successives du système français de relations professionnelles. L'objectif affiché est celui de l'instauration d'une régulation de proximité, permettant de construire des compromis efficaces entre la diversité des intérêts existant au sein de l'entreprise. Qu'en est-il en pratique ? Prenant appui sur une exploitation de l'enquête REPONSE (2017) appareillée à des données administratives sur l'implantation géographique des établissements issues de la base FLORES (2017), l'article montre que l'espace de la négociation collective se structure en quatre configurations et que la configuration de négociation la plus fréquente ne correspond pas à une régulation de proximité. Mobilisant des études de cas d'entreprise, nous montrons ensuite comment, derrière ces configurations, se jouent des rapports de forces entre les acteurs légaux de la négociation et comment leurs stratégies respectives contribuent à définir l'espace de négociation le plus propice à servir leurs intentions réciproques.

Mots-clés : négociation collective, décentralisation, négociation d'entreprise, relations sociales, ordonnances Macron, comité social et économique.

Codes JEL : J52, J53, J58, K31.

Delphine BROCHARD, Clémentine COTTINEAU, Claude DIDRY, Camille DUPUY, Denis GIORDANO, Jules SIMHA, "*Collective bargaining in French companies. Plural configurations and actor strategies*"

Promoting company collective bargaining has been at the core of the French industrial relations system reforms. The stated objective is that of establishing local regulation, making it possible to build effective compromises between the diverse interests within the company. What about in practice? Using the REPONSE survey (2017) and administrative data on the geographical location of establishments from the FLORES database (2017), the article shows that the collective bargaining space is structured in four configurations and that the most frequent bargaining configuration does not correspond to local regulation. Using company case studies, we then show how, behind these configurations, the balance of power between the legal negotiation actors are played out and how their respective strategies contribute to defining the negotiation space most conducive to serve their respective intentions.

Keywords: collective bargaining, decentralization, company collective bargaining, social dialogue, Macron Decrees, social and economic committee.

Maé GEYMOND, « Quand les mouvements stratégiques récurrents fragilisent les relations professionnelles. Analyse à partir de deux monographies de l'industrie pharmaceutique »

Cet article interroge la manière dont les mouvements stratégiques (externalisation, fusion-acquisition et restructuration) dégradent les relations professionnelles, en jouant sur deux dimensions : le lieu où elles se tiennent et leur contenu. Il s'appuie pour cela sur deux monographies du secteur pharmaceutique où ces mouvements sont incessants. Induisant la fragmentation changeante de l'intérêt des salariés, ces mouvements contribuent à l'absence d'instances centralisées, augmentant d'autant la forte déconnexion entre lieu de négociation et lieu réel de décision inhérente à la structuration en groupe. Ces mouvements sont aussi l'opportunité de saturer l'espace social pour le « vider » de ses enjeux et d'abaisser le contenu des accords existant, affectant en bout de course la capacité des instances représentatives du personnel à peser sur la détermination des conditions de travail.

Mots-clés : relations professionnelles, industrie pharmaceutique, fusion-acquisition, restructuration, externalisation, monographies.

Codes JEL : J51, J53, G34.

Maé Geymond, "*When recurring strategic movements impact social relations. Analysis from two pharmaceutical field studies*"

This paper aims at investigating the way in which strategic movements (outsourcing, merger-acquisition and restructuring) affect two dimensions of social relations: their (non)centralization and their contents. Because these movements are very frequent in the pharmaceutical industry, it is based on two case study from this sector. Ultimately, it shows that strategic movements constantly divide the unity of workers and thus increase the strong disconnection between the place of negotiation and the real place of decision into groups' structure. These movements are also an opportunity to "empty" social relations of their stakes and to lower the content of collective agreements, which deteriorate the ability of worker representatives to influence working conditions.

Keywords: industrial relations, pharmaceutical industry, merger-acquisition, restructuring, outsourcing, field survey.

Chloé Biaggi, « Une négociation sans contrepartie ? Ethnographie d'un usage patronal de la négociation collective dans une filiale industrielle »

Depuis les années 2010, les accords d'entreprises dits de concession, justifiés par les directions par la nécessité de restaurer la compétitivité des entreprises, se multiplient. Quelle forme prennent ces négociations dans des entreprises de petite taille, où l'implantation des syndicats est souvent fragile ? À partir d'une étude ethnographique menée dans la direction des ressources humaines d'une filiale industrielle d'un groupe finlandais employant 270 salariés, l'article prend pour objet une négociation annuelle obligatoire qui aboutit à une révision à la baisse des conditions de rémunération du personnel. Il éclaire les conditions de possibilité d'un tel usage patronal offensif de la négociation collective, à la

lumière des stratégies de l'équipe dirigeante, des propriétés sociales des négociateurs et des dynamiques des relations professionnelles propres à cette entreprise.
Mots-clés : négociation collective, ethnographie, direction d'entreprise, réduction des coûts, relations professionnelles.
Codes JEL : J52, M54, Z13.

Chloé BIAGGI, "*A negotiation without compensation? Ethnography of an employer's use of collective bargaining in an industrial subsidiary*"

Since the 2010s, so-called concession agreements, justified by management by the need to restore competitiveness, have multiplied. What form do these negotiations take in small firms, where the presence of unions is often fragile? Based on an ethnographic survey in the human resources department of an industrial firm of a Finnish group employing 270 people, the article deals with a compulsory annual negotiation which results in a downward revision of the conditions of personnel remuneration. It sheds light on the conditions of possibility of such an offensive use of collective bargaining by the management, in the light of the strategies of the management team, the social properties of the negotiators and the dynamics of industrial relations specific to this firm.
Keywords: collective bargaining, ethnography, corporate management, cost savings, workplace relations.

Carine OLLIVIER, Sandrine ROSPABE, « Holacratie et dialogue social. Étude de cas d'une coopérative de commerce alimentaire biologique »

Cet article analyse les effets sur le dialogue social d'une vague managériale : la « libération d'entreprise », et plus particulièrement de l'holacratie, l'une de ses formes organisationnelles. À partir de l'étude d'une entreprise de commerce alimentaire biologique, ce travail soulève plusieurs questions : qu'en est-il du dialogue social dans une entreprise dont le modèle managérial accentue l'adhésion individuelle des salariés ? Quels sont les espaces de revendications ? Quelle est la place des acteurs traditionnels des représentations professionnelles ? Comment s'expriment les conflits dans des structures fondées sur la proximité des liens et l'horizontalité des relations ? Cette étude de cas analyse un modèle particulier d'organisation productive, l'holacratie, et ses effets sur les pratiques de la négociation collective, de la conflictualité et de la représentation du personnel en entreprise.
Mots-clés : organisation, management, dialogue social, holacratie, entreprise libérée.
Codes JEL : J5, L2.

Carine OLLIVIER, Sandrine ROSPABE, *"Holacracy and social dialogue. Case study of an organic food trade cooperative"*

This article analyzes the effects on social dialogue of a managerial wave: the "freedom-form company", and more the holacracy, one of its organizational forms. Based on the study of an organic food trade company, this work raises several questions: what about social dialogue in a company whose managerial model emphasizes the individual involvement? What are the areas of claims? What is the place of traditional players in professional representations? How are conflicts expressed in structures based on the proximity of ties and the horizontality of relations? This case study proposes an analysis of a particular model of productive organization, the holacracy, and its impacts on collective labor negotiations, conflictuality and staff representation in companies.

Keywords: organization, management, industrial relations, holacracy, freedom-form company.

Corinne PERRAUDIN, Nadine THÉVENOT, « Exposition aux risques professionnels et prévention dans le travail en sous-traitance. Quelle place pour la représentation collective ? »

Cet article étudie l'exposition aux risques professionnels dans le travail en sous-traitance ainsi que les pratiques des entreprises et les moyens qu'ont les représentants du personnel en matière de prévention. Il s'appuie sur une étude de terrain d'un sous-traitant et donneur d'ordres du secteur de l'aéronautique ainsi que sur un traitement quantitatif de l'enquête CT-RPS 2016 de la DARES. Il montre que les risques physiques sont externalisés par les donneurs d'ordres vers les sous-traitants sans qu'une politique de prévention active ne suive. Dans ce contexte d'éclatement des collectifs, les capacités d'action et les moyens des représentants du personnel au sein des CHSCT sont affaiblis.

Mots-clés : risques professionnels, relations professionnelles, sous-traitance, prévention, aéronautique.

Codes JEL : J53, J81, L24.

Corinne PERRAUDIN, Nadine THÉVENOT, *"Exposure to occupational risks and prevention in subcontracted work. What place for collective representation?"*

This article studies the exposure to occupational risks in subcontracted work, the practices of companies and employee representatives resources in terms of prevention. The study draws on two levels of analysis, a case study of both principal and subcontractor in the aeronautic sector and a statistical analysis based on the 2016 CT-RPS (DARES) survey. It shows that occupational risks are outsourced by the principals to subcontractors without an active prevention policy. In this context of collective fragmentation, the capacities for action and the resources of employee representatives within the CHSCT are weakened.

Keywords: occupational risks, industrial relations, subcontracting, prevention, aeronautic sector.

CLASSIQUES
GARNIER

Bulletin d'abonnement revue 2023

Socio-économie du travail

2 numéros par an

M., Mme :

Adresse :

Code postal : Ville :

Pays :

Téléphone : Fax :

Courriel :

Prix TTC abonnement France, frais de port inclus		Prix HT abonnement étranger, frais de port inclus	
Particulier	Institution	Particulier	Institution
▪ 78 €	▪ 98 €	▪ 90 €	▪ 106 €

Cet abonnement concerne les parutions papier du 1er janvier 2023 au 31 décembre 2023.

Les numéros parus avant le 1er janvier 2023 sont disponibles à l'unité (hors abonnement) sur notre site web.

Modalités de règlement (en euros) :

- Par carte bancaire sur notre site web : www.classiques-garnier.com
- Par virement bancaire sur le compte :
  Banque : Société Générale – BIC : SOGEFRPP
  IBAN : FR 76 3000 3018 7700 0208 3910 870
  RIB : 30003 01877 00020839108 70
- Par chèque à l'ordre de Classiques Garnier

Classiques Garnier
6, rue de la Sorbonne – 75005 Paris – France
Fax : + 33 1 43 54 00 44
Courriel : revues@classiques-garnier.com

mis à jour le 01/09/2022

Abonnez-vous sur notre site web :
www.classiques-garnier.com